KB180550

△반치음 연구

本书获得宝鸡文理学院优秀学术著作出版基金资助
이 책은 보계문리대학교 우수 학술 저서 출판 기금을 받아 출판되었음.

△반치음 연구

장 석(張 碩)

역락

머리말

　학부 3학년 때에 전필 수업인 한국어사를 듣게 되었다. 주변 친구들은 다 어렵다고 했지만 나는 오히려 재미있게 들었다. 아마 그때부터 한국어사에 대해 관심을 가지게 되었을 것이다. 석사 때는 한자음을 위주로 공부했고 석사 논문도 한자음에 대해 작성했다. 석사논문을 지도교수님께 전달해 드린 자리에서 지도교수인 가천대학교 박상규 선생님께서 세 가지의 연구 방향을 조언해 주셨다. 그 중에 △(반치음)이 포함되어 있었다. 그런데 그때 나는 △이 어떤 문제를 지니고 있는지 잘 몰랐다.

　서울시립대학교 대학원을 진학한 후에 지도교수인 김영욱 선생님의 수업에서 『논어언해』에 대해 공부한 적이 있다. 『논어언해』에서는 동일한 한자가 △으로 표기되기도 하고 ㅇ으로 표기되기도 한다. 나는 이러한 현상에 대해 관심을 가지게 되고 기말 리포트를 이와 관련하여 작성하였다. 리포트를 작성하기 위해 기존연구를 살펴보게 되고 현재로서 △과 관련된 문제점이나 △에 대해 규명하지 못한 논점을 발견하였다.

　서울시립대학교 국어국문학과 대학원생은 학기마다 중간발표라는 논문발표회에서 자기의 연구논문을 발표해야 한다. 나는 논문발표회에서 △과 관련된 문제점을 연이어 제기하고 해결 방안도 제시하였다. 김영욱 선생님, 박기영 선생님, 목정수 선생님, 이용 선생님 모두 많은 조언을 해주셨다. 그리고 용기를 내서 구결학회 전국 학술대회와 구결학회 월례 강독회에서 논문을 발표하였고, 여러 선생님으로부터 좋은 말씀을 들었다. 뿐만 아니라 심사료가 없는 등재 학술지에 논문 여러 편을 투고해서 익명 심사위원님의 의견도 들었다.

2016년에 김영욱 선생님께서 연구년으로 해외에 나가셨고 이용 선생님께서 서울시립대학교에서 강의하게 되셨다. 이용 선생님께서는 학위논문을 준비하는 학생을 위해 스터디를 만드셨다. 나는 스터디에서 박사 논문의 각장 내용을 발표하면서 같이 스터디하는 선후배와 토론했다.

2016년 12월에 박사논문이 심사에 들어갔고 2017년 1월에 무사히 통과되었다. 김영욱 선생님의 간곡한 가르침, 박기영 선생님, 목정수 선생님을 비롯한 여러 선생님의 조언, 『구결연구』, 『민족문화연구』 등 여러 학술지 익명 심사위원님의 지적, 그리고 이용 선생님께서 학생을 위해 만드신 스터디가 없었다면 나는 빠른 시일 안에 박사논문을 완성하지 못했을 것이다.

이 책은 2017년 서울시립대학교 일반대학원에 제출한 박사 학위논문 「'△(반치음)'의 음운론적 성격과 변화에 대하여」의 제목을 바꾸고 내용의 일부를 수정한 것이다. 당초 박사논문을 대폭 수정하고 새로운 책으로 출판하려고 했지만 이런저런 사정으로 인해 내용의 일부만 수정하였을 뿐이다. 한국어학계의 여러 선생님의 지적을 받고 더 좋은 성과를 낼 수 있도록 노력하겠다.

    박사과정을 다닐 때부터 이 책을 낼 때까지 많은 선생님으로부터 도움을 받았다. 우선 학문의 세계를 열어주시고 학자로서의 바른 자세를 보여주시며 정성을 다해 주신 지도교수 김영욱 선생님, 때로는 지도교수의 역할을 하고 때로는 선배의 역할을 하며 항상 나를 도와 주신 이용 선생님께 깊이 감사드린다. 박사논문을 심사해 주시고 조언을 해 주신 여러 심사위원님께도 감사의 뜻을 표한다. 그리고 박사논문을 쓰면서 같이 토론해 주신 서울시립대학교 국어국문학과의 학우들, 구결학회의 여러 선생님께 감사의 말씀을 드린다.

    그리고 다음의 네 분에게 꼭 고맙다는 말을 하고자 한다. 나를 낳아 주시고 교육을 시켜 주시며 유학까지 보내 주신 부모님께 감사드린다. 경제적으로 무능하고 공부에만 집중하면서 집안일을 소홀히 한 나와 같이 4년 반 동안 경기도 수원시 매탄동의 원룸에서 살아온 아내에게 미안하고 고맙다는 말을 하고자 한다. 어렸을 때 나를 키워 주시고 지금 하늘나라에 계신 외할머니께도 고맙다는 말씀을 드린다.

    끝으로 이 책을 寶鷄文理學院 優秀學術著作基金 지원 대상으로 선정해 주신 여러 선생님과 이 책을 간행을 맡아 주신 역락출판사의 여러 선생님께 감사의 말씀을 드린다.

2018년 11월 10일
中國 陝西省 寶鷄市 石鼓山 기슭에서

張 碩

차 례

제1장 연구 개관 및 연구 자료 개관 / 15

제2장 연구사 검토 / 31

표 목록

그림 목록

제1장 연구 개관 및 연구 자료 개관

1.1. 연구의 목적

'△(반치음)'은 사라진 글자로 일찍부터 많은 학자들의 관심을 끌어 왔다. '△'에 대한 초기 연구는 '△'의 음가를 재구하는 것이고 그 뒤에 '△'의 기원, '△'의 변화를 비롯한 연구가 활발하게 이루어져 왔다.

선학들은 오랫동안 '△'에 대해 연구해 왔지만 현재로서 '△'과 관련된 논의가 완전히 정리된 것은 아니고 아직까지 서로 대립적인 주장이 존재한다. '△'의 기원에 관련하여 'ㅅ'으로부터 변한 것으로 보는 학설과 원래부터 '△'이 존재하였다는 학설이 대립해 왔다. 아직까지 학계에서는 어느 학설이 더 타당한지에 대해 결론을 내리지 못하고 있는 상황이다. 또한 후기 중세 한국어에서 '△'의 음운 자격에 관련하여 음소로 해석하는 주장과 /ㅅ/의 변이음으로 해석하는 주장이 있다. 이러한 주장들이 역시 오랫동안 대립되어 왔다. 현재 학계에서는 '△'을 음소로 해석하는 경향이 강하지만 한편으로는 '△'을 음소로 해석할 수 없는 지적이 끊임없이 제기되었다.

물론 '△'과 관련된 논쟁 중에 학설의 합치에 이른 부분도 있다. 후기 중세 한국어에서 '△'의 음가와 관련하여 현재 학계에서는 '△'을 유성 치조 마찰음 [z]로 재구하는 것을 정설로 받아들이고 있다. 그러나 '△'의 음가 재구에 관한 선행 연구들은 거의 대부분 중고한어(中古漢語) 일모(日母)의 음가가 [ɳz]라는 Karlgren의 가설에 의존하였다. Karlgren의 가설은 비판을 많이 받았고 중국 학계에서는 중고한어 일모의 음가와 변화를 살펴 새로운 가설을 제시하였다. 이처럼 중국 학계에서 이미 기존의 가설이 수정되었음에도 불구하고 기존의 가설에 기반해 도출한 '△'의 음가를 다시 살펴봄이 없이 그대로 받아들이는 것은 학문적으로 위험한 태도라 하지 않을 수 없다.

'△'과 관련해 선행 연구에서는 위와 같은 문제뿐만 아니라 '△'에 대해 규명하지 못한 문제도 가지고 있었다. '△'의 변화, '△'의 소멸'과 관련된 선행 연구는 수적으로 적은 편이다. 이와 관련하여 선행 연구에서는 단순히 '△'과 관련된 현상만 기록하는 데 그치고 말았는데 이러한 현상이 왜 일어나는지, 어떤 변화 유형에 속하는지, 어떻게 일어나는지에 대해 설명하지 못했다.

'△'에 대한 연구는 역사언어학에 속하는데 일반적으로 역사언어학의 목표는 어떤 시기의 어떤 음을 재구하는 것으로 생각된다. 더불어 역사언어학의 목표는 어떤 음을 단순히 재구하는 선에서 멈추는 것이 아니라 한 언어가 어떻게 변하는지, 그 변화 원인이 무엇인지를 규명하는 데도 목표가 있다. 다시 말하면 역사언어학의 목표는 음의 변화의 원리, 유형, 원인을 규명하는 것이다.[1] 따라서 'ㅿ'의 변화, 'ㅿ'의 소멸에 대해서는 보다 더 구체적인 설명을 필요로 한다.

'ㅿ'은 선학들에 의해 긴 시간동안 꾸준히 연구되어 왔지만 위에서 언급한 것처럼 현재로서 'ㅿ'과 관련된 문제나 'ㅿ'에 대해 규명하지 못한 논점이 여전히 남아 있다. 이러한 문제와 미해결 요소가 존재하므로 'ㅿ'은 재고(再考)를 요구한다.

이 책은 'ㅿ'의 음운론적 성격과 변화를 중심으로 'ㅿ'에 대해 다시 살펴보고자 한다. 'ㅿ'과 관련된 변화를 정확히 파악하고 각 시기마다 'ㅿ'이 어떤 음운론적 성격을 지니고 있었는지를 명확히 밝히면 'ㅿ'을 이해하는 데 있어서 도움이 된다. 부연하자면 'ㅿ'의 음운 자격, 'ㅿ'의 음가는 음운론적 성격에 해당되고 'ㅿ'의 기원, 'ㅿ'의 소멸은 'ㅿ'의 변화에 속한다. 이 책에서는 이러한 문제를 차례로 규명하고 'ㅿ'의 일생을 밝히고자 한다.

1.2. 연구 대상과 연구 방법

1.2.1. 연구 대상

후기 중세 한국어에서 'ㅿ'을 가진 단어에 대해 다시 검토하도록 하겠다. 'ㅿ'은 문법형태소와 어휘형태소에서 모두 나타난다. 'ㅿ'을

---

1) 朱曉農(2008: 199-200)에서는 역사언어학의 기본 목표는 언어 변화를 이해하는 것이라고 주장하고 역사언어학은 언어가 어떻게 변하는가, 왜 변하는가에 대해 밝히는 학문이라고 설명하였다.

가진 문법형태소를 나열하면 다음과 같다.

> (1) 가. 英主△ 알퓌 내내 붓그리리(『龍飛御天歌』3:15ㄴ)
>
> 나. 道理 일워△ 도라오리라(『釋譜詳節』6:4ㄴ)
>
> 다. 畵師돌히 ᄒᆞ나토 ᄀᆞ티 몯 그리ᅀᆞᆸ거늘(『釋譜詳節』24:10ㄴ)

후기 중세 한국어에서 '△'을 가진 문법형태소는 주로 '△', '-ᅀᅡ', '-ᅀᆞᆸ-'이다. 이것들은 유성 환경에만 나타나고 유성 환경이 아닌 다른 환경에서 '△' 대신 'ㅅ'으로 나타난다. '△'으로 표기된 사잇소리는 『용비어천가』에서만 나타나고 다른 문헌에서는 'ㅅ'으로 통일되어 나타났다.[2] 후기 중세 한국어에서 '-ᅀᅡ'와 대응되는 '-사'도 있는데 '-사'는 유성 환경에도 나타날 수 있다.[3] 선어말어미 '-ᅀᆞᆸ-'은 앞뒤 음절의 음운환경에 따라 '-ᄉᆞᆸ-', '-ᅀᆞᇦ-', '-ᄌᆞᆸ-', '-ᅀᆞ-', '-ᄉᆞᇦ-', '-ᅀᆞᇦ-'으로 다양하게 나타난다.

'△'을 가진 단어는 어원에 따라 고유어와 한자어로 나눌 수 있다. 이 책에서는 『우리말 큰사전』의 옛말 부분을 조사하여 '△'을 가진 고유어를 발췌하였다. 『이조어사전』과 『교학 고어사전』도 참조하였다. 대표적인 예를 나열하면 다음과 같다.

> (2) 가. 法華ᄂᆞᆫ ᄀᆞᅀᆞᆯ 거두우미오(『楞嚴經諺解』1:19ㄱ)
>
> 나. 긼 ᄀᆞᅀᅢ 누엣거늘 (『釋譜詳節』3:17ㄴ)
>
> 다. 活潑潑온 설설 흐르는 믌겨레 비췬 ᄃᆞᆳ 비츨 닐온 마리니(『蒙山

---

2) 고영근(2010: 12-13)에서는 중세 문헌에서 'ㅅ' 이외, 'ㄱ, ㄷ, ㅂ, ㅸ, ㆆ, △'도 사잇소리를 표기할 수 있다고 언급하고 '△'이 사잇소리로 쓰인 예가 『용비어천가』에만 나타나고 다른 문헌에 'ㅅ'으로 통일되었다고 하였다.

3) 涅槃애 어셔 드ᅀᅡ ᄒᆞ리로다(『釋譜詳節』13:58ㄱ)

和尙法語略錄』:43ㄱ)

라. ᅀᅩ 양지 ᄒᆞ마 첫 열 서린 時節에셔 늘그며 (『楞嚴經諺解』2:5ㄱ)

마. 跋提 말이 긔 아니 웃ᄫᆞ니 (『月印釋譜』7:1ㄱ)

바. 엇계엔 ᄇᆞ얌 **여ᅀᅳ** 앒뒤헨 아히 할미러니 (『月印千江之曲』上:25
ㄴ~26ㄱ)

(2)에서 보는 바와 같이 'ㅿ'은 형태소 내부(2가)에 출현할 수 있고 형태소 경계(2나)에도 나타날 수 있다. 그리고 출현 위치 측면을 볼 때 'ㅿ'은 어두 초성(2다), 어말 종성(2라), 어중 종성(2마), 어중 초성(2바)에 모두 출현할 수 있다. 이들 'ㅿ'을 가진 고유어를 조사하면서 다음과 같은 주목할 만한 예들을 발견하게 되었다.

첫째, 같은 시기의 문헌에서 같은 단어의 'ㅿ 형태'와 'ㅅ 형태'가 모두 확인되는 경우가 발견된다. 이에 속하는 예로는 '두ᅀᅥ:두서', '한숨:한ᅀᅮ', '프서리:프ᅀᅥ리', '브섭:브ᅀᅥᆸ', '므슷:므ᅀᅮᆺ' 등이 있다. 이 현상은 'ㅿ'의 음운 자격과 관련이 있다. 이에 대해서는 4장에서 구체적으로 설명하게 될 것이다.

둘째, 같은 시기의 문헌에서 같은 단어의 'ㅿ 형태'와 'ㅇ 형태'가 모두 확인되는 경우가 있다. 이에 속하는 예로는 'ᄉᆞᅀᅵ:ᄉᆞᅀᅵ', 'ᄆᆞᅀᅮᆷ:ᄆᆞᅀᅮᆷ' 등이 있다. 이 현상은 'ㅿ'의 소멸과 관련이 있다. 이에 대해서는 6장에서 구체적으로 설명하게 될 것이다.

셋째, 후기 중세 한국어에서 원래 'ㅇ'을 가졌던 단어가 'ㅿ'으로 표기되는 예가 발견된다. 이에 속하는 예로는 'ᄌᆞ오름:조ᅀᆞ롬', '뉘읏다:뉘ᅀᅮᆺ다' 등이 있다. 이 현상도 'ㅿ'의 소멸과 관련이 있다. 이에 대해서도 6장에서 구체적으로 설명하게 될 것이다.

‘△’을 가진 한국 한자어와 관련해서는 權仁瀚(2009), 伊藤智ゆき, 이진호 譯(2011b)을 참조하여 조사하였다. 대표적인 예를 나열하면 다음과 같다.

(3) 가. **若△**歸귀依의能능消쇼滅멸地디獄옥苦고(『眞言勸供』:16ㄱ)
　　나. 滔도慢만則즉不블能능**研연**精졍ᄒ고(『飜譯小學』6:16ㄴ)
　　다. **扌閻** ᄯ들 **셥**(『訓蒙字會』下:6ㄱ)
　　라. 큰 龍룡이 **閻셥**浮부提뎨예 비롤 ᄂᆞ리오면(『六祖法寶壇經諺解』上:80ㄱ)
　　마. 새로 온 향**△**이 탕긋 갑시 언메나 ᄒᆞᆫ 동 몰래라(『飜譯朴通事』上:52ㄱ)
　　바. 無무數수를 佛불光광 비취샤몰 **因△**ᄒ야(『法華經諺解(改刊本)』1:34ㄴ)
　　사. 實실相**샹印△**을 니ᄅᆞ노라(『法華經諺解(改刊本)』1:70ㄴ)
　　아. 此ᄎ之謂위修슈**身△**이 在진正졍其기心심이니라(『大學諺解』:13ㄴ)
　　자. **襄샹**陽양 高고氏시의 子ᄌᆞㅣ러니(『六祖法寶壇經諺解』下:24ㄴ)
　　차. 미**샹** 보더 잘 호미 어려우믄 經이 어려운 디 아니라(『法華經諺解』1:8ㄴ)
　　카. 敎교小쇼**兒△**호더 先션要요安안詳샹恭공敬경이니(『飜譯小學』6:2ㄱ)
　　타. 指지**汝여**의 進진步보入入室ᄒ야(『蒙山和尙法語略錄(孤雲寺板)』:23ㄱ)

‘△’을 가진 한국 한자어를 조사하면서 다음과 같은 주목할 만한 예를 발견하게 되었다.

첫째, 후기 중세 문헌에서 ‘△’을 가진 한자로 80개가 확인되었다. ‘△’을 가진 대부분의 한자는 일모를 갖는다(3가).

둘째, 후기 중세 문헌에서 일모가 아닌 한자가 ‘△’으로 표기된 예가 확인된다. (3)에서 보는 바와 같이 의모자(疑母字)인 ‘研’(3나), 이모자(以母字)인 '扌闇'(3다)과 '闇'(3라), 영모자(影母字)인 '闇'(3마), '因'(3바), '印'(3사), 서모자(書母字)인 '身'(3아), 심모자(心母字)인 '襄'(3자), 선모자(禪母字)인 '常'(3차)이 'ㅿ'으로 표기되기도 한다. 한어의 의모(疑母), 이모(以母), 영모(影母)는 한국 한자어의 [Ø]와 대응되고 '研', '扌闇', '闇', '闇', '因', '印'이 'ㅿ'으로 표기되는 것으로 보아 당시 'ㅿ'과 'ㅇ'은 음성적으로 표기하고자 한 바가 유사했다고 보고 이에 대해 5.1.1.3에서 자세히 살펴본다. 그리고 후기 중세 문헌에서는 '身'이 주로 '신'으로 표기되어 있지만 『대학언해』에서는 '修身'이 '슈ᅀᅵᆫ'으로 표기되어 있다. 이는 'ㅅ→ㅿ'의 규칙에 의한 것으로 본다. 심모자(心母字)인 '襄'이 '상'으로 실현된 것에 대해 河野六郎, 李珍昊 譯註(2010: 137)에서는 유추에 의한 것으로 설명하였다. 마지막으로 '常'은 선모자(禪母字)이고 한어의 선모(禪母)는 전승 한자음의 'ㅅ'에 대응된다. 따라서 '常'이 '샹'으로 표기된 형태도 'ㅅ→ㅿ'의 규칙에 의한 것으로 해석하였다.

셋째, 대부분 'ㅿ'을 가진 한자에서 [j] 활음, 혹은 [i] 모음이 확인되지만 '兒'는 'ᅀᅳ'(3카)로, '汝'는 'ᅀᅥ'(3타)로 표기되는 예가 확인된다. 'ᅀᅳ'는 '兒'의 한어 근대음을 차용한 것으로,[4] '汝'의 'ᅀᅥ' 표기는

---

[4] '兒'는 후기 중세 한글 문헌에서 주로 'ᅀᅳ'로 표기되어 있다. 그러나 『조선관역어』에서 '兒'와 '以'는 서로 대응되는 예가 발견된다.
　兒馬　阿直盖墨二　以罵 (『朝鮮館譯語』:10ㄱ)
　이에 대해 姜信沆(1995: 75)에서는 '兒'가 '以'로 기록한 이유를 알 수 없다고 하였고 權仁瀚(1998: 127)에서는 '兒'가 '이'로 사음된 것에 대해서 적절히 설명하기 어렵다고 밝혔다. 졸고(2015)에서는 15세기까지 한국어에서 '兒'는 'ㅿ'로 실현되었다고 언급하였다. 15세기의 한어에서 '兒'는 문법화되어 음가가 [ə]로 바뀌었다. '兒'의 이러한 음가는 한국 한자음에 영향을 미쳐 15세기 중후반부터 '兒'의 한국 한자음이 'ᅀᅳ'로 변하였다. 따라서 '兒'의 한자음 'ᅀᅳ'는 근대 한음을 차용한 것이다.

'△'의 음가를 반영한 것으로 본다. '汝'의 '서' 표기에 대해서는
5.1.1.3에서 살펴보기로 한다.

1.2.2. 연구 방법

사라진 문자인 '△'에 대한 연구는 역사언어학적 측면에서 다루지
않을 수가 없다. 역사언어학적 연구에서는 문헌 자료와 방언 자료가
아주 중요하다. 문헌 자료를 논증의 근거로 제시할 때는 옛 사람의
일언반구까지도 신중히 대할 필요가 있다. 방언 자료로는 '△'이 어
떤 형태로 남아 있는지를 확인할 수 있다. '△'의 변화 과정을 설명
할 때는 일어나기 힘든 변화로 설명하는 것보다 보편적인 변화로 설
명하는 것이 더 바람직하다. 따라서 이 책에서는 어떤 문헌의 기록이
있으면 그것을 단순히 인용하는 데 그치는 것이 아니라 이 기록을
어떻게 합리적으로 설명할 수 있는가에 중점을 두고 연구를 진행하
게 될 것이다.

분절음은 음절에서의 출현 위치에 따라 음가가 다를 수가 있다.
이 책은 우선 음절에서 '△'의 출현 위치를 파악하고 각 위치에 있는
'△'에 대해 고찰함으로써 '△'의 음가를 추정할 것이다. 선행 연구
에서는 '△'과 관련된 음변화에 대해 단순히 기록만 하고 이러한 음
변화가 왜 일어나는지, 어떻게 일어나는지, 그리고 이것이 어떤 변화
유형에 속하는지에 대해 설명하는 데 인색했다. 그러나 '△'의 음가
를 올바로 추정하기 위해서는 음운 현상에 대한 이해가 선행되어야
할 것이다. 가령 C 환경에서 분절음 A가 'A→B'라는 음운 현상을 갖

게 된다면 'A→B/C'로 표기하는 것이 일반적이다. 'A→B'의 변화 원인, 변화 유형, 변화 환경이 파악되면 분절음 A를 통해 분절음 B의 성격을 추정할 수 있다. 물론 이때 분절음 B를 통해 분절음 A의 성격을 역추정할 수도 있다. 이 책에서는 이런 점에 유의하여 '△'과 관련된 음변화를 고찰하고 이러한 음변화의 원인, 유형, 환경을 정확히 파악함으로써 '△'의 음가를 재구하게 될 것이다.

연구 방법을 구체적으로 제시하면 다음과 같다.

첫째, 고대 한국어 자료, 전기 중세 한국어 자료를 통해 15세기 이전의 한국어에서 '△'의 흔적을 찾는다.

둘째, 방언 자료를 통해 '△'의 방언 반사형을 찾는다.

셋째, 문헌 자료와 방언 자료를 통해 '△'의 기원을 밝힌다.

넷째, 후기 중세 문헌을 이용하여 '△'과 다른 분절음의 최소대립 쌍을 비교함으로써 '△'의 음운 자격을 밝힌다.

다섯째, 언어 보편성, '△'과 비슷한 성격을 가진 'ㅸ', 'ㆁ'을 고찰하여 '△'의 음운 자격을 검증한다.

여섯째, '△'을 음절 안의 출현 위치에 따라 '$\triangle_1$', '$\triangle_2$', '$\triangle_3$', '$\triangle_4$'로 나누어 '△'과 관련된 음운 현상을 살펴보고 이를 통해 '△'의 음가를 재구한다.

일곱째, '△'과 관련된 문헌 기록, 후기 중세 한국어의 자음 체계 등 다른 측면을 통해 '△'의 재구 음가를 검증한다.

여덟째, 문헌 자료, 방언 자료를 통해 '△'의 소멸에 대해 다시 살펴봄으로써 '△'의 소멸 시기와 소멸 원인을 해명한다.

아홉째, 논문의 내용을 다시 정리하고 결론을 내린다.

1.3. 연구 자료 개관

이 책은 문헌 자료와 방언 자료를 통해 '△'의 기원, '△'의 음운 자격, '△'의 음가, '△'의 소멸에 대해 고찰하기로 한다. 연구 진행할 때 사용된 문헌 자료와 방언 자료에 대해 설명하도록 하겠다.

1.3.1. 문헌 자료

이 책은 'uniconc'를 검색 프로그램으로 이용하여 문헌 자료를 조사하였다. 조사된 데이터를 영인본과 대조하여 다시 확인하였다. 각 문헌의 정보를 나열하면 다음과 같다.

〈표1〉 문헌 자료 정보

文獻名	刊行時期 (重刊時期)	影印本 情報
鷄林類事	12세기 초(1706)	韓國學硏究院 編, 『原本 訓民正音圖說 · 訓民正音韻解 · 諺文志 · 鷄林類事 · 朝鮮館譯語 · 蒙山法語 · 小樂府』, 大提閣, 1985g.
三國史記	1145	韓國學硏究院 編, 『原本 三國史記 · 三國遺事』, 大提閣, 1987a.
三國遺事	1281(1512)	韓國學硏究院 編, 『原本 三國史記 · 三國遺事』, 大提閣, 1987a.
鄕藥救急方	1236(1417)	金信根 編著, 『韓國韓醫學大系1』, 韓國人文科學院, 1999.
朝鮮館譯語	15세기 초	韓國學硏究院 編, 『原本 訓民正音圖說 · 訓民正音韻解 · 諺文志 · 鷄林類事 · 朝鮮館譯語 · 蒙山法語 · 小樂府』, 大提閣, 1985g.

訓民正音	1446	韓國學研究院 編, 『原本 訓民正音‧龍飛御天歌‧訓蒙字會』, 大提閣, 1985a.
龍飛御天歌	1447	韓國學研究院 編, 『原本 訓民正音‧龍飛御天歌‧訓蒙字會』, 大提閣, 1985a.
釋譜詳節	1447	韓國學研究院 編, 『原本 釋譜詳節』, 大提閣, 1985b.
月印千江之曲	1447	韓國學研究院 編, 『原本 月印千江之曲‧月印釋譜』, 大提閣, 1985c.
洪武正韻譯訓	1455	高麗大學校 出版部, 『洪武正韻譯訓』, 高麗大學校 出版部, 1974.
月印釋譜	1459	韓國學研究院 編, 『原本 月印千江之曲‧月印釋譜』, 大提閣, 1985c.
訓民正音 (諺解本)	1459	韓國學研究院 編, 『原本 訓民正音‧龍飛御天歌‧訓蒙字會』, 大提閣, 1985a.
楞嚴經諺解	1461	韓國學研究院 編, 『原本 楞嚴經諺解』, 大提閣, 1985d.
法華經諺解	1463	韓國學研究院 編, 『法華經諺解(全)』, 大提閣, 1977.
禪宗永嘉集 諺解	1464	장영길, 『역주 선종영가집언해』, 세종대왕기념사업회, 2007.
圓覺經諺解	1465	韓國學研究院 編, 『原本 圓覺經諺解』, 大提閣, 1985e.
救急方諺解	1466	韓國學研究院 編, 『原本 胎産集要諺解‧救急方諺解‧臟藥症治方諺解‧痘瘡經驗方諺解』, 大提閣, 1985f.
蒙山和尙 法語略錄	1467	韓國學研究院 編, 『原本 訓民正音圖說‧訓民正音韻解‧諺文志‧雞林類事‧朝鮮館譯語‧蒙山法語‧小樂府』, 大提閣, 1985g.
內訓	1475	韓國學研究院 編, 『原本 女範‧戒女書‧內訓‧女四書』, 大提閣, 1985h.
杜詩諺解	1481	杜甫, 『分類杜工部詩諺解6-8, 10-11, 14-17, 20-25』, 弘文閣, 1985-1988.
三綱行實圖 (英國國立 圖書館本)	1481	김정수, 『역주 삼강행실도』, 세종대왕기념사업회, 2010a.

南明集諺解	1482	韓國學硏究院 編, 『原本 北塞記略・南明集諺解』, 大提閣, 1987b.
金剛經三家解	1482	한글학회, 『金剛經三家解』, 한글학회, 1994.
救急簡易方	1489	김문웅, 『역주 구급간이방1-7』, 세종대왕기념사업회, 2007-2009.
伊路波	1492	李基文, 「成宗板 伊路波에 대하여」, 『圖書』8, 乙酉文化社, 1965.
六祖法寶壇經諺解	1496	김문웅, 『역주 육조법보단경언해・上中下』, 세종대왕기념사업회, 2006-2007.
眞言勸供	1496	김정수, 『역주 진언권공・삼단시식문 언해』, 세종대왕기념사업회, 2010b.
三檀施食文	1497	김정수, 『역주 진언권공・삼단시식문 언해』, 세종대왕기념사업회, 2010b.
法華經諺解 (改刊本)	1500	디지털 한글 박물관 웹 사이트에서 영인본 제공
續三綱行實圖	1514	申用漑, 『續三綱行實圖』, 弘文閣, 1983.
飜譯老乞大	1515 전후	韓國學硏究院 編, 『原本 老乞大・朴通事・小學諺解・四聲通解』, 大提閣, 1985j; 韓國學硏究院 編, 『原本 飜譯老乞大(下)・蒙語老乞大(全)』, 大提閣, 1986a.
飜譯朴通事	1515 전후	韓國學硏究院 編, 『原本 老乞大・朴通事・小學諺解・四聲通解』, 大提閣, 1985j.
四聲通解	1517	韓國學硏究院 編, 『原本 老乞大・朴通事・小學諺解・四聲通解』, 大提閣, 1985j.
蒙山和尙法語略錄 (孤雲寺板)	1517	디지털 한글 박물관 웹 사이트에서 영인본 제공
飜譯小學	1518	정호완, 『역주 번역소학』, 세종대왕기념사업회, 2011.
訓蒙字會	1527	韓國學硏究院 編, 『原本 訓民正音・龍飛御天歌・訓蒙字會』, 大提閣, 1985a.

恩重經諺解	1553	韓國學研究院 編, 『原本 恩重經諺解 · 地藏經諺 · 解呂氏鄉約諺解』, 大提閣, 1986b.
蒙山和尙 法語略錄 (松廣寺板)	1577	디지털 한글 박물관 웹 사이트에서 영인본 제공
千字文 (光州板)	1575	檀國大學校 東洋學研究所 編, 『千字文』, 檀國大學校出版部, 1995.
新增類合	1576	檀國大學校 東洋學研究所 編, 『新增類合』, 檀國大學校 出版部, 1972.
百聯抄解 (東京大本)	1576	김인후, 『역주 백련초』, 세종대왕기념사업회, 2013.
小學諺解	1586	韓國學研究院 編, 『原本 老乞大 · 朴通事 · 小學諺解 · 四聲通解』, 大提閣, 1985j.
論語諺解	1588	韓國學研究院 編, 『原本 四書諺解 論語 · 孟子 · 大學 · 中庸』, 大提閣, 1985i.
大學諺解	1588	韓國學研究院 編, 『原本 四書諺解 論語 · 孟子 · 大學 · 中庸』, 大提閣, 1985i.
孟子諺解	1590	韓國學研究院 編, 『原本 四書諺解 論語 · 孟子 · 大學 · 中庸』, 大提閣, 1985i.
東國新續 三綱行實圖	1617	韓國學研究院 編, 『原本 東國新續三綱行實圖』, 大提閣, 1985k.
家禮諺解	1632	韓國學研究院 編, 『原本 綸音諺解 · 二倫行實圖 · 家禮諺解』, 大提閣, 1985l.
杜詩諺解 (重刊本)	1632	韓國學研究院 編, 『原本 杜詩諺解』, 大提閣, 1985m.
老乞大諺解	1670	亞細亞文化社 編, 『老乞大 · 朴通事諺解』, 亞細亞文化社, 1973.
朴通事諺解	1677	亞細亞文化社 編, 『老乞大 · 朴通事諺解』, 亞細亞文化社, 1973.
譯語類解	1690	韓國學研究院 編, 『原本 吏讀集成 · 譯語類解』, 大提閣, 1988.
御製內訓	1736	昭惠王后, 『御製內訓』, 弘文閣, 1990.

訓民正音韻解	1750(1938)	韓國學研究院 編, 『原本 訓民正音圖說・訓民正音韻解・諺文志・雞林類事・朝鮮館譯語・蒙山法語・小樂府』, 大提閣, 1985g.
三韻聲彙	1751	국립중앙도서관 웹 사이트에서 영인본 제공
太平廣記諺解	19세기 추정	韓國學研究院 編, 『原本 太平廣記諺解・靈異錄』, 大提閣, 1987c.

1.3.2. 방언 자료

이 책은 '한민족 언어 정보화'라는 검색 프로그램을 이용하여 방언 형태를 조사하였다. 방언 자료의 출처는 다음과 같이 나열한다.

〈표2〉 방언 자료 출처

구분	출처
남한 방언	1. 김병제, 『방언사전』, 과학백과사전출판사, 1980. 2. 김영태, 『慶尙南道方言研究』, 進明文化社, 1975. 3. 이기갑 외, 『전남방언사전』, 전라남도, 1997. 4. 이상규, 『경북 방언사전』, 태학사, 2000. 5. 한국정신문화연구원 편, 『한국방언 자료집・충북편』, 韓國精神文化研究院, 1987a. 6. 한국정신문화연구원 편, 『한국방언 자료집・전북편』, 韓國精神文化研究院, 1987b. 7. 한국정신문화연구원 편, 『한국방언 자료집・경북편』, 韓國精神文化研究院, 1989. 8. 한국정신문화연구원 편, 『한국방언 자료집・강원도편』, 韓國精神文化研究院, 1990a. 9. 한국정신문화연구원 편, 『한국방언 자료집・충남편』, 韓國精神文化研究院, 1990b. 10. 한국정신문화연구원 편, 『한국방언 자료집・전남편』,

제1장 연구 개관 및 연구 자료 개관 **29**

	韓國精神文化研究院, 1991.
	11. 한국정신문화연구원 편, 『한국방언 자료집·경남편』, 韓國精神文化研究院, 1993.
	12. 한국정신문화연구원 편, 『한국방언 자료집·경기도편』, 韓國精神文化研究院, 1995a.
	13. 한국정신문화연구원 편, 『한국방언 자료집·제주편』, 韓國精神文化研究院, 1995b.
	14. 한영목, 『충남 방언의 연구와 자료』, 이회문화사, 1999.
	15. 현평효 외, 『제주어사전』, 제주도, 1995.
북한 방언	1. 김영배, 『平安方言研究(資料篇)』, 太學社, 1997.
	2. 김영황, 『조선어방언학』, 김일성종합대학출판사, 1982.
	3. 김이협, 『平北方言辭典』, 한국정신문화연구원, 1981.
	4. 김태균, 『咸北方言辭典』, 경기대출판부, 1986.
	5. 정용호, 『함경남도 방언연구』, 교육도서출판사, 1988.
	6. 한영순, 『조선어방언학』, 김일성종합대학출판사, 1974.
	7. 황대화, 『동해안방언연구-함북, 함남, 강원도의 일부 방언을 중심으로』, 김일성종합대학출판사, 1986.

제2장 **연구사 검토**

    본장에서는 'ㅿ'의 연구사에 대해 살펴보기로 한다. 'ㅿ'의 연구사에 대한 선행 연구로는 金龍卿(1975), 白寅斌(1981), 조운성(1999), 윤희선(2010), 조운성(2013) 등이 있다. 특히 조운성(2013)에서는 'ㅿ'에 대한 선행 연구를 'ㅿ'의 기원, 'ㅿ'의 음가, 'ㅿ'의 변화로 나누어 고찰하였다. 본장에서는 조운성(2013)에 따라 'ㅿ'의 기원, 'ㅿ'의 음가, 'ㅿ'의 변화와 관련된 선행 연구를 살펴보고 'ㅿ'의 음운 자격, 'ㅿ'의 소멸에 관련된 선행 연구도 살펴보도록 하겠다.

2.1. 'ㅿ'의 기원

    19세기부터 외국 학자들에 의해 'ㅿ'에 대한 연구가 이루어졌다. 대표적인 예로는 J.Scott(1893), H.B.Hulbert(1903), 前間恭作(1909)을 들 수 있다. H.B.Hulbert(1903)과 前間恭作(1909)에서는 'ㅿ'의 기원에 대한 언급은 보이지 않는다. J.Scott(1893: iii)에서는 한국 일모(日母) 한자

음에 대해 고찰하였고 '△'이 원래부터 존재했던 음이 아니고 한어 일모를 표기하기 위해 만든 글자라고 하였다. 그러나 이러한 주장은 J.Scott(1893)이 한글을 소개하는 과정에서 언급한 것일 뿐 정밀한 연구를 통해 얻은 결과가 아니다.

20세기에 들어와서 '△'에 대한 연구가 빈번해졌다. 小倉進平(1944: 40)은 "'△'이라는 문자는 원래 한글 창제 시기에는 한어 일모를 표기하기 위해 채택되었다."라고 언급하고 '△'이 원래부터 존재했다고 주장하였다. 河野六郎(1945)은 '△'은 원래 모음 사이에서 '-s-'가 약화된 것이라고 주장하였다. '△'이 원래부터 존재했다는 주장과 'ㅅ'으로부터 변한 것이라는 주장이 현재까지도 대립하고 있다.

小倉進平(1944)처럼 '△'이 원래부터 존재했다는 선행 연구를 살펴보기로 하자. 崔明玉(1978: 189-192)은 경주 방언을 조사하고 경주 방언에서 유성 치조 마찰음이 확인되기 때문에 고대 한국어에서 '△'이 존재했을 것이라고 추정하였다. 吳鐘甲(1981), 박창원(1985), 崔春泰(1996)는 고대 한국어에서 유성 장애음이 존재했다고 주장하고 '△'도 오래 전부터 존재했을 것이라고 추정하였다. 李丞宰(1983: 226)는 동남 방언에서 '*△>ㅈ'의 발달을 겪은 단어를 나열하고 기원적인 '*△'을 재구하였다. 孫上洛(1987: 136-139)에서는 'ㅅ'이 기(氣)를 띠어 유성음화할 수 없는 분절음이기 때문에 '△'이 'ㅅ'에서 발달한 음이라기보다 고대 한국어에서부터 존재해 온 것이라고 주장한다. 김무림(2004: 62-67)은 고려 문헌에서 '△'의 존재가 확인되므로 고려 시대 이전으로 소급될 수 있는 가능성이 있다고 지적하였다. 한편 개별 방언을 고찰한 白斗鉉(1992: 331-333), 郭忠求(1994: 334-337), 고동호(1995: 82-87),

鄭仁浩(2006: 171-178)는 '△'의 'ㅅ 반사형'을 '△＞ㅅ'의 변화를 겪은 형태로 해석하고 기원적인 '△'이 존재했다고 주장하였다.

그리고 河野六郎(1945)처럼 '△'이 'ㅅ'으로부터 약화된 음이라고 주장하는 학자가 있다. 金亨奎(1953: 117)에서는 "'△'은 'ㅅ-ㅇ'의 중간음으로 그것은 우리말에 있어서 모음과 모음 사이에 있던 'ㅅ'이 모음으로 변해가는 도중의 과도적(過渡的) 역할을 하였다."라고 하였다. 李崇寧(1956/1988: 161)에서는 "'△'의 직접적 기원이 'ㅅ'에서 그 -s-inter-vocalique가 전후음 관계로 하여 유성음화한 것이다."라고 하였다. 李乙煥(1961: 73-77)은 방언을 조사하여 방언에 있는 '△'을 'ㅅ'의 모음화 과정의 한 단계로 해석하였다. 南廣佑(1962: 91-92)는 "'△'은 관념적인 표기법의 인습에 의한 소산물로 보고 '△'은 모음 사이에서 발음되는 'ㅅ'의 약화된 [s]의 이양 표기일 뿐이다."라고 주장하였다. 劉昌惇(1964a: 7)은 "'△'은 유성음과 모음간에 개재하는 'ㅅ음'이 그 앞뒤의 유성음에 동화되어 생긴 음이다."라고 언급하였다. 허웅(1985: 468)은 '△'에 대하여 'ㅅ'이 울림소리 사이에서 울림소리된 것이라고 추정하였다. 류렬(1992: 251)은 "'△'은 원래 역사적으로 청 없는 소리[5] 'ㅅ'이 청 있는 소리[6]의 사이에서 날 때에 청 있는 소리들의 영향을 받아 소리 닮기를 하여 청 있는 소리로 되다."라고 언급하였다. 김형주(1996: 155)는 '△'에 대해 'ㅅ'이 유성음 사이에서 유성음화한 것으로 해석하였다. 황대화(1999: 167-186)는 방언에 있는 '△'의 'ㅅ 반사형'을 조사하여 이러한 'ㅅ 형태'에 대해 원래부터 존재한 형

---

5) '청 없는 소리'는 '무성음'의 북한어이다.
6) '청 있는 소리'는 '유성음'의 북한어이다.

태로 해석하고 ‘△’이 ‘ㅅ’으로부터 변한 것이라고 주장한다. 위진 (2009: 31-47)은 전남방언에서 ‘△’의 반사형을 고찰하여 중세 한국어의 ‘△’이 ‘ㅅ’으로부터 변한 것이라고 주장하고 ‘ㅅ>△’의 형태·음운 론적 조건을 구체화하였다. 蘇信愛(2012a: 53-67)에서는 방언 자료를 통 해 ‘△’이 점진적인 ‘ㅅ>△’에 의한 생긴 것이라고 주장하였다.

또한 위에서 나열한 2가지 학설을 모두 인정하는 학자도 있다. 李 基文(1972: 30-39)에서는 ‘△’의 기원은 크게 두 종류가 있다고 주장하 고 하나는 원래부터 존재한 ‘△’이 있고 또 하나는, ‘ㅅ>△’의 변화 에 의해 생긴 ‘△’도 존재한다고 설명하였다.

이러한 대립적인 주장에 대해 잠깐 살펴보기로 한다. 고대 한국어 에서 ‘△’이 확실히 존재했다는 문헌 자료가 아직 확보되지 않은 상 태이고 ‘△’의 ‘ㅅ 반사형’을 ‘△>ㅅ’의 변화로 설명하기에 적절하 지 않은 면도 있다. 만약 ‘△’이 원래부터 존재한 것으로 주장하려면 앞서 언급한 2가지 문제를 합리적으로 해석해야 된다. 한편 현대 한 국어에서는 ‘ㅅ’의 유성음화가 일어나지 않는데 이전 언어에서는 ‘ㅅ’의 유성음화가 일어날 수 있었는지 의심스럽다. 만약 ‘△’의 기 원을 ‘ㅅ’에서 찾으려면 이러한 문제를 반드시 해결해야 한다.

‘ㅈ’과 관련지어 ‘△’의 기원을 찾는 연구도 있다. 崔鶴根(1991: 182) 에서는 ‘△>ㅈ’의 변화를 강조하고 ‘△’의 기원을 기존의 연구와 다 르게 해석하였다. 즉 ‘△’은 ‘ㅅ’이 유성간음에서 변한 것이 아니고 유성 파찰치음에서 발달한 음이라고 주장하였다. 그러나 고대 한국 어에서 파찰음의 존재 여부에 대해 대립적 주장이 존재한다. 더군다나『삼 국사기』,『삼국유사』의 인명, 지명, 관직명과 관련된 기록에서 마찰음과 파찰음의 혼용이 보이는데 마찰음과 파찰음이 서로 혼용된다는 사실은 고대 한국어에서 파찰음이 존재했는지에 대해 의문을 갖게 한다. 고대 한국어에서 'ㅈ'의 존재 여부가 불확실한 상태에서 'ㅿ'의 기원을 'ㅈ'으로부터 찾는 것은 적절하지 않은 면이 있다.

　한편 고유어에 있는 'ㅿ'과 한자어에 있는 'ㅿ'의 기원이 다르다는 연구도 있다. 朴炳采(1968/1971: 409)에서는 훈민정음에 규정된 일모 'ㅿ'이 중국의 전통적 일모의 규범적 소산이며, 다만 중부방언에서 일어난 'ㅅ'의 모음 간 약화 탈락 현상에서 오는 음운의 간접적 기능으로 이용되었을 뿐이라고 언급하였다. 魏國峰(2015: 191)에서는 고유어에 있는 'ㅿ'과 한자어에 있는 'ㅿ'이 본질적으로 차이가 있다고 주장하고 한자어에 있는 'ㅿ'은 주로 한어 일모를 차용한 것이고 고유어에 있는 'ㅿ'은 한국어 내부에서 생긴 것이라고 설명하였다. 그러나 朴炳采(1968)는 논의 전개 과정에서 증거가 많지 않아 설득력이 높지 않다. 魏國峰(2015)은 문헌 자료를 위주로 'ㅿ'의 기원에 대해 살펴보았고 방언 자료를 이용해서 이러한 주장을 검증할 필요가 있다.

　위의 내용을 다시 정리하면 다음과 같다.

〈표3〉 'ㅿ'의 기원과 관련된 선행 연구

'ㅿ'의 기원	선행 연구
원래부터 존재	小倉進平(1944), 崔明玉(1978), 吳鐘甲(1981), 李丞宰(1983), 박창원(1985), 孫上洛(1987), 白斗鉉(1992), 郭忠求(1994), 고동호(1995), 崔春泰(1996), 김무림(2004), 鄭仁浩(2006)
'-ㅅ-'이 약화된 것	河野六郎(1945), 金亨奎(1953), 李崇寧(1956), 李乙煥(1961), 南廣佑(1962), 劉昌惇(1964a), 류렬(1992),

	김형주(1996), 황대화(1999), 허웅(1985), 위진(2009), 蘇信愛(2012a)
원래부터 존재한 '△'과 'ㅅ〉△'의 변화를 겪은 '△'	李基文(1972)
유성 파찰치음에서 발달됨	崔鶴根(1991)
고유어에 있는 '△'과 한자어에 있는 '△'의 기원이 다름	朴炳采(1968), 魏國峰(2015)

2.2. '△'의 음운 자격

본절에서는 후기 중세 한국어에서 '△'의 음운 자격에 관한 선행 연구를 살펴보기로 한다.

李崇寧(1956), 李乙煥(1961: 48), 劉昌惇(1964a: 8-13), 김석득(1965: 71-83), 李基文(1972: 30), 權在善(1979), 허웅(1985: 468), 김영황(1990/2001: 114-117), 崔鶴根(1991: 182-183), 류렬(1992: 236), 金廉河(1998: 52), 김무림(2004: 138-140)은 중세 문헌을 살펴 후기 중세 한국어에서 '△'이 음소의 기능을 수행하였다고 주장한다. 그리고 '△'이 원래부터 존재하였다고 주장하는 小倉進平(1944), 崔明玉(1978), 吳鐘甲(1981), 박창원(1985), 孫上洛(1987), 白斗鉉(1992), 郭忠求(1994), 고동호(1995), 崔春泰(1996), 鄭仁浩(2006)는 '△'을 음소로 해석한다. 그러나 후기 중세 문헌에서 '두서:두서', '한숨:한숨', '프서리:프서리', '한삼:한삼', '일삼-:일삼-', '쁘설-:쁘설-', '브섭:브섭', '므슷:므슷', '이슥:이슥', 'ᄆᆞᅀᆞᆷ:ᄆᆞᄉᆞᆷ', '그슴:그슴'을 비롯한 '△ 형태'와 'ㅅ 형태'가 공존하는 단어를 보면 '△'

과 'ㅅ'의 대립이 과연 존재했는지에 대해 의심하게 된다.

물론 후기 중세 한국어의 'ㅿ'을 음소로 해석하지 않는 학자도 있다. 金亨奎(1953: 117)는 'ㅿ'이 'ㅅ음'이 모음으로 변해가는 도중의 과도적 역할을 하였다고 주장하였다. 金斗泳(1984: 21-22)은 문헌 자료를 제시하면서 'ㅅ:ㅿ'의 대립이 성립하지 못한다고 언급하였다. 과도적 역할이라는 표현과 'ㅅ:ㅿ'의 대립이 성립하지 못한다는 표현을 통해 金亨奎(1953)와 金斗泳(1984)이 'ㅿ'을 음소로 보지 않은 것으로 보인다. 그러나 金亨奎(1953), 金斗泳(1984)에는 'ㅿ'이 음소가 아니라면 그의 음운론적 지위가 어떻게 되는지에 대한 언급이 보이지 않는다.

朴炳采(1968/1971: 401-409)는 'ㅿ'을 음소로 인정하지 않고 [z]를 /ㅅ/의 한 변이음으로 해석하였다. 都守熙(1975: 21-29)는 'ㅿ'을 'ㅅ>Ø'의 변화의 중간 단계로 보고 'ㅿ'이 음소가 아니라 'ㅅ'의 변이음이었다고 주장하였다. 황희영(1979: 251-254)은 'ㅿ'이 'ㅅ'의 '마이너스 작용'의 소리이기 때문에 'ㅿ'이 음소로 해석될 수 없고 'ㅅ'의 변이음이었다고 하였다. 徐延範(1982: 60-65)은 "'ㅿ'은 뜻의 분화를 가져오는 기능을 지니지 못하고 'ㅅ'의 변이음에 지나지 않는 것이다."라고 언급하였다. 김동소(2002: 78-79)에서는 'ㅿ'을 [s]와 [Ø]의 절충 표기라고 주장하고 'ㅿ'은 /ㅅ/의 한 변이음으로 해석하였다. 위진(2009: 31-38)은 중세 한국 고유어에서의 'ㅿ'이 'ㅅ'과 최소대립쌍을 이루지 못하고 'ㅅ'의 이음이었다고 주장하였다. 다시 정리하면 朴炳采(1968), 황희영(1979), 김동소(2002), 徐延範(1982), 위진(2009)은 'ㅿ'을 'ㅅ'의 변이음으로 해석하고 있다. 그러나 이러한 해석은 문제가 없지 않다. 만약 'ㅿ'이 'ㅅ'의 변이음이라면 당시 사람들은 이러한 소리를 인식하지 못했을 것이다. 따라서 이러한 소리를 글자로 표기했을 가능성은 거의 없다. 이 문제에 대해 박동규(1981: 43-49)는 '△'이 음소의 기능을 수행하지 못하지만 'ㅅ'의 변이음도 아니었다고 하였다. 음소는 의미 변별 기능을 가지고 있는 인식 가능한 소리이고 변이음은 의미 변별 기능을 가지지 않는 인식 불가한 소리이다. 『훈민정음』에서 '△'을 표기한 것으로 보아서는 표기한 음이 인식 가능한 소리였다고 보아야 한다. 이러한 측면을 고려하면 '△'을 단순히 'ㅅ'의 변이음으로 해석하기보다는 박동규(1981)의 주장이 설득력이 높다. 한편, 박선우(2017: 37-52)에서는 확률적 모델을 기반하여 '△'의 음운자격에 대해 고찰하였다. 15세기에 '△'과 'ㅅ'의 대립은 일반적 음소대립보다 약화되어 상보적으로 분포하는 변이음 관계에 가깝고 16세기에는 '△'이 음소로소의 기능을 상실하였다고 주장한다. 그러나 이러한 주장은 '△'의 음가가 [z]이었다는 전제 하에 도출한 결과이고 이러한 가정은 박선우(2017)의 문제점이라고 할 수 있다.

　한자어에 있는 '△'에 대한 음운론적 연구도 있다. 조운성(1999: 45)은 한자어에 있는 '△'이 음소를 표기하는 것이 아니라 '△' 초성을 가진 한자가 반치음에 속한다는 것을 나타내는 것으로 보았다. 그러나 『월인석보』에서 한자어를 주로 '한자 + 동국정운식 한자음'으로 표기하고 있지만 '人事'는 '인ᅀᆞ'로 표기되는 예가 확인된다.[7] 따라서 당시의 사람은 한자어와 고유어를 정확히 구별할 수 없었다. 어떤 단어가 한자어인지 고유어인지조차 당대인들이 파악하지 못했다면 조운성(1999)의 주장은 성립되기 어렵다.

---

7) 부톄 **인ᅀᆞ** ᄒᆞ신대 (『月印釋譜』2:9ㄱ)

　한편 15세기와 16세기의 '△'의 음운자격이 다르다고 주장하는 학자가 있다. 신승용(2003: 215-224)에서는 후기 중세 한국어의 '△'을 시대별로 나누어 살펴보았다. 15세기의 '△'은 음소이지만 16세기의 '△'은 전반적으로 음소의 기능을 하지 못한다고 주장한다. 그러나 15세기의 '△'과 16세기의 '△'이 어떻게 다른가에 대한 구체적인 언급은 보이지 않는다. 16세기에 나타나는 현상('ㅅ'과 '△'의 혼동, '△'과 'ㅇ'의 혼동 등)이 15세기 문헌에서도 확인될 수 있으므로 15세기와 16세기의 '△'의 음운자격이 다르다는 것을 증명하기 어렵다.

　위에서 제시된 선행 연구를 다시 정리하면 다음과 같다.

〈표4〉 '△'의 음운 자격과 관련된 선행 연구

'△'의 음운 자격	선행 연구	비고
음소	小倉進平(1944), 李崇寧(1956), 李乙煥(1961), 劉昌惇(1964a), 김석득(1965), 李基文(1972), 崔明玉(1978), 權在善(1979), 吳鐘甲(1981), 박창원(1985), 허웅(1985), 孫上洛(1987), 김영황(1990), 崔鶴根(1991), 白斗鉉(1992), 류렬(1992), 郭忠求(1994), 고동호(1995), 崔春泰(1996), 金廉河(1998), 김무림(2004), 鄭仁浩(2006)	
음소 아님	金亨奎(1953), 金斗泳(1984), 박선우(2017)	
음소 아님	조운성(1999)	한자어
ㅅ의 변이음	朴炳采(1968), 都守熙(1975), 황희영(1979), 김동소(2002), 徐延範(1982), 위진(2009)	
음소도 아니고 ㅅ의 변이음도 아닌 존재	박동규(1981)	
15세기 음소 16세기 음소 아님	신승용(2003)	

2.3. '△'의 음가

본절에서는 후기 중세 한국어에서 '△'의 음가에 대한 선행 연구를 살펴보도록 하겠다.

J.Scott(1893)은 한국 일모 한자음에 대해 고찰한 바가 있다. J.Scott (1893: iii)은 어두에 있는 '△'의 음가를 'j'로[8] 해석하고 "두음 j가 n음으로 표기된 것이 있고, 한국 한자음에 있어서 n음이 소실되고 'ㅇ'으로 나타난다."라는 설명도 하였다. H.B.Hulbert(1903: 211)에서는 '△'이 비음 [n]와 비슷하다고 지적하였다. 주시경(1908: 22-23)은 '△'이 반설음과 후음이 합친 소리라고 하고 '△'의 음가가 'ㄹㅎ'이나 'ㅎㄹ'의 혼합음이라고 주장하였다. 前間恭作(1909: 25)은 '△'의 음가를 한어 일모자의 초성 [r]에 가까운 [j][9]로 해석하였다. 金熙祥(1927: 7)에서는 '△'이 'ㄹ'과 'ㅇ'의 합한 소리라고 언급하였다. G.J.Ramstedt 1939: 10)은 '△'이 약화된 유성 경구개 비음이라고 주장하였다. 하지만 J.Scott(1893), H.B.Hulbert(1903), 주시경(1908), 前間恭作(1909), 金熙祥(1927), G.J. Ramstedt (1939)의 연구는 모두 '△'을 잠깐 소개하는 것뿐이고 '△'에 대한 구체적인 연구가 아니었다.

계속해서, 小倉進平(1944: 40)은 '△'의 원래 음가를 [z]로 보고 이것이 어떤 방언에서는 [s]로 바뀌고 어떤 방언에서는 [j]를 거쳐 탈락했

---

8) 문맥상으로 'j'의 음가는 유성 파찰음 [dʒ]로 파악된다.

9) 원문에서 '[j]'로 표기되어 있지만 '[j]'는 경구개 접근음인지 아니면 경구개 파찰음인지 분명하지 않다. 前間恭作은 'ㅑ'를 [ya]로 표기하였다. 그리고 河野六郎은 활음 [j]를 가리킬 때에 [y]와 [j]를 같이 사용하였다(河野六郎, 李珍昊 譯註,『한국어 방언학 시론-'ㄱ시개(鋏)'고찰-』, 전남대학교출판부, 2009, 6면). 문맥상으로 볼 때 [j]는 경구개 접근음일 가능성이 높다.

다고 언급하였다. 河野六郞(1945)은 "'△'이 처음에는 [z]였던 듯하지만 소실되기 직전에는 [z] 또는 [ʒ] 또는 [ʒʝ]로 상당한 동요를 보였던 것처럼, 소실 후에도 그 결과 여러 가지 복잡한 변화를 드러내기에 이르렀다."라고 주장하였다. 李崇寧(1956/1988)에서는 '△'을 가진 단어를 하나씩 분석하고 '△'에 대해 음운론적 고찰과 문헌학적 고찰을 하였다. 이러한 종합적인 고찰을 통해 '△'의 음가를 [z]로 주장하였다. 魚德溶(1960: 100-103)은 『훈민정음』, '△'을 가진 단어를 분석하여 '△'의 음가를 [z]로 재구하였다. 崔鉉培(1961: 524-527)는 '△'이 'ㅅ'의 유성음이니 영어의 'z'와 같은 소리라고 주장하였다. "'△'은 'ㅅ'과 더불어 갈음하고, 'ㅇ'과 'ㅅ'과로 바뀌었으니, 그것이 'ㅅ'에 가까우면서도 'ㅇ'에 가까워서 사라지기 쉬운 소리다."라고 설명하였다. 李乙煥(1961: 77-79)은 '△'과 'ㅸ'을 비교하면서 'ㅸ'이 '△'보다 일찍 사라진 것을 강조하고 '△'의 음가를 강한 마찰을 지닌 [z]로 재구하였다. 朴炳采(1968/1971: 401-409)에서는 대역 자료를 중심으로 '△'의 음가를 [z]로 해석하였다. 劉昌惇(1964a: 7)에서는 "'△'은 유성음과 모음간에 개재하는 'ㅅ음'이 그 앞뒤의 유성음에 동화되어 생긴 음이다."라고 언급하였다. 김석득(1965: 68-71)은 한자어, 사잇소리, 고유어에 있는 '△'을 분석하여 '△'의 음가를 [z]로 재구하였다. 李基文(1972: 30)에서는 "'△'이 유성치음 [z]이었다는 종래의 결론은 매우 타당한 것으로 생각하다."라고 하였다. 都守熙(1975: 12-21)에서는 'ㅅ > △'의 변화와 '△' 종성을 논의하면서 '△'의 음가를 [z]로 해석하였다. 崔明玉(1978: 189-192)은 경주 방언을 조사하고 경주 방언에서 유성 치조 마찰음이 확인되고 '△'의 음가를 [z]로 해석하였다. 吳鐘甲(1981)과 박창원(1985)

은 고대 한국어에서 유성 장애음이 존재하는 것으로 보고 음소 '*/z/'를 재구하고 중세 한국에서 '△'의 음가를 [z]로 재구하였다. 허웅 (1985: 325-331)은 '△'글자가 [z]의 표기이었다고 하였다. 孫上洛(1987: 177)에서는 "15세기 '△'은 어두에서 대부분 'ㅅ화'했으나, 한자음 및 의성어, 의태어에 잔존했었고, 어중, 어말에 분명히 쓰인 한 음소 /△/로 [z]음이었다."라고 언급하였다. 김영황(1990/2001: 114-117)은 "'△'은 'ㅅ'이 유성화된 것이라는 점과 '△>ㅈ' 변화현상을 고려할 때 [z]로 인정된다."라고 하였다. 崔鶴根(1991: 182-183)에서는 '△'의 원음(原音)이 유성 파찰치음 /-ȝ-/[10]인데 고대 한국어의 어느 시기에 와서 그 음가를 잃고 중간자음의 위치에서 약화되어 /-z-/음에 가까운 음으로 변한 것이라고 언급하였다. 류렬(1992: 236)은 "'△'은 혀끝스침 청 있는 소리로서 [z]로 대응시킬 수 있다."라고 하였다. 김동소(2002: 78-79)는 '△'에 대해 [s]와 [Ø]의 절충 표기라고 하고 '△'의 음가를 'ㅅ', 'ㅈ'의 변이음인 [z]와 가까운 소리로 재구하였다. 김무림(2004: 136-140)은 한어 일모의 음가, 『훈민정음』에서 '△'에 대한 기록을 통해 '△'의 음가를 [z]로 재구하였다. 金龍卿(1975: 106-166), 金斗泳(1984: 16-17), 김태현(1991: 36-63), 김형주(1996: 155), 崔春泰(1996), 金廉河(1998: 52-56), 高淑子(2003: 37-40)는 선행 연구를 참고하면서 방언 자료, 혹은 문헌 자료를 통해 '△'의 음가를 [z]로 재구하였다. 문헌 자료를 통해 '△'은 'ㅅ'보다 약한 것을 알 수 있지만 '△'의 음가를 [z]로 재구해도 되는지에 대해 의문한다. 왜냐하면 치조에 [s]보다 약한 소리인 [z]와 [ɹ] 두 개의 음이 존재하기 때문이다. 따라서 '△'의 음가를 [z]로 재구하

---

10) 'ȝ'는 이미 폐기된 음성 기호이고 현행 IPA 음성 기호로 전사하면 [dʒ]이다.

려면 우선 'ㅿ'의 음가를 [z]로 해석할 수 없다는 증거를 제시해야 한다. 하지만 위에서 나열한 선행 연구는 이에 대해 언급하지 않았고 이것은 위와 같은 선행 연구의 문제점이라고 할 수 있다.

'ㅿ'의 음가를 [z]로 해석하지 않는 학자도 있다. 方種鉉(1940: 382)은 『훈민정음』의 기록, 방언 자료, 한자음 자료를 통해 'ㅿ'의 음가를 비음 성분을 지닌 치음으로 재구하였다. 이러한 재구음은 한어 일모의 중고음이 [n̠z]이라는 점을 참고하여 재구하였다. 그러나 5.1.1.1.1 에서 자세히 언급하겠지만 한어 일모의 중고음을 [n̠z]로 재구하기 어렵다. 그리고 후기 중세 한국어 자음체계를 볼 때 다른 장애음은 비음 성분이 없는데 'ㅿ'만 비음을 지닌 음으로 재구한 것이 문제가 있다.

그리고 南廣佑(1962: 85-98)는 'ㅿ'의 음가에 대해 "오늘날 모음간에서나 유성자음 밑에서 어두음 'ㅅ'보다는 이완되어 발음되는 [s]와 같은 소리이다."라고 설명하였다. 따라서 'ㅿ'과 'ㅅ'의 음가가 약간 차이가 있지만 모두 [s]이고 'ㅿ'은 잉여적 글자가 된다. 그러나 이러한 잉여적 글자가 존재한 원인에 대해 南廣佑(1962)에서 언급하지 않았다.

又 徐延範(1982: 28-60)은 문헌 자료와 방언 자료를 분석하고 'ㅿ'이 현실음 표기가 아니라 한국어의 개신을 위해 의도적으로 사용했다고 주장하였다. 그러나 만약 'ㅿ'이 비현실음이라면 이러한 비현실적인 소리가 어떻게 발음되는지에 대한 언급이 없다. 그리고 『훈민정음』에서 'ㅿ'의 음가를 설명한 것으로 보아, 'ㅿ'이 어떤 소리를 지니고 있었을 것으로 추정된다. 따라서 'ㅿ'을 의도적으로 사용되는 글자로 해석한 것은 이해하기 어렵다.

한편 金亨奎(1953: 117)는 'ㅿ'을 'ㅅ-ㅇ'의 중간음으로 주장하고 구체적으로 '△'의 음가에 대해 "혀끝과 잇몸 사이를 'ㅅ'보다 좀 더 넓혀서 마찰시켜 나오는 소리이다."라고 해석하였다. 金明圭(1961: 90-93)는 『훈민정음』에서 '△'과 관련된 기록을 분석하여 '△'의 음가를 [z]로 재구하기 어렵다고 주장하고 '△'의 음가를 [ɹ]로 재구하였다. 황희영(1979: 251-254)은 "'△'이 'ㅅ'의 '마이너스 작용'의 소리이고 '△'의 음가는 [ɹ]이다"라고 언급하였다. 權在善(1979: 359)은 "'△'의 음가는 혀를 편 채로 가볍게, 약간 들어 치조와의 간극을 좁혀 약하게 마찰하는 음으로 해석되고 이러한 소리는 권설음 [ʐ]와 유사하나 혀끝 치켜 올리지 않는 점에서 그와 다른 독특한 음이다."라고 하였다. 박동규(1981: 29-42)는 전통 음운학, 음성 측면을 통해 '△'은 아주 약한 음이었다고 주장하고 '△'의 음가를 약한 경구개 마찰음 [ʝ]로 재구하였다. 金亨奎(1953), 金明圭(1961), 황희영(1979), 權在善(1979), 박동규(1981)는 '△'을 아주 약한 마찰음으로 재구하는 것은 기존의 연구와 다르다고 판단된다. 그러나 金亨奎(1953), 金明圭(1961), 황희영(1979)은 논의 전개 과정에서 증거가 많지 않아 설득력이 높지 않다. 특히 金明圭(1961)와 황희영(1979)은 『훈민정음』의 기록만 가지고 '△'의 음가를 추정하였다. '△'을 정확히 파악하려면 『훈민정음』뿐만 아니라 다른 중세 문헌에서 '△'에 관한 기록도 살펴보아야 한다. 한편 한국어는 권설음의 수용을 거부하는 것으로 보아 '△'을 권설음으로 재구해도 되는지에 대해 의문한다. 음성적으로 유성음은 무성음보다 약하고 접근음은 마찰음보다 약하다는 점에서 보면 박동규(1981)의 주장은 문제가 있다.

위에서 살펴본 연구들은 주로 고유어에 있는 '△'을 연구대상으로 삼았다. 한자어에 있는 '△'에 대한 연구도 있다. 白寅斌(1981: 53)은 동국정운 한자음을 조사하여 '△'이 *[s] 정도의 기(氣)를 가진 [∅]에 가까운 음이라고 추정하였다. 그러나 동국정운 한자음은 현실 한자음이 아니기 때문에 白寅斌(1981)의 주장은 의심스러울 수밖에 없다. 李潤東(1988: 34)은 현대 한어 방언에서 일모가 [j]로 실현되는 예를 제시하면서 일모는 동음에 [j]로 받아들여졌을 가능성이 가장 높다고 주장하였다. 조운성(1999: 16)은 'r음설'[11]을 따라 '△'의 음가를 [j]로 재구하였다. 따라서 李潤東(1988)과 조운성(1999)은 '△'을 접근음으로 해석하는 경향을 보인다고 할 수 있다.

위에서 제시된 선행 연구를 다시 정리하면 다음과 같다.

〈표5〉 '△'의 음가와 관련된 선행 연구

'△'의 음가	선행 연구	비고
[dʒ]	J.Scott(1893)	
[n]	H.B. Hulbert(1903)	
[n]	G.J. Ramstedt(1939)	
[r]에 가까운 [j]	前間恭作(1909)	
설음과 후음의 합친 소리	주시경(1908), 金熙祥(1927)	
[z]	小倉進平(1944), 河野六郎(1945), 李崇寧(1956), 魚德容(1960), 崔鉉培(1961), 李乙煥(1961), 劉昌惇(1964a), 김석득(1965), 朴炳采(1968), 李基文(1972), 都守熙(1975), 金龍卿(1975), 崔明玉(1978), 吳鐘甲(1981), 金斗泳(1984), 박창원(1985), 허웅(1985), 孫上洛(1987), 김영황(1990), 崔鶴根(1991), 김태현(1991), 류렬(1992), 김형주(1996), 崔春泰(1996), 金廉河(1998), 김동소(2002), 高淑子(2003), 김무림(2004)	

---

11) 한어 일모의 통시적 변화에 대해 'r음설'과 'z음설'로 요약할 수 있다. 구체적인 논의는 5.1.1.1.1 참조

비음 성분을 지닌 치음	方種鉉(1940)	
'ㅅ-ㅇ'의 중간음	金亨奎(1953)	
약한 [s]	南廣佑(1962)	
의도적 표기	徐延範(1982)	
[ɹ]	金明圭(1961), 황희영(1979)	
[z]와 유사한 약한 마찰음	權在善(1979)	
약한 [ɕ]	박동규(1981)	
*[s]정도의 기를 가진 [Ø]에 가까운 음	白寅斌(1981)	한자어
[j]	李潤東(1988), 조운성(1999)	한자어

2.4. '△'의 변화

현대 한국 방언에서 '△'의 반사형은 'Ø 반사형', 'ㅅ 반사형', 'ㅈ 반사형'으로 나눌 수 있다. 이러한 반사형은 어떤 통시적인 변화를 겪은 형태로 볼 수 있고 이를 단서로 삼아 선행 연구에 대해 살펴보겠다.

우선 '△'의 'Ø 반사형'에 대해 살펴보기로 한다. 小倉進平(1944: 142), 李崇寧(1956/1988: 204-211), 李乙煥(1961: 73-77), 劉昌惇(1964a: 8), 李基文(1972: 37), 金龍卿(1975: 158-166), 李丞宰(1983: 226), 허웅(1985: 468), 崔鶴根(1991: 174), 류렬(1992: 255-257), 金廉河(1998: 57-61), 崔明玉(1978: 168), 吳鐘甲(1979: 66-67), 박창원(1985: 68), 孫上洛(1987: 172-177), 白斗鉉(1992), 고동호(1995: 81-87), 신승용(2003: 225-227), 蘇信愛(2012a: 53-67)에서는 '△'의 'Ø 반사형'에 대해 '△>Ø'의 변화를 겪은 형태로 설명하였다.

그리고 金亨奎(1953: 118-119), 朴炳采(1968/1971: 409), 都守熙(1975: 28-29), 황희영(1979: 253-254), 박동규(1981: 47-49)는 'ㅿ'의 'Ø 반사형'에 대해 'ㅅ>Ø'의 변화를 겪은 형태로 설명하였다.

'ㅿ'을 음소로 인정하느냐 하지 않느냐에 따라 'ㅿ'의 'Ø 반사형'을 보는 견해에 대해 크게 두 가지 견해로 나눌 수 있다. 'ㅿ>Ø'으로 보는 견해와 'ㅅ>Ø'으로 보는 견해가 그것이다. 'ㅿ>Ø'의 변화를 겪은 형태로 주장하는 학자는 'ㅿ'의 음소 자격을 인정한다. 반대로 'ㅅ>Ø'의 변화를 겪은 형태로 설명하는 학자는 'ㅿ'이 음소가 아니었다고 주장한다. 한편 윤희선(2010: 57-61)은 'ㅿ>Ø'의 변화를 세분화하여 'ㅿ'이 우선 'ㅇ([ɦ])'으로 변하고 나서 사라졌다고 하였다.

'ㅿ'의 'Ø 반사형'에 대한 선행 연구를 다시 정리하면 다음과 같다.

〈표6〉 'ㅿ'의 'Ø 반사형'과 관련된 선행 연구

'ㅿ'의 Ø 반사형에 대한 설명	선행 연구
'ㅿ>Ø'의 변화를 겪은 형태	小倉進平(1944), 李崇寧(1956), 李乙煥(1961), 劉昌惇(1964a), 李基文(1972), 金龍卿(1975), 李丞宰(1983), 허웅(1985), 崔鶴根(1991), 金廉河(1998), 崔明玉(1978), 吳鐘甲(1979), 박창원(1985), 孫上洛(1987), 白斗鉉(1992), 류렬(1992), 고동호(1995), 신승용(2003), 蘇信愛(2012a)
'ㅿ>ㅇ([ɦ])>Ø'의 변화를 겪은 형태	윤희선(2010)
'ㅅ>Ø'의 변화를 겪은 형태	金亨奎(1953), 朴炳采(1968), 都守熙(1975), 황희영(1979), 박동규(1981)

계속해서 'ㅿ'의 'ㅅ 반사형'에 관한 선행 연구를 살펴보기로 한다.

小倉進平(1944: 154)은 '△'의 'ㅅ 반사형'에 대해 '△>ㅅ'의 변화를 겪은 형태로 설명할 수 있다고 언급하였다. 河野六郞(1945: 150-188)은 '△'의 'ㅅ 반사형'이 '△'의 'Ø 반사형'보다 더 오래되었다고 언급하고 'ㅅ 반사형'에 대해 'ㅅ>△'의 변화를 겪지 않고 그대로 유지해 온 형태로 해석하였다.

기존에 小倉進平(1944)의 주장을 따른 논의가 많다. 金龍卿(1975: 166)은 "현재 방언에서 'ㅅ', 'ㅇ'의 두 음으로 하고 있는 고대음은 다 '△'이다"라고 하였다. 吳鐘甲(1981: 64)에서는 '△>ㅅ'의 변화를 'z무성음화'로 보고 중세 한국어에서 이와 비슷한 무성음화가 존재한다고 추정하였다. 李丞宰(1983: 226-227)는 방언에서 '△'의 'ㅅ 반사형'에 대해 '△>ㅅ' 변화를 겪은 것으로 해석하였다. 孫上洛(1987: 166)에서는 "어두 유성자음 회피 현상에 따라 어두초성 '△'이 소실되고 합성어의 후행 어기 두음 초성 '△'도 어중에서 그 흔적을 겨우 유지하다가 약화, 종성 '△'도 팔종성 표기 이후 'ㅅ화', 그 연철형의 '△'이 'ㅅ화'함에 따라 형태소 내부의 '△'도 이러한 영향으로 '△>ㅅ 화'가 가능하다"라고 하였다. 崔鶴根(1991: 175)은 문헌에서 '△ 형태'보다 'ㅅ 형태'가 주로 후대 문헌에 나타나는 것을 강조하여 이러한 현상을 '△>ㅅ'으로 해석하였다. 배영환(2015: 181-190)은 각 지역에서 출토된 언간 자료를 살펴보았는데 언간자료에서 나온 '△'의 'ㅅ 반사형'에 대해 '△>ㅅ'의 변화를 겪은 형태로 설명하였다. 한편 개별 방언을 고찰한 崔明玉(1978: 189), 白斗鉉(1992: 331-333), 郭忠求(1994: 334-337), 고동호(1995: 82-87), 鄭仁浩(2006: 171-178)는 '△'의 'ㅅ 반사형'이 '△>ㅅ'의 변화를 겪은 형태로 해석하였다. 그러나 '△>ㅅ'의 변화는 논리적으로 가능하지만 실제로 일어나기 어려운 변화이다. 왜냐하면 '△'은 유성음인데 주로 유성음 사이에 나타나고 유성음이 유성 환경에서 무성음화가 일어나기 어렵기 때문이다. 이러한 문제를 해결하기 위해 박창원(1995: 87-97), 신승용(2003: 224-236)은 15세기 한국어에서 어두, 어말, 무성음 앞이나 뒤에 '△→ㅅ'이라는 공시적인 규칙을 우선 설정하고 어중에 있는 '△'은 간접적으로 '△→ㅅ'의 영향을 받아 무성음으로 변하였다고 설명하였다. 그러나 15세기의 한국어에 이러한 규칙이 존재하였는지에 대해서는 의문이다. 만약 어두에서 '△→ㅅ'의 규칙이 존재했다면 '△'을 가진 한자어에서 '△'이 'ㅅ'으로 변해야 한다. 그러나 현대 한국어에서 대부분 한자어에 있는 '△'은 [Ø]로 실현된다. 따라서 15세기 한국어에 '△→ㅅ'의 규칙이 존재했을 가능성은 아주 희박하다는 점에서 박창원(1995)과 신승용(2003)의 주장은 재고의 여지가 있다.

河野六郎(1945)의 주장에 따라 '△'의 'ㅅ 반사형'에 대해 논의한 학자도 있다. 李崇寧(1956/1988: 221-224)은 기원적인 'ㅅ'을 설정하고 '-s-탈락'과 '-s-유지'의 쌍형의 대립이 발달해 왔다고 언급하였다. 李乙煥(1961: 76)은 "[s]음이 이조 이전의 '△ 음'보다 고어의 형태를 지니고 있다"라고 하였다. 金亨奎(1975: 74-79)는 '△'의 'Ø 반사형'보다 '△'의 'ㅅ 반사형'이 더 오래된 것이라고 주장하였다. 황희영(1979: 254)은 기원적인 'ㅅ'을 설정하고 현대 방언에 있는 'ㅅ 반사형'에 대해 기원적 'ㅅ'이 유지된 것이라고 설명하였다. 황대화(1999: 167-186)에서는 방언을 분석하여 '△'의 'ㅅ 반사형'에 대해 역사적인 'ㅅ'을 그대로 유지했다고 주장하였다.

한편 위와 같은 대립적인 주장을 모두 인정하는 학자도 있다. 소신애(2012b)는 '△'의 'ㅅ 반사형'을 일차적으로 'ㅅ>△' 변화의 비개신형으로 해석하였고 중세 중앙어 문헌에 '△'으로 나타나던 어형이 후대 문헌에 다시 'ㅅ'형으로 나타나는 경우에 대해 청자에 의한 '△>ㅅ'의 변화로 설명하였다. 그런데 'ㅅ→△'의 규칙이 수의적 규칙이었다면 문헌에 있는 'ㅅ 형태'에 대해 합리적으로 설명할 수도 있다. 이러한 가능성이 존재하는 상태에서 '△>ㅅ'의 변화로 설명하는 것이 적절하지 않다.

이상의 내용을 정리하면 다음과 같다.

〈표7〉 '△'의 'ㅅ 반사형'과 관련된 선행 연구

'△'의 'ㅅ 반사형'에 대한 설명	선행 연구
'△>ㅅ'의 변화를 겪은 형태	小倉進平(1944), 金龍卿(1975), 崔明玉(1978), 吳鐘甲(1981), 李丞宰(1983), 孫上洛(1987), 崔鶴根(1991), 白斗鉉(1992), 郭忠求(1994), 고동호(1995), 박창원(1995), 신승용(2003), 鄭仁浩(2006), 배영환(2015)
원래부터 존재한 형태	河野六郎(1945), 李崇寧(1956), 李乙煥(1961), 金亨奎(1975), 황희영(1979), 황대화(1999)
'원래부터 존재한 형태'와 '△>ㅅ'의 변화를 겪은 형태' 모두 인정	소신애(2012b)

마지막으로 '△'의 'ㅈ 반사형'에 관한 선행 연구를 살펴보겠다.

李崇寧(1956/1988: 163-188)은 문헌과 방언에서 '△'과 'ㅈ~ㅅ~ㅊ'이 일정한 대응 관계를 보인다고 언급하였다. 따라서 '△'음계 고어에

'ㅈ~ㅅ~ㅊ'의 대응이 있었을 것으로 추정하고 'ㅈ>△'의 변화가 가능하다고 설명하였다. 崔鶴根(1991: 182-183)은 '△'의 원음(原音)을 'ㅈ'과 비슷한 음으로 보고 '△>ㅈ'의 변화 원인에 대해 '△'의 기원적인 음가와 관련이 있다고 주장한다. 그러나 왜 일부 단어에서만 '△>ㅈ'의 변화가 일어났는지에 대해서는 李崇寧(1956)과 崔鶴根(1991)에 언급되어 있지 않다.

劉昌惇(1964a: 77-80)은 "'ㅅ'은 모음과 모음 사이, 유성 자음과 모음 사이에 개재하면 '△'으로 변하는데 이와 같은 환경에서 'ㅅ'이 유성음 'ㅈ'으로도 변한다."라고 하였다. 徐延範(1982: 53-55)은 '△'을 비현실적 표기로 주장하고 '△>ㅈ'을 설정하는 것보다 'ㅅ>ㅈ'을 설정해야 한다고 하였다. 그러나 劉昌惇(1964a)과 徐延範(1982)은 'ㅅ>ㅈ'의 현상만 기록하였고 구체적으로 이러한 변화가 왜 그리고 어떻게 일어나는지에 대해서는 언급하지 않고 있다.

李基文(1972: 39-40)은 "일반적으로 '△'은 소실되고 말지만, 몇 예에서 '△>ㅈ'의 변화가 있었던 것으로 생각된다."라고 언급하고 "'△>ㅈ'은 주로 'm-v' 환경에서(드물게 'n-v' 환경) 일어난 것으로 믿어진다."라고 덧붙이었다. 김성규(2006: 191-199)는 '△'이 소멸되지 않고 'ㅅ', 'ㅈ'으로 바뀐 예를 살펴보고 이러한 단어들은 변화의 흐름에서 예외적이라고 하고 "형태론적인 유연성으로 인한 개별 형태소의 형태 보존 경향과 방언의 유입에 의한 쌍형어간의 경쟁 관계로 규정을 지을 수 있다."라고 하였다.

한편 개별 방언을 고찰하는 연구는 '△>ㅈ'의 변화에 대해 언급하였다. 崔明玉(1978: 190)은 동남방언을 고찰하였고 '부적(<브쉽', '끄지

름(<그스름)', '노란자지(<노른ᄌᆞᄉ)', '젖-(<젓-)', '잊-(<닞-)', '잦(<ᄌᆞᆾ)', '좇-(<좃-)'을 비롯한 예를 '△>ㅈ'의 변화를 겪은 예로 설명하였다. 白斗鉉(1992: 332-333)은 영남 문헌에서 나타나는 '△>ㅈ'의 예로 '비로조', '손조', '끄직기-'을 언급하였다. 鄭承喆(1995: 150-161)은 제주도 방언을 고찰하고 '난지(<나ᅀᅵ)', '건줌(<거ᅀᅴ)', '혼자(<ᄒᆞᄫᅡᅀᅡ)', '멩질(<명ᅀᅵᆯ)', '셍진날(<싱ᅀᅵᆯ+ㅅ+날)', '중진(<듕ᅀᅵᆫ)'을 비롯한 예를 '△>ㅈ'의 변화를 겪은 예로 설명하였다.

위에서 제시한 것처럼 '△>ㅈ'의 변화는 한정된 환경에서 예외적인 변화로 간주되어 왔다. 그러나 소신애(2012b: 55-79)는 방언 자료를 조사하여 '△>ㅈ'의 변화를 겪은 어사가 적지 않다고 하고 음성적 유사성으로 인해 오지각하거나 과도 분석함으로써 '△>ㅈ' 방향의 재구조화가 초래되었다고 주장한다. 이에 따르면 '△>ㅈ'의 변화는 한정된 환경에서 예외적인 변화가 아니라 유성음 사이에서 흔히 일어나는 변화이다.

위의 내용을 정리하면 다음과 같다.

<표8> '△'의 'ㅈ 반사형'과 관련된 선행 연구

'△'의 'ㅈ 반사형'에 대한 설명	선행 연구
'△'의 원음은 'ㅈ'과 비슷함	李崇寧(1956), 崔鶴根(1991)
'ㅅ〉ㅈ'의 변화를 겪은 형태	劉昌惇(1964a), 徐延範(1982)
'△〉ㅈ'의 변화를 겪은 형태	李基文(1972), 崔明玉(1978), 白斗鉉(1992), 鄭承喆(1995), 김성규(2006), 소신애(2012b)

2.5. '△'의 소멸

본절에서는 '△'의 소멸과 관련된 선행 연구를 살펴보기로 한다. '△'의 소멸과 관련해서는 '△'의 소멸 시기와 '△'의 소멸 원인으로 나눌 수 있는데 본절에서는 이 두 가지로 나누어 선행 연구를 검토해 보겠다.

'△'의 소멸 시기와 관련해서는 그동안 소멸 시작 시가와 완전 소멸 시기에 대해서 관심을 가졌다. 그런데 선행 연구를 보면 대부분 '△'이 완전히 사라진 시기에 중점을 두었지 '△'이 언제 사라지기 시작하였는지에 대한 논의는 많지 않았다. 李崇寧(1956/1988: 307-308)은 『두시언해』의 예를 제시하면서 '△'의 동요가 성종(成宗) 시대에 나타났다고 보았다. 李基文(1972: 37)에서는 '△'이 15세기 70년대부터 사라지기 시작한 것으로 추정하였다. 류렬(1992: 254)에서는 '△'이 15세기 후반기에 혀끝모음 'ㅣ' 앞에서 먼저 없어지기 시작하였다고 하였다. 이러한 주장이 현재 학계에서 정설처럼 받아들이고 있다.

'△'이 완전히 사라진 시기와 관련된 선행 연구를 살펴보기로 한다. 金亨奎(1953: 116)에서는 『훈몽자회』에 '△'이 있다는 것에 기인하여 중종(中宗) 때까지 '△'이 있었음은 분명하고 선조(宣祖) 후기부터 없어졌다고 추정하였다. 李崇寧(1956/1988: 297-309)은 "한 음운의 소실기 추정이란 문헌에 기재된 자료보다 1세기 또는 반세기쯤 거슬러 올라감이 일반적이다."라고 하면서 '△'이 16세기 중기에 소실되었다고 하였다. 魚德溶(1960: 103-106)은 각 시기 문헌을 분석함으로써 16세기 말에 '△'이 완전히 사라졌다고 추정하였다. 李乙煥(1961: 82)은 "선

조시대 전에는 이 음운에 대한 관념이 완전히 소실된 것으로 추측할
수 있다."라고 하였다. 南廣佑(1962: 98)는 15세기 말까지의 문헌에서
'ㅅ'과 '△'이 혼란의 예가 있음을 제시하고, 16세기 전반기 문헌에
서 '△'과 'ㅇ'이 혼동하는 표기가 있고 16세기 후반기 문헌에서
'ㅅ', '△', 'ㅇ'이 일대혼란이 있다가 16세기 말에 '△'이 완전히 사
라졌다고 주장하였다. 李基文(1972: 37-38)은 '△'의 소실 과정이 15세
기 70년대에서 16세기 중엽까지 추적된다고 언급하고 16세기 후반
의 문헌들은 '△'이 당시의 한국어에 없었음을 분명히 보여준다고
주장하였다. 金龍卿(1975: 167)은 '△'자가 제정된 이래 의고적으로 표
기 사용하던『훈몽자회』까지의 약 80년이 그 사용 기간이었다고 언
급하였다. 허웅(1985: 469-471)에서는 '△'이 16세기에 동요되기 시작하
여 1592년 이전에 이미 없어진 것이라고 하였다. 류렬(1992: 254)은
'△'이 16세기 후반기에 음운으로서의 존재를 완전히 그만두게 되었
다고 언급하였다.

위에서 나열한 선행 연구를 다시 정리하면 다음과 같다.

<표9> '△'의 소멸 시기와 관련된 선행 연구

소멸 시기	선행 연구
15세기 후반 소멸 시작	李崇寧(1956), 李基文(1972), 류렬(1992)
16세기 전기 완전 소멸	金龍卿(1975)
16세기 중엽 완전 소멸	李崇寧(1956), 李乙煥(1961), 李基文(1972)
16세기 말 완전 소멸	金亨奎(1953), 魚德溶(1960), 南廣佑(1962), 허웅(1985), 류렬(1992)

  '△'의 소멸 원인에 대한 선행 연구는 아주 적다. 李乙煥(1961: 79-81)에서는 음운론적 관점에서 '△'의 소멸 원인에 대해 살펴보았다. "'△'은 이조 중종(中宗) 시기에 들어서 일반 언중의 이에 대한 음운 관념, 의식이 동요되고 희박하여져서 모음으로 전화하는 경향이 나타나고 결국 '△'의 음운적 특성이 소실되게 이른 것이다"라고 설명하였다. 물론 일반 언중의 '△'에 대한 음운 관념, 의식이 동요되기 때문에 '△'이 사라졌다는 주장은 타당하다고 할 수 있지만 일반 언중의 '△'에 대한 음운 관념, 의식이 동요되는 원인을 규명하여야 한다고 생각한다.

제3장 문헌 자료와 방언 자료로 본
'△'의 기원

본장에서는 '△'의 기원에 대해 살펴보겠다. 2.1에서는 '△'의 기원과 관련된 선행 연구를 살펴봄으로써 '△'이 원래부터 존재했다는 주장과 'ㅅ'으로부터 변해왔다는 주장은 현재까지도 대립하고 있다는 것을 알게 되었다. 뿐만 아니라 한자어에 있는 '△'과 고유어에 있는 '△'의 기원이 서로 다르다는 주장도 확인된다. 이러한 대립적인 주장들이 존재했기 때문에 '△'의 기원에 대한 재고를 요구하게 된다. 본장에서는 문헌 기록, 방언 자료를 통해 '△'의 기원을 다시 규명하고자 한다.

3.1. 문헌 자료로 본 '△'의 기원

15세기 문헌에서는 '△'으로 표기된 단어를 흔히 발견할 수 있다.

그러나 15세기 이전에 '△'이 존재하였는지에 대해 계속 논쟁이 있어 왔다. 본절에서는 15세기 이전 문헌을 다시 살펴봄으로써 이전 시기에 '△'의 존재 여부를 확인하고 이를 바탕으로 '△'의 기원을 밝히고자 한다.

15세기 이전의 한국어는 원시 한국어, 고대 한국어, 전기 중세 한국어로 시대 구분을 할 수 있다.[12] 10세기 초에 고려 왕조가 성립하는 시기는 중세 한국어와 고대 한국어를 양분한 시기이고, 15세기 중엽의 훈민정음은 중세 한국어를 전기 중세 한국어와 후기 중세 한국어로 나누는 사건이라고 생각한다. 삼국시대와 통일신라시대는 고대 한국어에 속하고 삼국시대의 이전 시기에서 사용된 한국어는 원시 한국어라고 하겠다. 그런데 '△'과 관련해서 삼국시대 이전에 한국어사에 기여할 수 있는 자료가 아주 희박하기 때문에 원시 한국어를 고찰하지 않기로 한다. 지금부터 고대 한국어, 전기 중세 한국어에서 '△'의 존재 여부를 살펴보도록 하겠다.

3.1.1. 고대 한국어에서의 '△'의 흔적

고대 한국어 음운 연구는 주로 차자표기를 바탕으로 이루어졌다. 최근 魏國峰(2015)은 전승 한자음 자료를 통해 8세기경의 한국어의 음운체계를 재구한 바가 있다. 본절에서는 우선 차자표기 자료를 이용하여 고대 한국어에서 '△'의 존재 여부를 확인한 다음에 전승 한자음을 검토하여 고대 한국어에서 '△'이 존재했는지를 확인하고자 한다.

---

12) 이 책은 李基文(1998)에서 제시한 시기를 따른다.

3.1.1.1. 차자표기에서의 'Δ'의 흔적

잘 알려진 바와 같이 'Δ'은 한어 일모와 대응한다. 우선 일모자를 단서로 삼고 차자표기 자료에서 'Δ'의 흔적을 살펴보겠다. 고대 한국어 차자표기 자료를 나열하면서 분석해 보도록 하겠다.

(4) 가. **奴**同覓縣 一云 **如**豆覓 (『三國史記』34·地理1)
    나. 朴**弩**禮尼叱令 一作 **儒**禮王 (『三國遺事』1·紀異1·第三弩禮王)
    다. 進**乃**郡 一云 近**仍**乙 (『三國史記』37·地理4)
    라. **日**谿縣 本 **熱**兮縣 或云 **泥**兮 (『三國史記』34·地理1)
    마. **尼**山縣 本百濟 **熱**也山縣 (『三國史記』36·地理3)
    바. 述**爾**忽縣 一云 首**泥**忽 (『三國史記』37·地理4)
    사. **尼**師令 (『三國史記』1·儒理尼師令)
    아. **爾**叱令 (『三國遺事』2·紀異2·駕洛國記)

(4)에서 '奴:如', '弩:儒', '乃:仍', '日:熱:泥', '尼:熱', '爾:泥', '尼:爾'의 대응은 분명하다. '如', '儒', '仍', '而', '日', '熱', '爾'는 일모자인데 각각 니모자(泥母字)인 '奴', '弩', '乃', '耐', '泥', '尼', '泥''와 대응된다. 니모는 비음 [n]이기 때문에 위의 대응관계를 통해 일모도 비음인 것을 알 수 있다. 한어에서 일모가 비음으로부터 마찰음으로 변한 시기는 대략 8세기로 추정된다.[13] 따라서 (4)에서 제시된 일모는 전기 중고음 혹은 전기 중고 이전 시기의 한음을 반영한 것이다.

목간 자료에서 일모가 비음으로 실현되는 예도 확인될 수 있다.

---

13) 7세기말까지만 해도 일모자는 규칙적으로 범어의 ñ를 음역하였지만 그 후에 일모자는 범어의 j([dz])를 음역하기 시작하였다(潘悟雲, 『漢語歷史音韻學』, 上海敎育出版社, 2000, 53면).

미륵사지(彌勒寺址)에서 발굴된 318호 목간을 보겠다.

(5)[14] 가. ■新台巳**日古刀**士 (2면 1행)

나. 二■口巳今毛巳■■■ (3면-4면)

318호 목간에서 '巳'은 '소의 나이'를 셀 때 이용되는 수사의 '-읍/
ㅂ'에 정확히 대응하고 있고 '日古巳'과 '二■口巳'은 수사 '닐곱'과
대응하고 있다.[15] 그리하여 당시의 일모의 음가를 비음으로 해석할
수 있고 318호 목간도 전기 중고음 혹은 전기 중고 이전 시기의 한
음을 반영한 것이다.

(4), (5)에서 제시한 것처럼 차자표기 문헌에서는 일모가 비음과 대
응되었다.[16] 대부분 선행 연구에서는 '△'의 음가를 [z]로 해석하였는
데 [z]를 단서로 삼아 차자표기 문헌을 다시 살펴보겠다. 한어 중고음
에서 사모(邪母, [z]), 선모(禪母, [z])가 있는데 차자표기 문헌에서 사모자
(邪母字)와 선모자(禪母字)를 보겠다.

(6) 가. **徐**耶伐 或云**斯**羅 或云**斯**盧 或云**新**羅 (『三國史記』34·雜志3·地
理1)

---

14) 318호 목간의 판독문은 이승재(2011: 12)를 참조하였다.

15) 318호 목간에 대한 해독은 이승재(2011: 12, 26)를 참조하였다.

16) 차자표기 자료에서 다음과 같은 예도 확인된다.

金春質 一作 春日 (『三國遺事』2·紀異2·萬波息笛)

위에서 제시한 것처럼 일모자인 '日'은 장모자(章母字)인 '質'과 동음관계를 이룬다.
'金春質'은 7세기말 신문왕(神文王) 시기의 사람이지만 해당 동음 이표기는 7세기 말
에 표기된 것이 아니었을 것이다. 왜냐하면 7세기말까지는 한어 일모가 비음이었기
때문이다. 따라서 이 표기는 후세에 이루어졌을 것이다. 그리고 『삼국유사』에 기록된
동음 이표기는 이차자료에 해당된다. 당시 일차자료(예문 5)도 확인되고 일차자료와
이차자료의 기록은 상이할 경우는 일차자료의 기록을 따르는 것이 더 바람직하다.

나. 徐**羅**伐 又徐伐 或斯(盧) 或雞林 (『三國遺事』1·紀異1·赫居世
王)

다. 支**潯**縣 本只彡村 (『三國史記』37·雜志6·地理4)

라. **似**城 本**史**忽 (『三國史記』37·雜志6·地理4)

(6)에서 보는 바와 같이 '徐', '潯', '似'는 모두 사모자이고 '斯',
'新'은 심모(心母, [s])에 속하며 '彡', '史'는 생모(生母, [ʂ])에 속한다. 사
모(邪母)는 유성 마찰음과 대응되는 것이 아니고 심모(心母), 생모(生母)
를 비롯한 무성 마찰음과 대응되므로 사모(邪母)를 유성 마찰음으로
읽을 가능성이 희박하다.

계속해서 선모자(禪母字)를 보겠다.

(7) 가. 未**鄒**尼叱令 一作位**炤** 又未**祖** 又未**召** (『三國遺事』1·王曆·未鄒
尼叱今)

나. 昭**聖**[或云昭**成**]王 (『三國史記』10·新羅本紀10·昭聖王)

다. 昭**聖**王一作昭**成**王 (『三國遺事』1·王曆·昭聖王)

라. 興**聖**大王一作(翌)**成** (『三國遺事』1·王曆·僖康王)

마. **辰**韓[亦作**秦**韓] (『三國遺事』1·紀異1·辰韓)

바. **成**忠[或云**淨**忠] (『三國史記』28·百濟本紀6·義慈王)

사. **上**州則今**尚**州 亦作**湘**州也 (『三國遺事』4·義解·元曉不羈)

아. 敬**愼** 一作敬**信** 唐書云敬**則** (『三國遺事』1·王曆·元聖王)

자. **壽**同縣 本**斯**同火縣 (『三國史記』34·雜志3·地理1)

차. 龍**樹**[一作龍**春**] (『三國史記』5·新羅本紀5·宣德王)

카. 龍**樹**[一作龍**春**] (『三國遺事』1·紀異1·太宗春秋公)

타. 昭**成**[一作**聖**]大王 (『三國遺事』3·塔像·鍪藏寺彌陀殿)

파. **尚**質縣本百濟**上**柒縣 (『三國史記』36·雜志5·地理3)

'召', '成', '辰', '上', '愼', '壽', '樹', '尚'은 선모자(禪母字)이다. '鄒'

는 장모자(莊母字, [tʂ])이고 '炤'는 장모자(章母字, [tɕ])이며 '祖'는 정모자(精母字, [ts])이다. '聖'은 서모자(書母字, [ɕ])이고 '秦', '淨'은 종모자(從母字, [dz])이며 '湘', '斯'은 심모자(心母字)이고 '春'은 창모자(昌母字, [tɕʰ])이다. (7)에서 제시한 것처럼 선모(禪母)는 유성음인 종모(從母), 선모(禪母)와 대응되는 예도 있지만 무성음과 대응되는 예를 훨씬 많이 가지고 있다. 그리고 종모(從母)의 대응 양상을 살펴보면 대부분 종모(從母)는 무성음과 대응된다.[17] 따라서 고대 한국어의 선모(禪母) 대응자를 유성 마찰음으로 해석하기 어렵다.

다음으로 향가에서 한자의 음을 빌려 '△'을 표기한 예를 보겠다.

(8)[18] a. **毛冬 居叱沙** 哭尸 以 憂音 = 모둘 **기ᅀ**샤 우롤 이 시름 (「慕竹旨郎歌」)

b. **兒史** 年 數就音 墮支行齊 = **ᄌᅀᅵ** 히 혜나삼 헐니져 (「慕竹旨郎歌」)

c. 臣隱 愛賜尸 **母史**也 = 臣은 ᄃᅀᆞ실 **어ᅀᅵ**여 (「安民歌」)

d. 耆郞矣 **兒史**是史 藪邪 = 耆郞이 **ᄌᅀᅵ**올시 수프리야 (「讚耆婆郎歌」)

e. 心未 **際叱肹** 逐內良齊 = ᄆᅀᆞ민 **ᄀᆞᇫ** 좇ᄂᆞ라져 (「讚耆婆郎歌」)

---

17) 종모자(從母字)와 관련된 기록은 다음과 같다.

次-次雄或云**慈**充 (『三國史記』1·新羅本紀1·南海次次雄)

次-次雄或云**慈**充 (『三國遺事』1·紀異1·南海王)

分**嵯**郡[一云夫**沙**] (『三國史記』37·雜志6·地理4)

完山[一云比**斯**伐一云比自火] (『三國史記』37·雜志6·地理4)

助攬郡[一云**才**攬] (『三國史記』37·雜志6·地理4)

'慈', '嵯', '自', '才'는 종모자(從母字)이고 '次'는 청모자(淸母字, [tsʰ])이다. '沙'는 생모자(生母字, [ʂ])이고 '斯'는 심모자(心母字, [s])이며 '助'는 숭모자(崇母字, [dʒ])이다. 대부분 종모자(從母字)는 무성 자모와 대응되기 때문에 종모(從母)는 무성음으로 실현되었을 것이다.

18) '='　뒤에는 해당 가사의 해독문이고 해독문은 金完鎭(1980)에서 가져온 것이다.

f. 入良**沙** 寢矣 見昆 = 드러**ᅀᅡ** 자리 보곤 (「處容歌」)

g. **奪叱良乙** 何如為理古 = **아ᅀᅡ늘** 엇디ᄒ릿고 (「處容歌」)

h. 一等**沙** 隱賜以 古只內乎叱等邪 = ᄒᆞᄃᆞᆫ**ᅀᅡ** 숨기주쇼셔 ᄂᆞ리ᄂᆞ
   옷ᄃᆞ야 (「禱千手觀音歌」)

i. 於內 **秋察** 早隱 風未 어느 = **ᄀᆞᅀᆞᆯ** 이른 ᄇᆞ라매 (「祭亡妹歌」)

j. 月置 八**切爾** 數於將來尸 波衣 = ᄃᆞ라라도 ᄆᆞᄅ**그ᅀᅵ** 자자렬 바
   애 (「彗星歌」)

k. **秋察尸** 不冬爾屋支墮米 = **ᄀᆞᅀᆞᆯ** 안들곰 ᄆᆞᄅ디매 (「怨歌」)

l. **兒史沙叱** 望阿乃 = **즈ᅀᅵ앗** ᄇᆞ라니 (「怨歌」)

m. **兒史** 毛達 只將來吞隱 = **즈ᅀᅵ** 모들 보려든 (「遇賊歌」)

n. 此 兵物叱**沙** 過乎 = 이 자븐가시ᅀᅡ 말오 (「遇賊歌」)

o. 好尸 曰**沙** 也內乎吞尼 = 즐길 法이ᅀᅡ 듣ᄂᆞ오다니 (「遇賊歌」)

p. 此良 夫**作沙毛叱等耶** = 이렁 ᄆᆞᆯ **지ᅀᅡ못ᄃᆞ야** (「禮敬諸佛歌」)

q. 阿耶 法供**沙叱** 多奈 = 아야 佛供**삿** 하나 (「廣修供養歌」)

r. 於內 人衣 善陵等**沙** = 어느 사ᄅᆞ민 ᄆᆞᄅ들**ᅀᅡ** (「隨喜功德歌」)

s. 命乙 施好尸 **歲史**中置 = 命을 施홀 **스ᅀᅵ**히도 (「常隨佛學歌」)

　위에서 제시한 것처럼 '叱', '史', '沙', '察', '爾'는 'ㅿ'을 가진 형
태로 해석하였다. '叱'의 경우는 'ㅅ'을 표기한 것인데 유성 환경에서
'ㅿ'으로 해석하였다. '史', '沙'는 생모자(生母字)이고 이들은 [z]와 거
리가 있으므로 '史', '沙'를 각각 'ᅀᅵ', 'ᅀᅡ'로 해석하는 것보다 '시',
'사'로 해석하는 것이 더 좋지 않을까 한다. '察'은 초모자(初母字, [tʂh])
이기 때문에 '秋察'을 'ᄀᆞ술'로 해독하는 것보다 'ᄀᆞᅀᆞᆯ'로 읽는 것이
더 좋다.[19] 金完鎭(1980)에서는 '爾'를 'ᅀᅵ'로 해석하였다. 하지만 앞서
언급했듯이 한어의 일모는 8세기 전에 비음이었기 때문에 '切爾'를
'즈ᅀᅵ'로 해석하는 것이 문제가 있다. 金完鎭(1980)에서만 '爾'를 'ᅀᅵ'

---

19) 이러한 주장은 최남희(1999: 520)에서 확인된다.

로 해석하였고 다른 학자들은 '爾'를 '이'로 해석하였다.[20]

삼국시대의 인명, 지명, 관명과 향가의 가사에서 나타나는 한자음 자료를 보면 유성음이 무성음과 혼동된다. 이러한 혼동은 기본적으로 동음 관계를 나타낸다는 가설을 받아들인다면 고대 한국어에서 마찰음에는 유성과 무성의 대립관계가 존재하지 않았다고 할 수 있다.[21]

계속해서 고대 한국어에서 유성 장애음이 존재한다는 주장에 대해 살펴보겠다. 도수희(2008)에서는 삼한어에, 이승재(2013)에서는 백제어에 유성음이 존재하였다고 주장한다. 도수희(2008)에서는 삼한어에 유성음 계열이 존재한 근거로 이들 유성음 계열이 상고 한어의 유성 유기음으로 표기된 사실을 근거로 들었지만 이는 의심스럽다.[22] 이승재(2013)에서는 한국, 중국, 일본의 백제어 표음 자료를 모아서 백제어에 유성음이 존재했다고 주장하였다. 그러나 최소대립쌍을 확인하는 과정에서 동일시기, 동일인(심지어 나라별 차이가 있음)의 표기가 아

---

20) 기존의 해독을 살펴보면 양주동, 홍기문, 정렬모, 지헌영, 김준영, 유창균은 '爾'를 '이'로 해석하였고 김완진만 '爾'를 'ㅿ'로 해석하였다(박지용 외, 『향가해독자료집』, 서울대학교 대학원 국어연구회, 2011, 150면).

21) 고대 한국어의 연구에 기여할 만한 일차자료인 일본 대곡대학 도서관 장『판비량론(判批量論)』(청구번호: 餘乙-85-1)에서 다음과 같은 기록을 확인하였다(日本 大谷大學 圖書館藏 『判批量論』에 대한 소개는 小林芳規・尹幸舜 譯 2003: 8-9; 金永旭 2004: 86-94; 權仁瀚 2016a: 8-12 참조할 수 있다.).
攝角筆字 捷(038列)
'攝'은 서모자(書母字, [ɕ])이고 '捷'은 종모자(從母字, [dz])이며 '攝'과 '捷'은 동음 관계로 해석할 수 있다. 따라서 고대 한국어 치음 계열은 유성음과 무성음의 대립, 마찰음과 파찰음의 대립도 없었다고 추론할 수 있다. 그러나 각필자 '捷'은 小林芳規(2004: 62)의 판독이고 최근 權仁瀚은 『판비량론』에 대해 다시 조사하였는데 각필자 '捷'은 선명하게 보이지 않는다고 하였다(權仁瀚, 「大谷大學藏『判批量論』 講讀」, 2016年11月 口訣學會月例講讀論文集, 口訣學會, 2016b, 39면). 각필자가 정확히 판독되지 못한 상태에서 이를 결정적인 증거로 삼기 어렵고 재조사를 기대할 수밖에 없다.

22) 이승재, 『漢字音으로 본 백제어 자음체계』, 태학사, 2013, 267~268면.

님에도 불구하고 동일시기, 동일인의 표기로 처리한 점, 그리고 표기에 전탁자(全濁字)의 사용 비율이 낮지 않다고 해서 백제어에 유성음이 존재했다고 한 점은 문제라고 하지 않을 수 있다.[23] 한편 그는 원래 백제어에 유성음과 무성음의 대립이 있었지만 7세기에 이 대립이 유기음과 무기음의 대립으로 바뀌었다고 하였다. 이에 따르면 원래 백제어에서는 유성음 /z/와 무성음 /s/의 대립이 존재했지만 7세기에 이러한 대립을 상실한 것이 되고 7세기에는 /z/가 더 이상 존재하지 않게 된다. 또한 중세 한국어의 직접적 계승어는 신라어이므로 백제어에 유성음과 무성음의 대립이 존재했더라도 이것이 중세 한국어에 끼친 영향은 미미하거나 없었을 것이다.

또한 이장희(2005)도 고대 한국어에 유성 치음이 존재했다고 주장한 바 있다. 이장희(2005: 37-38)에서는 『계림유사』의 예를 고대 한국어에 유성 치음이 존재한 근거로 제시하였다. 그러나 『계림유사』가 12세기 문헌으로 고대 한국어와는 거리가 있기 때문에 이 자료를 고대 한국어의 음운을 연구하는 결정적인 근거로 제시하는 것은 문제가 있다. 박창원(2002: 168-173)에서는 "중세 국어의 'ㅸ', 'Δ'이 통시적인 분화에 의해 생성된 것이 아니라, 이전 체계의 흔적이라면 고대국어 단계에는 유성음이 존재했을 것이다."라고 언급하였다. 그러나 이동석(2010)을 참고하면 이러한 주장은 문제가 있다. 이동석(2010: 222-246)에 따르면 'ㅸ'을 가진 단어를 대상으로 어원을 살펴보면 이들 단어는 단일어보다 파생어나 합성어와 같은 단어 결합 환경에서

---

23) 魏國峰, 「고대 한국어 음운 체계 연구-전승 한자음을 대상으로-」, 博士學位論文, 西江大學校 大學院, 2015, 168면.

주로 사용되는 양상을 보인다. 그리고 후기 중세 한국어에서 '△'은
음소로 해석하기 어렵다(4장 후술). '병', '△'은 음소로 해석할 수 없는
음성이므로 박창원(2002)의 견해는 문제가 있다.

한편, 언어유형론적 보편성을 고려하면 고대 한국어에서 /z/의 존
재 가능성은 매우 떨어진다. 朱曉農(2003: 11)은 UPSID(UCLA Phonological
Segment Inventory Database)에 있는 317개 언어를 조사한 바가 있다. 317
개 자연언어에서 211개 언어는 /d/와 /z/가 동시 존재하거나 /d/와 /z/
가 둘 중의 하나만 존재한다. /z/만 있고 /d/가 없는 언어는 18개밖에
존재하지 않고 211개 언어 중에 8.5%만 차지하고 있다.[24] 고대 한국
어에서 /d/가 없었다. 만약 고대 한국어에서 음소 /z/가 있다고 해석
하게 되면 언어 보편성 측면에서 볼 때 고대 한국어의 자음 체계는
아주 소수의 언어가 속한 체계를 갖고 있는 셈이 된다. 물론 언어 보
편성이 고대 한국어에서 /z/가 없다는 결론을 내리는 데 있어 절대적
인 근거가 되는 것은 아니다. 그러나 이러한 경향에 대한 고려는 우
리가 고대 차자표기 자료에서 /z/의 존재 유무를 확인하는 데 도움을
줄 것으로 기대된다.

3.1.1.2. 전승 한자음에서의 '△'의 흔적

고대 한국어를 연구할 때에 참조할 수 있는 또 다른 자료가 바로
전승 한자음 자료이다. 전승 한자음에 대한 연구는 일찍부터 시작하
였다. 河野六郎(1968)은 한국 한자음의 기층을 복합 기층으로 해석하

---

24) 구체적인 데이터는 <표22>에서 확인할 수 있다.

고 이러한 복합 기층을 a층, b층, c층, d층으로 구체화하였다.[25] 伊藤
智ゆき(2007)는 한국 한자음이 복층적(復層的)인 것을 부정할 수 없지만
한국 한자음의 체계가 대체로 균일한 것이라고 언급하였다. 魏國峰
(2015)은 한국 전승 한자음이 전반적으로 후기 중고음(8세기후반~9세
기 초의 장안음)에 부합한다고 주장한다. 이러한 주장들을 도표로 제
시하면 다음과 같다.

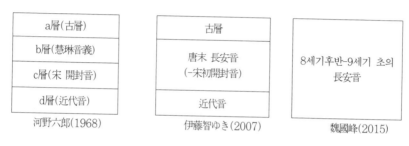

| a層(古層) |
| b層(慧琳音義) |
| c層(宋 開封音) |
| d層(近代音) |
河野六郎(1968)

| 古層 |
| 唐末 長安音
(-宋初開封音) |
| 近代音 |
伊藤智ゆき(2007)

| 8세기후반~9세기 초의
長安音 |
魏國峰(2015)

〈그림1〉 한국 전승 한자음의 기층과 관련된 선행 연구[26]

<그림1>에서 제시한 것처럼 한국 한자음의 기층에 대해 河野六郎
(1968)과 伊藤智ゆき(2007)는 복합 기층으로 해석하였다. 伊藤智ゆき
(2007)는 河野六郎(1968)의 주장을 부분적으로 수정하여 보완했지만 설
명이 주 기층에 대한 반영으로 귀결하지 못하거나 귀결했어도 억지
스러운 면이 있다.[27]

魏國峰(2015)은 전승 한자음의 성모, 개음(介音), 운복(韻腹), 운미, 성
조가 전반적으로 8세기후반~9세기 초의 장안음에 부합한다고 하고

---

25) 더 구체적으로 하자면 a층은 고층(古層)에 해당되고, b층은 혜림음의(慧琳音義)에 해당
되며 c층은 송 나라 개봉음(開封音)에 해당되고 d층은 근대음에 해당된다.
26) 魏國峰, 앞의 논문, 158면.
27) 伊藤智ゆき(2007)의 주장에 대한 구체적인 비판은 魏國峰(2015: 40-154) 참조

이러한 주 기층으로 설명되지 않은 소수 예들은 어휘별로 다른 시기
에 차용한 예외로 규명하였다. 魏國峰(2015)은 최근의 한어 연구 결과
가 반영되어 있기 때문에 이 책은 한국 전승 한자음의 기층을 8세기
후반~9세기 초의 장안음으로 보고 논의하겠다.

후기 중고음과 전승 한자음의 대응 양상을 살펴보겠다.

〈표10〉 후기 중고음의 자음이 전승 한자음에 반영된 양상[28]

조음 위치	長安音	전승 한자음
후두	影母(/ʔ/)	Ø
연구개	見母(/k/)	ㄱ, ㅎ
	溪母(/kʰ/)	ㄱ, ㅎ
	(羣母/g/)	ㄱ, ㅎ
	疑母(/ŋ/)	ㅇ([ŋ])
	曉母(/x/)	ㅎ, ㄱ
	(匣母/ɣ/)	ㅎ, ㄱ
	(云母/ɣ/)	Ø
경구개	章母(/tɕ/)	ㅈ
	昌母(/tɕʰ/)	ㅊ
	(船母/dʑ/)	ㅅ
	書母(/ɕ/)	ㅅ
	(禪母/ʑ/)	ㅅ
	莊母(/tʂ/)	ㅈ, ㅊ
	初母(/tʂʰ/)	ㅊ
	(崇母/dʐ/)	ㅅ, ㅈ
	生母(/ʂ/)	ㅅ

---

28) 〈표10〉은 魏國峰(2015: 160-161)에서 가져온 것이다. 魏國峰(2015)에서는 중고음 42
성모 체계를 바탕으로 그들과 전승 한자음의 대응 관계를 나열하였다. 42 성모 체계
는 중고음의 전후 단계에서 변화 전과 변화 후의 성모를 모두 포함하였다. 그리고 후
기 중고음 체계에서 장조(莊組)와 장조(章組)의 구별이 없어지고 지조(知組)까지 포함
되어 세 계열의 음들이 합류되었다.

	(俟母/ʐ/)	ㅅ
	日母(/nʑ/)	ㅿ
	以母(/j/)	[j]
	知母(/ʈ/)	ㄷ, ㅌ
	徹母(/ʈʰ/)	ㅌ, ㄷ
	(澄母/ɖ/)	ㄷ, ㅌ
	娘母(/ɳ/)	ㄴ
치조	精母(/ts/)	ㅈ, ㅊ
	清母(/tsʰ/)	ㅊ, ㅈ
	(從母/dz/)	ㅈ, ㅊ
	心母(/s/)	ㅅ
	(邪母/z/)	ㅅ
	端母(/t/)	ㄷ
	透母(/tʰ/)	ㅌ, ㄷ
	(定母/d/)	ㄷ, ㅌ
	泥母(/n/)	ㄴ
	來母(/l/)	ㄹ
순치	非母(/f/)	ㅂ, ㅍ
	敷母(/fʰ/)	ㅂ
	(奉母/v/)	ㅂ
	微母(/ɱ/)	ㅁ
양순	幇母(/p/)	ㅂ, ㅍ
	滂母(/pʰ/)	ㅍ, ㅂ
	(並母/b/)	ㅂ, ㅍ
	明母(/m/)	ㅁ

<표10>에서 보는 바와 같이 전승 한자음을 통해 고대 한국어에 유성음과 무성음의 대립이 없었다는 것, 한어의 일모와 한국어의 'ㅿ'이 서로 대응되었다는 것을 알 수 있다. 앞서 언급한 것처럼 한국 전승 한자음은 전반적으로 8세기 후반~9세기 초의 장안음을 차용한 것이다. 따라서 전승 한자음에서 'ㅿ'의 존재가 확인되므로 고대

한국 한자어에 '△'이 존재하였다고 할 수 있다.

 계속해서 전승 한자음에서 '△'의 음가가 무엇인지에 대해 살펴보겠다. 魏國峰(2015: 65-66)에서는 黃笑山(1995)에 따라 일모의 후기 중고음을 [nʐ]로 보고 전승 한자음에서 '△'의 최초의 음가를 [z]로 해석하였다. 黃笑山(1995: 148-149)에서는 [ⁿdʐ][29]를 음소로 표기할 때에 파열음 [d]를 표기하지 않아도 된다고 주장하고 후기 중고음에서의 일모를 일차적으로 /nʐ/로 재구하였다. 당시 지조(知組), 조조(照組)는 이미 권설음이 되었고 음운체계의 균형을 고려하여 최종적으로 일모를 /nʐ/로 재구하였다. 그러나 파열음 [d]를 표기하지 않아도 되는 근거를 黃笑山(1995)에서 찾을 수 없다. 그리고 후기 중고음에서 일모는 [nʐ]로 실현되는 경우가 없는데도 일모를 /nʐ/로 재구할 수 있는지에 대해서는 의문스럽다. 따라서 일모와 관련된 黃笑山(1995)의 주장은 설득력이 높지 않고 이러한 주장을 받아들여 '△'의 음가를 재구한 것도 문제가 있다.

 '△'의 최초 음가를 파악하기 위해 한어 일모가 한국 전승 한자음에서 어떻게 반영되는지에 대해 살펴보겠다.

〈표11〉 한어 일모가 전승 한자음에 반영된 양상[30]

반영 양상	例字	總數
△~∅	兒弱壤如然染藥辱冗柔肉潤戎二忍日任入……	92
ㄴ	恁稔孃[31]	3
기타	爇[32]	1

---

29) 한어 일모는 탈비음화(脫鼻音化)를 겪고 마찰음화를 겪으면 그의 음가는 [ⁿdʐ]가 된다. 한어 일모의 통시적 변화와 관련된 내용은 5.1.1.1.1에서 확인할 수 있다.
30) 魏國峰, 앞의 논문, 63면.

한어 일모는 전승 한자음에서 'ㅿ~Ø', 'ㄴ', 'ㅅ'으로 나타난다. 대부분 한어의 일모는 한국어의 'ㅿ'과 대응되지만 일모자인 '恁', '稔'은 초성 'ㄴ'과 대응된다. 魏國峰(2015: 66)에서는 '恁', '稔'이 8세기 이전의 일모를 반영한다고 주장하고 이들을 예외로 처리하였다. 그러나 왜 '恁', '稔'만 8세기 이전의 일모를 반영한 것인지에 대해 魏國峰(2015)은 언급하지 않았다. '恁', '稔'은 침운(侵韻)에 속하고 그들의 운모 'ㅣㅁ'은 후기 중고음의 침운(侵韻)과 서로 대응되는 것, 8세기에는 한어 일모에 비음 성분이 남아 있다는 것33)으로 보아 '恁', '稔'은 반드시 8세기 이전의 일모를 반영한다고 말하기 어렵고 '恁', '稔'이 '님', '님'으로 실현된 것도 8세기 후반~9세기 초의 장안음의 일모를 반영했을 가능성이 있다. 따라서 한어를 차용한 당시에 한어 일모의 음가가 [ⁿdʑ]이었고 한국 전승 한자음에서 'ㅿ'의 최초의 음가를 [dʑ]로 봐야 한다.

  3.1.1.1에서는 차자표기 자료를 통해 고대 한국어에서 'ㅿ'이 존재하지 않았다는 결론을 얻었다. 본절에서는 전승 한자음 자료를 통해 고대 한국 한자어에서 'ㅿ'이 존재하였다는 것을 확인하였다. 'ㅿ'이 고대 한자어, 고대 고유어에서 서로 다르게 반영되어 있는데 이는 고유어에 있는 'ㅿ'과 한자어에 있는 'ㅿ'의 기원이 달랐다는 것을 잘 보여준다고 하겠다. 'ㅿ'의 기원에 관한 설명은 3.1.3에서 자세하기로

---

31) '孃'은 일모의 '汝陽切' 이외에 낭모(娘母)의 '女良切'의 음도 가지고 있어서 '냥'으로 나타난 것은 전승 한자음에서 '汝陽切'과 '女良切'의 '孃'이 모두 낭모의 '女良切'로 읽혔기 때문일 것이다(魏國峰 앞의 논문, 66면). 그런데 8-9세기 장안음에서 일모의 비음 성분이 남아 있다는 것을 고려하면 '냥'도 일모를 반영한 것으로 볼 가능성이 있다.
32) '爇'에 대한 구체적인 설명은 5.1.1.2에서 확인할 수 있다.
33) 潘悟雲, 앞의 책, 52면.

한다.

3.1.2. 전기 중세 한국어에서의 '△'의 흔적

본절에서는 전기 중세 한국어에서 '△'의 흔적을 찾고자 한다. 전기 중세 한국어 문헌은 대역 자료와 이두 자료로 나눌 수 있다. 우선 대역 문헌을 살펴보기로 한다.

(9) 가. 四十日**麻刃** (『鷄林類事』)
　　나. 盜曰**婆兒** (『鷄林類事』)
　　다. 弟曰**了兒** (『鷄林類事』)

'刃', '兒'는 일모자이고 '麻刃', '婆兒', '了兒'는 각각 '*마순', '*바슨', '*아슨'로 해석할 수 있다.[34] 『계림유사』는 12세기 자료이고 (9)를 통해 전기 중세 고유어에서 '△'이 존재하였다고 할 수 있다. 계속 『계림유사』의 예를 살펴보기로 한다.

(10) 人曰**人** (『鷄林類事』)

(10)에서 제시한 것처럼 12세기 당시 한어의 '人'의 발음과 고려 한자어 '人'의 발음은 같았다. '人'은 일모자이기 때문에 전기 중세 한국 한자어에서 '△'이 존재하였다고 할 수 있다.

계속해서 이두 자료를 보겠다.

---

34) '麻刃', '婆兒', '了兒'에 대한 해석은 姜信沆(1980: 40, 63, 66)을 참조하였다.

(11) 가. 蚯蚓 **居乎, 居兒乎, 居叱□□** (『鄕藥救急方』)
　　 나. 馬兜鈴 **勿叱隱阿背 勿叱隱提阿 勿兒隱提良** (『鄕藥救急方』)
　　 다. 葶藶子 **豆衣乃耳　豆音矣薺** (『鄕藥救急方』)
　　 라. 漆姑 **漆矣於耳　漆矣母** (『鄕藥救急方』)

‘居乎’, ‘居兒乎’, ‘居叱□□’는 모두 ‘지렁이’의 뜻을 가지고 있고 후기 중세 한국어의 ‘것위’와 대응된다. ‘居’는 음가자이고 ‘거’로 해석될 수 있으며 ‘乎’는 음가자이고 ‘호’로 해석된다. ‘叱’은 음가자이고 ‘ㅅ’으로 해석될 수 있으며 ‘兒’는 음가자이고 ‘△’으로 해석될 수 있다. ‘居兒乎’를 ‘*것휘’로 재구할 수 있고 전기 중세 한국어에서 ‘△’이 존재했다고 할 수 있다.

‘勿叱隱阿背’, ‘勿叱隱提阿’, ‘勿兒隱提良’을 보겠다. ‘勿’은 음가자이고 ‘믈(<믈’로 해석될 수 있으며 ‘叱’은 음가자이고 ‘스’로 해석될 수 있다. ‘隱’은 음가자이고 ‘ㄴ말음표기’이며 ‘提’는 훈가자이고 ‘들(<들’로 해석될 수 있다. ‘阿’는 음가자이고 ‘아’로 해석될 수 있으며 ‘良’은 훈가자이고 ‘아’로 해석될 수 있다. ‘背’는 음가자이고 ‘빈’로 해석할 수 있다. 그리하여 ‘勿叱隱阿背’는 ‘*믈슨아빈’로 재구할 수 있고 ‘勿叱隱提阿’는 ‘*믈슨들아’로 재구할 수 있으며 ‘勿兒隱提良’은 ‘*믈슨들아’로 재구할 수 있다.[35]

계속해서 ‘豆衣乃耳’, ‘豆音矣薺’를 보겠다. ‘豆’는 음가자이고 ‘두’로 해석될 수 있으며 ‘音’은 음가자이고 ‘ㅁ’으로 해석될 수 있다. ‘衣’는 음가자이고 ‘의’로 해석될 수 있으며 ‘矣’는 음가자이고 ‘의’로 해석될 수 있다. ‘耳’는 음가자이고 ‘싀’로 해석될 수 있으며 ‘薺’

---

35) 南豊鉉,『借字表記法研究』, 檀大出版部, 1981, 63~64면.

는 훈독자이고 '나싀'로 해석될 수 있다. 그리하여 '豆衣乃耳'를 '*두름의나싀'36)로 재구할 수 있고 '豆晉矣聲'를 '*두의나싀'로 재구할 수 있다.

마지막으로 '漆矣於耳', '漆矣母'를 보겠다. '漆'은 훈독자이고 '옷'으로 해석될 수 있으며 '矣'는 음가자이고 '의(<의)'로 해석될 수 있다. '於'는 음가자이고 '어'로 해석될 수 있으며 '母'는 훈독자이고 '어싀'로 해석될 수 있다. 따라서 '漆矣於耳', '漆矣母'를 모두 '*옷의어싀'로 재구할 수 있다.37) 그리고 '耳'는 음가자, '母'는 훈독자임을 고려하면 '△'은 전기 중세 한자어와 전기 중세 고유어에서 모두 존재했다고 생각한다.

3.1.3. '△'의 기원

앞서 문헌을 통해 고대 한국어, 전기 중세 한국어에서 '△'의 존재 여부를 살펴보았다. 고대 한국 고유어에서는 '△'의 흔적을 찾지 못한 반면에 고대 한국 한자어에서는 '△'의 흔적을 찾을 수 있었다. 한자음은 외래적인 언어 요소이기 때문에 한자음에 있는 '△'도 외래적인 요소로 추정된다.

'△'은 어원에 따라 음절에서의 출현위치도 달라진다. '△'은 음절에서 어두 초성, 어중 초성, 어말 종성, 어중 종성에 모두 나타날 수

---

36) 南豊鉉(1981: 116)에서는 '金非晉'과 '金非陵晉' 두 표기가 공존하는 것을 언급하면서 '豆晉矣聲'는 '豆陵晉矣聲'와 같은 표기라고 주장한다. 따라서 '豆晉矣聲'는 '*두름의나싀'로 재구하는 것은 무리가 없다.

37) 南豊鉉, 앞의 책, 129~130면.

있다. 그러나 한자어에서 'ㅿ'은 어두 초성, 어중 초성에만 나타나는 반면에 고유어에서 'ㅿ'은 어두 초성에서 나타나는 경우가 아주 드물고 어말 종성, 어중 종성, 어중 초성에서 흔히 발견될 수 있다. 음절에서 한자어에 있는 'ㅿ'과 고유어에 있는 'ㅿ'의 분포 차이는 한자어 'ㅿ'의 기원과 고유어 'ㅿ'의 기원이 다르다는 것을 암시하고 있다.

한자가 다른 언어에 침입하고 다른 언어의 음운 체계가 변하게 된 예가 적지 않다. 郭忠求(1997)에 따르면 원래 고대 한국어의 음절 구조는 CV인데 한자가 들어오면서 음절 구조는 CVC로 바뀌었다. 이러한 사례가 일본어에서도 확인된다. 范淑玲(2009: 82-83)에서 언급한 것처럼 일본어는 원래 개음절만 존재했지만 한자음의 영향으로 음절 말 촉음(促音)이 생기게 된다. 그리고 河野六郎(1968/1979: 419)에서 소개했듯이 고대 일본어에 ra행이 없었지만 한자음을 도입하면서 생기게 되었다. 고대 한국어에서 'ㅿ'이 원래 존재하지 않지만 한자음이 들어오면서 'ㅿ'도 같이 들어왔을 것이다. 그러나 이러한 소리는 외래적인 요소이기 때문에 고대 한자어에만 존재하였다. 따라서 한자어에 있는 'ㅿ'은 일모를 차용한 것이었다는 결론에 도달한다.

이제 고유어에 있는 'ㅿ'의 기원에 대해 살펴보겠다. 3.1.1.1에서 차자표기와 향가 등의 자료를 검토한 것처럼 고대 한국 고유어에서는 'ㅿ'의 흔적을 확인하기 어렵다. 신라 향가에서 'ㅿ'으로 음독되는 예는 '沙', '史', '察'이 있다. 하지만 '沙', '史'는 생모자(生母字, [ʂ])이고 '察'은 초모자(初母字, [tʂʰ])인데 이들은 [z]와 거리가 멀다. 만약 10세기 이전에 'ㅿ'이 없었다면 'ᄀᆞᅀᆞᆯ', '스ᅀᅵ'와 같은 재구는 타당성을 잃게 된다. 향가에서 이러한 단어들의 'ㅅ 형태'가 확인된다. 따라서 'ㅿ'이 원래부터 존재하였다는 주장이 성립되기 어렵고 고유어에 있는 'ㅿ'은 'ㅅ'으로부터 변한 것으로 생각해볼 수 있다. 그런데 李基文(1972: 35)은 "국어의 'ㅅ'은 유성 환경에서도 유성음화되지 않는 것이다."라고 하고 "국어사의 중세 단계에 있어서도 다름이 없었던 것으로 추측되므로 모든 'ㅿ'의 기원을 'ㅅ'의 유성음화로 설명했던 종래의 통설은 근본적으로 수정을 받지 않을 수 없는 것이다."라고 강조하였다.

그럼 이제부터 'ㅅ'의 유성음화에 대해 살펴보기로 한다. 대체로 현대 한국어의 유성 환경에 있는 'ㅅ'은 유성음화가 일어나지 않는 것으로 알려져 있지만 'ㅅ'의 유성음화가 일어날 수 있다는 주장도 없지 않다. 이호영(1996: 86-87)은 'ㅅ'이 유성음화되어 [z]로 발음되는 경우가 있다고 주장하고 이경희(2000: 122-124)는 음성실험을 통해 'ㅅ'이 유성음화가 일어나는 환경을 언급하였다. 이 주장에 따르면 현대 한국어에서 'ㅅ'의 유성음화가 전혀 일어날 수 없는 것이 아니다. 한편 李基文(1972)의 추론이 개연성을 얻기 위해서는 현대 한국어의 'ㅅ'과 중세 한국어의 'ㅅ'은 음성·음운론적 성격이 같다는 것이 전제되어야 한다. 이와 관련하여 蘇信愛(2012a: 76)에서는 현대 한국어의 'ㅅ'이 음성적으로 무기음과 유기음의 중간적 속성을 지닌 음이고 과거에 비해 'ㅅ'의 유기성이 증가했기 때문에 이전 시기 한국어에서 'ㅅ'의 유성음화가 지금보다 용이했다고 언급하였다. 현대 한국어의 'ㅅ'과 중세 한국어의 'ㅅ'은 음성·음운론적 성격이 서로 같지 않기 때문에 李基文(1972)의 주장은 성립되기 어렵다.

한편 현대 한국어보다 이전 시기 한국어에서 'ㅅ'의 유성음화가 용이했다면 고대 한국어에서 'ㅅ'도 유성음화가 일어날 수 있었을 것이다. 그러나 고대 한국 차자표기 자료에서는 이를 반영하지 않았다. 지금부터 그 원인에 대해 살펴보겠다.

첫째, 앞서 언급한 것처럼 한자음이 들어오면서 'ᅀ'도 들어왔다. 이러한 'ᅀ'은 외래적인 요소이고 아직 고유어까지 침입하지 못하기 때문에 고대에는 한자어에만 존재하였다.

둘째, 음소는 의미 변별 기능을 가지고 있는 인식 가능한 소리이다. 한 음소 안에 여러 변이음이 존재한다. 변이음은 변별 기능을 수행하지 못하고 화자도 변이음을 쉽게 인식하지 못한다. 예를 들어 보겠다. 현대 한국어에는 '가게'가 [kagе]로 실현되는데 '가'에서의 'ㄱ'은 무성음 [k]로 실현되며 '게'에서의 'ㄱ'은 유성음 [g]로 실현된다. 그런데 [k]와 [g]는 모두 음소 /k/에 속하므로 한국어 화자는 이 둘을 다르게 인식하지 못한다. 고대 한국어에서도 마찬가지다. 고대 한국어에서 'ㅅ'이 유성음화가 일어나면 유성음으로 실현된다. 그러나 이러한 음성은 /ㅅ/의 변이음에 지니지 않기 때문에 당시 화자들은 이러한 소리를 인식하지 못했을 것이다.

셋째, 8세기 후반~9세기 초에 전승 한자음이 들어오면서 한국어 고유의 음운 체계에 영향을 미쳤다. 특히 전승 한자음은 당시 한어 일모를 차용하고 이러한 소리는 당시 한국어 음운 체계에서 아주 특별한 존재라고 할 수 있다. 시간이 지남에 따라 어두에 있는 /dz/는 약화되어 /z/가 된다.[38] 일모 한자어의 빈번한 사용은 /z/를 음소로

---

38) 한국 일모 한자음의 변화는 5.1.1.2 참조

인식하게 했다. 같은 시기에 'ㅅ'이 유성음화가 일어나면 [z]가 된다. [z]와 [ɀ]가 음성적으로 유사하기 때문에 당시 사람들은 [ɀ]를 인식하게 되었다. 따라서 전기 중세 고유어에서 '△'이 나타나기 시작하였다.

이상의 논의를 표로 정리하면 다음과 같다.

〈표12〉 시기별 [z]에 대한 인식과 원인

시기	[z]에 대한 인식	원인
고대 고유어	인식 불가	[z]는 /ㅅ/의 변이음이기 때문에 인식이 불가능한 소리이었다.
전기 중세 고유어	인식 가능	일모 한자음이 [z]와 음성적으로 유사하고 일상생활에서 일모 한자어가 빈번하게 사용되기 때문에 [z]는 인식이 가능하게 되었다.

3.2. 방언 자료로 본 '△'의 기원

본절에서는 방언 자료를 통해 '△'의 기원에 대해 살펴보도록 하겠다. 대부분 '△'의 기원과 관련된 선행 연구는 방언 자료를 활용할 때 '△'을 가진 고유어의 방언형만 참고하여 논의하였다. '△'을 가진 한자어의 방언형을 고찰하지 않은 상태에서 '△'의 기원을 논의해 얻은 결과는 고유어에서의 '△'의 기원에 불과하다. '△'을 가진 한자어의 방언형을 같이 논의해야 '△'의 기원을 더 정확하게 파악할 수 있다. 따라서 본절에서는 '△'을 가진 한자어의 방언형, '△'을 가진 고유어의 방언형을 살펴봄으로써 '△'의 기원을 밝히고자 한다.

한국 사람이 한자에 접근할 때에 여러 방법이 있었는데 『천자문』
은 그 여러 방법 중의 하나였다. 『천자문』은 전해진 판본마다 차이
가 있을 뿐만 아니라 지역마다도 차이가 있다. 이 책은 1980년대에
실시된 21개 지역에 대한 조사결과를 통해 일모 한자어를 고찰하였다.

〈표13〉 일모 한자어의 방언 실현[39]

	日	人	染	如	若	榮	而	入	兒	仁	二	辱	耳	熱	任
강계	일	인	염	여	약	영	이	입	아	인	이	욕	이	열	임
박천	일	인	염	여	약	영	이	입	아	인	이	용	이	열	임
강릉	일	인	염	여	약	영	이	입	아	인	이	욕	이	열	임
유하	일	인	염	**려**	**락**	영	이	**립**	아	인	이	욕	이	열	**림**
적석	일	인	염	**려**	**락**	영	이	**립**	아	인	이	욕	이	열	**림**
중원	일	인	염	**려**	**락**	영	이	**립**	아	인	이	욕	이	열	**림**
담양	일	인	염	여	약	영	이	입	아	인	이	욕	이	열	임
곡성	일	인	염	여	약	영	이	입	아	인	이	욕	이	열	임
봉화	일	인	염	여	약	영	이	입	아	인	이	욕	이	열	임
달성	일	인	염	여	약	영	이	입	아	인	이	욕	이	열	임
오동	일	인	염	여	약	영	이	입	아	인	이	욕	이	열	임
쌍책	일	인	염	여	약	영	이	입	아	인	이	욕	이	열	임
가회	일	인	염	여	약	영	이	입	아	인	이	욕	이	열	임
성리	일	인	염	여	약	영	이	입	아	인	이	욕	이	열	임
함양	일	인	염	여	약	영	이	입	아	인	이	욕	이	열	임
김해	일	인	염	여	약	영	이	입	아	인	이	욕	이	열	임
하동	일	인	염	여	약	영	이	입	아	인	이	욕	이	열	임
마산	일	인	염	여	약	영	이	입	아	인	이	욕	이	열	임
구좌	일	인	염	여	약	영	이	입	아	인	이	욕	이	열	임
표선	일	인	염	여	약	영	이	입	아	인	이	욕	이	열	임
애월	일	인	염	여	약	영	이	입	아	인	이	욕	이	열	임

---

39) 〈표13〉에 있는 데이터는 李基文외(1995)에서 가져온 것이다.

위 표에 있는 한자어는 각 지방에서 제보자의 구술을 통해 조사된 것이다. <표13>에서 보는 바와 같이 일모가 현대 한국 방언 한자어에서도 대부분 [Ø]로 실현되지만 유하, 적석, 중원 지역에서는 '르'로 실현되는 경우도 확인할 수 있다. 그러나 <표14>와 같이 유하, 적석, 중원 지역에서는 다른 영성모(零聲母)를 가진 다른 단어가 '르'로 실현되는 경우도 있다.

〈표14〉유학, 적석, 중원 지역에서 Ø를 가진 한자어의 실현[40]

	育	維	詠	猶	移	用	野	遊	異
유하	륙	류	령	류	리	룡	랴	류	리
적석	륙	류	령	류	리	룡	랴	류	리
중원	륙	류	령	류	리	룡	랴	류	리

<표14>에서는 유하, 적석, 중원 지역에서 '△'이 '르'로 실현되는 경우를 보여주지만 '△'이 '르'로 변화하였다고는 말할 수 없다. 이는 유하, 적석, 중원 지역에서 일모 한자어의 '△'이 먼저 탈락하여 [Ø]가 된 다음에 그 지역의 방언 특성 때문에 '르'이 더 생긴 것으로 보인다.

계속해서 '△'을 가진 고유어가 현대 방언에서 어떻게 실현되는지에 대해 살펴보도록 한다.

---

40) <표14>에 있는 데이터는 李基文외(1995)에서 가져온 것이다.

〈표15〉 'ㅿ'을 가진 고유어의 방언형[42]

중세형(현대역)	'ㅅ 반사형' 존재 여부(형태)	'Ø 반사형' 존재 여부(형태)
가슴(가슴)	○(가삼, 가섬, 가슴, 가심)	×
겅위(지렁이)	○(거:셍이, 거숭이)	○(가우리, 개우리)
거싀(거의)	○(거신)[41]	○(거의, 거위, 거이)
것바싀(거지)	○(거라시, 거러시, 걸바시)	○(거라이, 거래이)
겨슬(겨울)	○(개실, 거실, 게실, 겨슬)	○(겨울, 게울, 게엘)
구싀(구유)	○(구시, 구송, 구쇠, 구수)	○(구유, 구이, 구위)
그스리다 (그슬리다)	○(거슬리다, 거실린다)	○(걸린다)
기슴(기음)	○(기슴, 기심, 지심)	○(거울, 지음)
ᄀᆞᆺ애(가위)	○(ᄀᆞ세, ᄀᆞ세, 가:새, 가세)	○(가오, 가왜, 가위)
ᄀᆞᅀᆞ라기 (까끄라기)	○(ᄀᆞ스락, 가스락)	○(까래기)
ᄀᆞ슬(가을)	○(가슬, 가실, 가설, 가슬)	○(가울, 가올, 가알)
ᄀᆞᅀᆞᆷ(감)	○(ᄀᆞ슴, ᄀᆞ심, 가슴, 가심)	○(감, ᄀᆞ음)
ᄀᆞᇫ(가, 邊)	○(가:사, 가:상, 가:새)	○(가, ᄀᆞ)
나ᅀᅡ가다 (나아가다)	○(나사가다)	○(나아가다)
나싀(냉이)	○(나시, 나새, 나새:이)	○(냉이, 내이)
너삼(너삼)	○(느삼, 능삼, 여삼)	○(느암, 능암)
마ᅀᅳᆫ(마흔)	×	○(마:운, 마안)
몸쇼(몸소)	○(몸소)	×
뫼ᅀᅡ리(메아리)	○(매사니, 메사니, 메셍이)	○(메아리, 매아리)
무수(무)	○(무수, 무시)	○(무, 무:, 무이)
무슷(무슨)	○(무순, 무신, 무슨)	○(먼, 먼:)
믈자ᅀᅢ(무자위)	○(무자세, 믈자새, 믈자시)	○(무자위)
ᄆᆞᅀᆞᆯ(마을)	○(마슬, 마실, 모슬, 모실)	○(마을, 마:레)

ᄆᅀᅳᆷ(마음)	○(믐, 마슴,)	○(마음, 마암, 마움)
보ᅀᅵ(보시기)	○(보사기, 보새기, 보생이)	○(보:기, 보기)
부섭(부엌)	○(부삽, 부삭, 부섭, 부석)	○(부엌, 벅, 보엌)
ᄇᅀᅮ다(부수다)	○(바수다, 바시다, 부서다)	×
ᄇᅀᅵ다(부시다)	○(바시다, 베시다, 보시다)	×
비술(배알)	○(베술)	○(배알, 배리, 발:)
아ᅀᅳ(아우)	○(아수, 아스, 아시)	○(아우, 아오, 애이)
아ᅀᅳ라ᄒᆞ다 (아스라하다)	○(아스라허다, 아시란허다)	×
어버ᅀᅵ(어버이)	○(어버시)	○(어배이, 어버이)
어스름(어스름)	○(어스럼, 어스룸, 으스럼)	○(어아름)
여ᅀᅳ(여우)	○(애수, 야:시, 야수, 야시)	○(여우, 여오, 여의)
오ᅀᅵ리(오소리)	○(오서리, 오소로, 오수리)	×
주ᅀᅮᆷ(즈음)	○(즈슴)	○(즈음, 쯤)
눈ᄌᆞᅀᅮ(눈자위)	○(눔가새, 눈자살, 눈자시)	○(눈자오, 눈자우)
처섬(처음)	×	○(처음, 처암, 처엄)
퍼ᇰ귀(푸성귀)	○(추슴키, 푸새, 푸시기)	×
ᄒᆞᄫᆞᅀᅡ(혼자)	×	×

    <표15>에서 제시한 것처럼 대부분 'ᅀ'을 가진 단어는 현대 방언에서 'ㅅ 반사형'과 'Ø 반사형'이 모두 존재한다. <표13>과 <표15>를 비교해 보면 'ᅀ'을 가진 한자어는 방언에서 'Ø형'만 존재하

---

41) 소신애(2012b: 58)에서는 '거싀'의 '거신' 방언형을 제시하였다.
42) <표15>에 있는 데이터는 '한민족 언어 정보화' 검색 프로그램에 의해 조사된 것이다. '가스멸다(가멸다)'를 비롯한 단어는 방언 자료가 많지 않아 조사 대상에서 제외하였다. '수우다(떠들다)'를 비롯한 현대 한국어에서 쓰이지 않는 사어(死語)도 조사 대상에서 제외하였다. 해당 반사형이 존재하면 '○'로 표기하고 존재하지 않으면 '×'로 표기한다.

고 'ㅅ형'이 확인되지 않는다. 방언 자료는 한자어에 있는 'ㅿ'과 고유어에 있는 'ㅿ'의 어원이 서로 다른 것을 암시한다.

앞서 언급한 것처럼 문헌 자료에서 'ㅿ'과 'ㅅ'의 긴밀한 관계를 가지고 있다. 방언 자료도 이를 뒷받침하고 있다. 물론 'ㅿ'의 'ㅅ 반사형'을 확인할 수 없는 예도 존재한다. '마순', '처섬'. 'ᄒᆞᄫᆞᅀᅡ'가 여기에 속한다. '마흔'은 '四十'의 뜻을 가지고 있고 방언에서 '마흔'보다 '사십'이 더 자주 쓰이는 지역이 있다. '마흔'에 대해 '한민족 언어 정보화' 검색 프로그램은 남한 지역의 방언형만을 제시하고 있다. 따라서 '마순'의 'ㅅ 반사형'이 존재할 가능성을 배제하기가 어렵다. '처섬'은 '첫- + -엄'으로 분석할 수 있고 'ㅿ'은 'ㅅ'으로부터 변한 것이 분명하다. 현대 방언에서 '처잠', '초짐'을 비롯한 'ㅿ'의 'ㅈ 반사형'이 존재하고[43] 이러한 'ㅈ 형태'는 'ㅅ>ㅈ'의 변화를 겪은 것으로 해석할 수 있기 때문에[44] '처섬'에서의 'ㅿ'은 'ㅅ'으로부터 변한 것이다. 'ᄒᆞᄫᆞᅀᅡ'는 'ᄒᆞᄫᆞᆯ-[獨] + -ᅀᅡ(강조)'로 분석될 수 있고 후기 중세 문헌에서 'ᄒᆞ오ᅀᅡ'[45]가 확인된다. 현대 한국어의 '혼자'는 'ㅿ'의 'ㅈ 반사형'에 해당되고 'ㅅ>ㅈ'의 변화를 겪은 것으로 해석된다. 따라서 'ᄒᆞᄫᆞᅀᅡ'에서의 'ㅿ'에 대해 'ㅅ'으로부터 변한 것으로 해석해도 문제가 없다.

'ㅿ'의 'ㅅ 반사형'에 대해 살펴보겠다. 중세 문헌에서 'ㅿ 형태'가

---

43) '한민족 언어 정보화' 검색 프로그램을 이용하여 '처섬'의 'ㅈ 형태'를 조사하였다.
　　처잠: <함남>, <함북>
　　초짐: <경기>
44) 'ㅿ'의 'ㅈ 반사형'에 대해 'ㅿ>ㅈ'의 변화로 설명하는 선행 연구도 있지만 'ㅿ>ㅈ' 변화에 대한 비판은 5.1.4.2.1 참조.
45) 後사롭 濟度홀 發願 아니ᄒᆞᆯ시 니르오더 **ᄒᆞ오ᅀᅡ** 아롤시라 (『蒙山和尙六度普說諺解』:18ㄱ)

존재하고 '△'의 'ㅅ 반사형'에 대해 '△>ㅅ'을 겪은 것으로 볼 수 있다. 다만 고대 한국 고유어에서 '△'의 흔적을 확인할 수 없기 때문에 '△'이 원래부터 존재한 것이 아니다. 따라서 '△'의 'ㅅ 반사형'에 대해 '△>ㅅ'을 겪은 것으로 해석하게 되면 해당 단어의 통시적인 변화를 'ㅅ>△>ㅅ'으로 해석해야 한다. 한편으로 방언에 있는 'ㅅ 반사형'에 대해 아무 변화를 겪지 않고 원래부터 존재한 것으로도 해석할 수 있다. 이러한 논리를 다시 정리하여 그림으로 제시하면 다음과 같다.

〈그림2〉 '△'의 'ㅅ 반사형'에 대한 해석(수정 전)

　　<그림2>에서 보는 바와 같이 '△'과 대응된 'ㅅ 반사형'인 'ㅅ₁'과 'ㅅ₂'는 논리적으로 모두 가능하다.[46] 만약 '△'의 'ㅅ 반사형'에 대해 '△>ㅅ₂'의 변화로 겪은 형태로 해석하면 이러한 변화에 대해 두 가지 방법으로 해석해 볼 수 있다. 하나는 청자에 의한 변화로 해석하는 것이고 하나는 음성적으로 '△'을 다시 'ㅅ'으로 되돌린 것이다. '△'이 음소 /z/일 경우에만 '△>ㅅ₂'의 변화를 청자에 의한 변화로 해석할 수 있다. 그러나 '△'이 음소 /z/임을 증명할 수 있는 증거를 찾기 어렵다. 따라서 '△>ㅅ₂'의 변화를 청자에 의한 변화로 해석하

---

46) 'ㅅ₁'은 '△>ㅅ'의 변화를 겪지 않고 그대로 유지해온 'ㅅ 형태'를 가리키고 'ㅅ₂'는 '△>ㅅ'의 변화를 겪은 'ㅅ 형태'를 가리킨다.

기 어렵다.[47] 한편 'Δ'은 유성음인데 중세 문헌에서 유성음 사이에
만 출현한다. 'Δ>ㅅ₂'의 변화는 유성음의 무성음화인데 과연 유성
환경에서 유성음이 무성음으로 변할 수 있는지 의문시된다. 모음과
모음 사이에 주로 약화 현상이 일어나지만 유성음이 무성음이 되는
것은 일종의 강화 현상이다. 유성 환경에서 [z]를 [s]로 발음하기 어렵
기 때문에 'Δ>ㅅ₂'의 변화가 일어날 수 없다. 따라서 'Δ'의 'ㅅ 반
사형'은 아무 변화를 겪지 않고 원래부터 'ㅅ 형태'이었다고 보아야
합리적인 설명이 가능해진다. 이러한 사실을 바탕으로 <그림2>를
수정하여 다시 제시하면 다음과 같다.

〈그림3〉 'Δ'의 'ㅅ 반사형'에 대한 해석(수정 후)

다시 <표15>를 보겠다. 'Δ'의 'ㅅ 반사형'은 바로 'ㅅ₁'이고 'Δ'
의 'Ø 반사형'은 'ㅅ>Ø'의 변화를 겪은 형태로 볼 수 있다. 따라서
통시적으로 볼 때 고유어에 있는 'Δ'은 'ㅅ'이 변화를 겪은 것이고
이는 'ㅅ>Ø'의 변화에서의 한 단계로 볼 수 있다. 'Δ'과 비슷한 성
격을 지니고 있는 'ㅸ', 'ㅇ'도 이를 뒷받침한다.[48]

---

47) 4.1.2.3에서 'Δ'을 음소 /z/로 설정하고 분석하였다. 구체적인 내용은 4.1.2.3 참조
48) 'ㅸ', 'ㅇ'에 대한 설명은 4.2를 참조

3.3. 정리

　본장에서는 문헌 자료와 방언 자료를 통해 '△'의 기원에 대해 살펴보았다. 우선 문헌을 통해 고대 한국어, 전기 중세 한국어에서 '△'의 흔적을 고찰해보았고 이를 토대로 '△'의 기원에 대해 규명하였다. 고대 한국 고유어에서 '△'의 흔적을 발견하기는 어렵기는 하지만 전승 한자음 자료를 통해 고대 한국 한자어에서 '△'이 존재했다는 것을 알게 되었다. 『계림유사』와 『향약구급방』을 통해 전기 중세 한국어를 살펴보았고 전기 중세 한자어, 전기 중세 고유어에서 '△'이 존재한다는 결론을 얻을 수 있다. 고대 한국어에서 '△'이 한자음에만 존재하므로 한자음에 있는 '△'은 한어 일모를 차용한 것으로 생각한다. 문헌에서는 고대 한국 고유어에서 '△'의 흔적이 전혀 발견되지 않고 또한 '△' 대신 'ㅅ 형태'가 발견된다. 따라서 고유어에 있는 '△'은 'ㅅ'이 변화를 겪은 것으로 보는 것이 합리적이다.

　한편 '△'을 가진 한자어는 현대 방언에서 'Ø'로 실현되는 반면에, '△'을 가진 대부분의 고유어는 'ㅅ 반사형'과 'Ø 반사형'이 모두 존재한다. 이러한 '△'의 분포는 한자어에 있는 '△'과 고유어에 있는 '△'의 기원이 다르다는 것을 암시한다. 이어서 방언 자료를 통해 고유어에 있는 '△'에 대해 살펴보았다. 현대 방언에 있는 '△'의 'ㅅ 반사형'은 아무 변화를 겪지 않고 원래부터 'ㅅ 형태'였던 것으로, '△'의 'Ø 반사형'은 통시적으로 'ㅅ>Ø'의 변화를 겪은 형태인 것으로 해석된다. 따라서 고유어에 있는 '△'은 'ㅅ'이 변화를 겪은 것이고 이는 'ㅅ>Ø'의 변화에 있어서의 한 단계를 반영하는 것으로 추정된다.

〈표16〉 'ㅿ'의 기원

구분	기원
한자어에 있는 'ㅿ'	한어 일모 차용한 것이다.
고유어에 있는 'ㅿ'	'ㅅ'이 변화를 겪은 것이다.

제4장 후기 중세 한국어에서의 '△'의 음운 자격

　후기 중세 한국어에서 '△'의 음운 자격과 관련된 선행 연구는 2.2에서 이미 살펴보았다. 후기 중세 한국어에서 '△'의 음운 자격에 대해 음소설과 비음소설로 요약할 수 있다. 일반적으로 '△'을 음소 /z/로 해석해 왔지만 '△'을 음소로 해석해도 되는지에 대해 회의적인 의견도 없지 않다. 그리고 선행 연구에서는 '△'을 소개할 때 '△'의 음운 자격을 잠깐 언급하는 것이지 정밀한 고찰을 통해 '△'의 음운 자격을 밝힌 경우가 많지 않다. 따라서 '△'의 음운 자격에 대해 정밀한 고찰을 할 필요가 있다.

　본장에서는 우선 문헌 기록을 통해 '△'의 음운 자격을 다시 살펴보고 언어 보편성, '유성 마찰음' 등 다른 측면을 통해 후기 중세 한국어에서 '△'의 음운 자격을 검토해 보고자 한다.

4.1. 문헌 기록으로 본 '△'의 음운 자격

3장에서 분석한 것처럼 고유어에 있는 '△'과 한자어에 있는 '△'
의 기원은 서로 다르다. 한자어에 있는 '△'은 한어 일모를 차용한
것이고 고유어에 있는 '△'은 한국어 내부에서 생긴 것이다. 본절에
서는 우선 한자어에서 '△'의 음운 자격에 대해 고찰한 다음에 고유
어에서 '△'의 음운 자격에 대해 검토해 보고자 한다.

4.1.1. 후기 중세 한자어에서의 '△'의 음운 자격

음소는 흔히 의미 분화를 일으키는 최소의 단위로 규정한다. 한
언어에서 어떤 소리가 음소의 지위를 갖는가를 확인하기 위해 최소
대립쌍의 확인을 이용할 수 있다. '△'을 가진 한자어와 'ㅅ'을 가진
한자어를 비교해 보면 다음과 같다.

(12)[49] 가. 신(人) : 신(信)
나. 실(日) : 실(室)
다. 슉(肉) : 슉(叔)

---

49) (12)에서 제시된 한자음은 동국정운 한자음이 아닌 현실 한자음이다. 구체적인 출처
는 다음과 같다.
가. 세흔 **人신**이오 (『六祖法寶壇經諺解』上:4ㄴ)
이 오순 信신을 表표ᄒᆞ니 (『六祖法寶壇經諺解』上:51ㄱ)
나. 이 둘 十십五오**日실**에 四ᄉᆞ衆중을 너비 뫼화 師ᄉᆞ를 爲위ᄒᆞ야 (『六祖法寶壇經
諺解』上:3ㄴ)
室실에 들어눌 (『六祖法寶壇經諺解』上:44ㄴ)
다. 皮피**肉슉**은 이 色식身신이니 (『六祖法寶壇經諺解』中:45ㄱ)
叔 아ᅀᆞ아자비 **슉** (『訓蒙字會』上:16ㄴ)

위진(2009: 33)에서는 위와 비슷한 예를 나열하고 후기 중세 한자어에서 'ᅀ'과 'ㅅ'이 최소대립쌍을 이루고 있다고 주장하며 후기 중세 한자어에서 'ᅀ'은 음소의 기능을 수행했다고 언급하였다. 'ᅀ'의 음가가 [z]이었다면 이러한 주장이 성립될 수 있지만 만약 'ᅀ'이 후행하는 모음과 결합할 때 모음의 영향을 받아 발음되지 못한다면 (12)에 있는 단어들은 최소대립쌍을 이룬다고 하기 어렵다. 최소대립쌍을 이루려면 우선 실제 발음될 수 있는 분절음의 수가 같아야 하기 때문이다.[50] 지금부터 이에 대해 살펴보기로 한다.

일모는 중고 한어에서 항상 [i] 모음, [j] 활음을 가진 운모와 결합하고 중세 한국 한자어에서도 [i] 모음, [j] 활음과만 결합한다. [j]는 아주 큰 공명도를 지닌 분절음으로써 자음으로도 쓰일 수 있고 모음으로도 쓰일 수 있다. 이 책에서는 자음으로 쓰인 [j]를 접근음으로 부르고 모음으로 쓰인 [j]를 활음으로 부른다.[51] [i]와 [j]는 음성적으로 아

---

50) 이진호(2010: 121-122)에서는 최소대립쌍이 실제로 발음할 수 있는 형태가 되지 않으면 안 된다고 언급하고 최소대립쌍이 기저 층위가 아닌 표면 층위에 존재하는 형태이어야만 한다고 하였다. 그리고 최소대립쌍의 설정에 대해 이진호(2010: 124-126)는 음운론적으로 양적 대등성과 질적 대등성의 두 가지를 고려할 필요가 있다고 언급하고 양적 대등성은 최소대립쌍을 이루는 두 단어의 음운이 수적으로 동일해야 한다는 것으로 이 조건을 만족시키지 않으면 최소대립쌍이라고 할 수 없다고 하였다.

51) 접근음(approximant)은 능동부(active articulator)와 수동부(passive articulator)가 아주 가까워서 난기류(turbulence airflow)가 생성되지 않고 마찰 소음도 동반되지 않는 소리이고(朱曉農, 『語音學』, 商務印書館, 2010a, 149면) [j], [w]는 대표적인 접근음이다. 접근음은 아주 강한 공명도를 가진 약한 자음으로 모음의 성격도 지니고 있다. [j], [w]는 활음(glide)으로 다른 모음과 결합하여 이중모음을 이루는 경우가 많다. 활음은 고모음에서 중모음이나 저모음으로 빨리 움직이는 과정을 기술하기 위해 투입한 개념(P.Ladefoged and I.Maddieson, *The Sounds of the World's Languages*, Blackwell, 1996, p.322)이기 때문에 모음에 속한다. 따라서 [j], [w]를 비롯한 음성은 자음으로도 쓰일 수 있고 모음으로도 쓰일 수 있다.

한편 [j], [w]도 반모음(semi-vowel)에 속한다. 반모음은 모음의 음성 특성을 가지고 있지만 음운론적으로 자음의 기능을 수행하는 분절음이고 음운론적인 개념이다(R.L.Trask,

주 비슷하고 [성절성] 유무의 차이만 있다. 따라서 [j]와 [i]가 결합하면 [j]가 발음될 수 있는지가 의문이다. [j]와 [j]로 시작하는 이중모음이 결합하는 경우도 마찬가지다.

위의 논의를 잠깐 정리하겠다. 만약 '△'의 음가가 접근음 [j]이었다면 '신', '실', '슝'을 비롯한 단어에서 '△'이 발음될 수 있는지에 의문시된다. 따라서 신', '실', '슝'의 실제 발음될 수 있는 분절음의 수는 각각 2개, 2개, 3개가 된다. 그러나 '신', '실', '슝'의 실제 발음될 수 있는 분절음 수는 각각 3개, 3개, 4개이다.[52] 이러한 논리에 따르면 '△'의 음가가 접근음 [j]일 때 (12)에 있는 단어는 최소대립쌍을 이루지 못하고 '△'은 음소가 아니라고 할 수 있다. 5.1.1.3에서 더 자세하게 언급하겠지만 지금부터 후기 중세 한자어에서 '△'의 음가를 간단하게 살펴보도록 하겠다.

우선 『조선관역어』의 예문을 살펴보기로 한다.

(13) 二月　　　　　　　　　　　　　　　**移**臥 （『朝鮮館譯語』:7ㄱ）

　　兒馬　　　阿直盖墨二　　　　　**以**罵 （『朝鮮館譯語』:10ㄱ）

　　耳　　　貴　　　　　　　　　**以**　 （『朝鮮館譯語』:17ㄱ）

　　入城　　　雜得勒戛大　　　　　**与**升 （『朝鮮館譯語』:5ㄴ）

　　熱　　　得卜大　　　　　　　**耶**　 （『朝鮮館譯語』:6ㄴ）

編纂組 譯 『語音學和音系學詞典』, 語文出版社, 2000, 237면). 대표적인 예는 현대 영어의 [j], [w]로 들 수 있다.

한국어의 음절을 초성, 중성, 종성으로 나눌 수 있다. 중성에는 모음만 나타나고 초성, 종성에는 자음만 나타난다. 따라서 자음으로 쓰인 [j], [w]를 접근음으로 부르고 모음으로 쓰인 [j], [w]를 활음으로 부른다.

52) 'ㅅ'뿐만 아니라 초성에 'ㅇ'을 제외한 다른 자음이 와도 실제 발음될 수 있는 분절음 수는 3개, 3개, 4개이다. 만약 초성에 'ㅇ'이 오면 음성적으로 'ㅇ'을 가진 한자어와 '△'을 가진 한자어의 음성이 같기 때문에(예: 인(引)=신(人)=[in]) 서로 최소대립쌍을 이룬다고 할 수 없다.

熱酒　　　　　得本数本　　　　　**耶**主 (『朝鮮館譯語』:22ㄴ)

위에서 보는 바와 같이 15세기 초에 일부 'ㅿ'은 이미 [∅]로 실현
된 것을 확인할 수 있다. 'ㅿ'의 이러한 변화 과정은 한어의 교료관
화(膠遼官話), 월어(粤語)에서도 확인할 수 있다.53) 15세기 한글 문헌에
서 일모 한자어가 'ㅇ'으로 표기되는 예도 확인할 수 있다.

　(14) 가. 부톄 **인스**ᄒᆞ신대 (『月印釋譜』2:9ㄱ)
　　　　나. **가인**씌 샹빅 (『신창맹씨묘출토언간』54) 1)

　'인스'는 한자어 '人事'와 대응되고 'ㅅ'의 '신', '인' 형태가 모두
확인된다. '가인'은 '家人'의 한자어이다. 같은 문헌에서 '인스'와 '신
스'가 모두 존재하는 것으로 보아 당시 사람들은 'ㅿ'과 'ㅇ'은 정확
히 구분하지 못하였을 것이다.55) 각 문헌에서 일모 한자음이 어떻게
표기되어 있는지를 살펴보겠다.

〈표17〉 문헌별 일모 한자음의 실현 양상56)

文獻名	刊年	ㅿ	ㅿ~ㅇ	ㅇ	계	ㅿ의 비율	ㅿ~ㅇ의 비율	ㅇ의 비율
六祖	1496	30	1	0	31	96.77%	3.33%	0.00%

---

53) 구체적인 설명은 5.1.1.1.2 참조.
54) 『신창맹씨묘출토언간』은 2011년 5월 3일 대전광역시 유성구 금고동 산110-3번지 안
　정나씨묘에서 출토된 한글 언간이고 언간의 작성 연대는 1490년으로 추정된다(배영
　환, 「현존 最古의 한글편지 '신창맹씨묘출토언간'에 대한 국어학적인 연구」, 『국어사
　연구』 15, 국어사연구, 2012, 219~220면). 이 책은 배영환(2012: 220-222)에서 제시된
　판독문을 참조하였다.
55) 李基文(1972: 37)은 (13), (14가)를 가지고 중세어에서 'ㅿ'이 어두에 오지 않았음을 반
　영한 것이라고 주장한다. 이에 대한 반론은 6.1에서 자세히 설명하겠다.

眞三	1496	18	1	1	20	90.00%	5.00%	5.00%
法華	1500	6	10	0	16	37.50%	62.50%	0.00%
飜小 卷六	1518	4	1	11	16	25.00%	6.25%	68.75%
飜小 卷七	1518	11	4	5	20	55.00%	20.00%	25.00%
飜小 卷八	1518	8	3	9	20	40.00%	15.00%	45.00%
飜小 卷九	1518	3	4	18	25	12.00%	16.00%	72.00%
飜小 卷十	1518	7	2	6	15	46.67%	13.33%	40.00%
訓蒙	1527	40	8	5	53	75.47%	15.09%	9.43%
分門	1542	2	0	1	3	66.67%	0.00%	33.33%
蒙山	1577	5	7	4	16	31.25%	43.75%	25.00%
四法	1577	0	0	10	10	0.00%	0.00%	100.00%
誡初 송광사	1577	0	1	19	20	0.00%	5.00%	95.00%
簡易	1578	2	0	5	7	28.57%	0.00%	71.43%
誡初 서봉사	1583	0	1	20	21	0.00%	4.76%	95.24%
小諺	1587	0	1	34	35	0.00%	2.86%	97.14%
論諺	1590	24	6	4	34	70.59%	17.65%	11.76%
大諺	1590	10	1	1	12	83.33%	8.33%	8.33%
中諺	1590	15	0	1	16	93.75%	0.00%	6.25%
孝諺	1590	9	0	0	9	100.00%	0.00%	0.00%

56) <표17>에 있는 데이터는 伊藤智ゆき, 이진호 譯(2011a: 85-86)을 다시 정리한 것이다.

<표17>에서 제시한 것처럼 『효경언해』를 제외한 나머지 문헌에서 일모가 'ㅿ'으로만 표기된 문헌은 없다. 같은 문헌에서 같은 일모자는 'ㅿ'으로 표기되는 경우도 있고 'ㅇ'으로 표기되는 경우도 있다. 그리고 어떤 음운환경, 또한 문법 환경 때문에 표기가 달라진 것도 아닌 듯하다. 문헌에서 'ㅿ'에 대한 표기는 후대일수록 'ㅿ'의 비율이 낮아지는 것이 아니다. 이를 문자의 보수성으로 해석할 수도 있지만 이러한 표기는 당시 'ㅿ'의 음가를 반영한 것으로 보인다. 만약 후기 중세 한자어에서 일모의 음가가 [z]라면 같은 문헌에서 같은 일모 한자어는 2가지 종류의 발음이 존재한다는 것이다. 앞서 언급했듯이 어떤 음운환경, 또한 문법 환경 때문에 발음이 달라진 것으로 해석하기 어렵다. 따라서 당시 일모자가 과연 2가지 종류의 발음을 가지고 있었는지에 대해서는 의문스럽지 않을 수가 없다. 만약 후기 중세 한자어에서 일모의 음가를 접근음 [j]로 해석한다면 이러한 문제가 해결된다. 앞서 소개한 것처럼 일모 한자어의 운모에서 [i] 모음 혹은 [j] 활음이 있다. 후기 중세 한국어에서 이중모음 /ji/와 /jj-/로 시작하는 삼중모음이 없으므로 접근음 [j]는 [i] 모음, [j] 활음과 만나면 탈락한다. 그리하여 음절 구조의 측면에서 볼 때에 후기 중세 한국어에서 일모는 발음될 수 없으므로 일모 한자어는 'ㅿ'으로 표기되든 'ㅇ'으로 표기되든 모두 같은 발음이라고 생각한다.

한편 일모가 아닌 한자어가 'ㅿ'으로 표기되는 예도 있다.

(15) 가. 큰 龍용이 閻셤浮부提뎨예 (『六祖法寶壇經諺解』上:80ㄱ)
　　　나. 扌閻 쁘들 셤 (『訓蒙字會』下:6ㄱ)
　　　다. 佛불光광 비취샤믈 因신ᄒ야 (『法華經諺解(改刊本)』1:34ㄴ)

라. 實실相상**印신**을 니릇노라 (『法華經諺解(改刊本)』1:70ㄴ)

마. 滔도慢만 則즉不블能능**研연**精졍ᄒ고 (『飜譯小學』6:16ㄴ)

바. 내 새로 온 향삼57)이 탕ᄀᆺ 갑시 언메나 ᄒᆫ 동 몰래라(『飜譯
朴通事』上:52ㄱ)

위에서 보는 바와 같이 이모자(以母字)인 '闇', 'ㅓ闇', 영모자(影母字)
인 '因', '印', '闇', 그리고 의모자(疑母字)인 '研'은 모두 '△'으로 표기
되는 형태가 확인된다. 이들의 성모는 [∅]인데도 불구하고 '△'으로
표기된 것으로 보아 당시 사람들은 '△'과 'ㅇ'을 명확히 구별하지
못했다고 볼 수 있다. 따라서 '셤:염', '신:인', '션:연'은 음성적으로
아주 가깝다고 본다면 '△'의 음가를 접근음 [j]로 해석해도 무리가
없다.

(12)로 돌아가 보기로 하자. '신(ㅿ):신(信)', '실(日):실(室)', '슉(肉):슉
(叔)'은 서로 최소대립쌍처럼 대응된다. 그러나 앞서 언급했듯이 '△'
의 음가는 접근음 [j]이고 접근음 [j]는 [i] 모음 혹은 [j] 활음 앞에 발
음될 수 있는지에 대해 의문시된다. 더군다나 '신(ㅿ):신(信)', '실(日):실
(室)', '슉(肉):슉(叔)'은 발음될 수 있는 분절음 수가 서로 일치하지 않
아 그들은 최소대립쌍을 이루지 못한다. 그러므로 후기 중세 한자어
에서 '△'은 음소가 아니었다고 보는 것이 좋다.

4.1.2. 후기 중세 고유어에서의 '△'의 음운 자격

고유어에 있는 '△'은 형태소 경계와 형태소 내부에 모두 나타난

---

57) '향삼'은 한자어 '鄕闇'이다.

다. 본절은 형태소 경계에 있는 'ᅀ'과 형태소 내부에 있는 'ᅀ'을 살펴본 다음에 'ᅀ'의 음운 자격에 대해 재검토해 보고자 한다.

4.1.2.1. 형태소 경계에 있는 'ᅀ'에 대하여

'ᅀ'은 형태소 경계에 출현할 수 있다. 예문을 보면서 분석하도록 하겠다.

> (16) 가. **두서** 번 니르시니 (『釋譜詳節』6:7ㄱ)
> 나. 嗚呼는 **한숨**디틋흔 겨치라 (『月印釋譜』序:23ㄱ)
> 다. 세 분이 **프서리**예셔 자시고 (『月印釋譜』8:93ㄴ)
> 라. **한삼** 즛디허 뽄 즙과 초와 각 서 홉을 섯거 (『救急簡易方』3:118ㄱ)
> 마. 敎門에 허루믈 젼혀 **일ᅀᅡ마** 훤히 버서 닷디 아니ᄒᆞ야 (『法華經諺解』7:159ㄱ)
> 바. 門庭을 닶겨셔 **쓰ᅀᅥ리** ᄒᆞ노라 (『杜詩諺解』10:39ㄱ)

'두서'는 '둘[二]'과 '세[三]'가 합친 것으로 볼 수 있고 '한숨'은 '한 + 숨'으로 분석할 수 있으며 '프서리'는 '플 + 서리'로 해석할 수 있다. '한삼'은 '한 + 삼'으로 분석할 수 있고 '일삼-'은 '일 + 삼-'으로 분석할 수 있으며 '쓰설-'은 '쓸- + 설-'로 분석할 수 있다. 이러한 'ᅀ'은 형태소 결합하는 과정에서 생긴 것이고 'ᄉ'으로 소급할 수 있다. 이러한 현상에 대해 李基文(1972: 34)은 '[j] 활음, ㄹ, ㄴ' 뒤에서 'ᄉ>ᅀ'의 변화가 일어난다고 설명하였다. 그러나 후기 중세 문헌에 보면 이 유형의 단어에서 'ᄉ 형태'도 확인된다.

(17) 가. **두서** 소솜만 달혀 조각 즈싀란 앗고 (『救急簡易方』3:60ㄴ)

나. **한숨** 디난 소리 (『釋譜詳節』19:14ㄴ)

다. **프서리**예 곤 서르 迷路ᄒ리로다 (『杜詩諺解』7:8ㄴ)

라. 葷 **한삼** 륜 (『訓蒙字會』上:4ㄴ)

마. 衣服 브튼 禮룰 **일사몰** 쑤니언뎡 (『內訓』2:15ㄴ)

바. 아츠미어든 드러가고 **쓰설**어늘 아비로 ᄒ여 쏘 내조차늘
(『飜譯小學』9:22ㄱ)

후기 중세 문헌에서 '두서:두서', '한숨:한숨', '프허리:프서리', '한삼:한삼', '일삼-:일삼-', '쓰설-:쓰설-'을 모두 확인할 수 있다. 이에 대해 李基文(1972: 34)은 '△형'과 'ㅅ형'이 각각 다른 방언형이었던 것이라고 하고 '△형'은 중앙 방언의 것이었고 'ㅅ형'은 남부 방언의 것이었다고 추정하였다. 그러나 이러한 설명은 일종의 추론에 불과하고 어떤 남부 방언형이 언제 중앙 방언에 어떻게 침투하였는지에 대해 李基文(1972)에서는 언급하지 않고 있다.[58] 후기 중세 한국어에서 '두서:두서', '한숨:한숨', '프서리:프서리', '한삼:한삼', '일삼-:일삼-', '쓰설-:쓰설-'을 비롯한 단어들이 공존한 것으로 보아 '[j] 활음, ㄹ, ㄴ' 뒤에서 일어나는 'ㅅ→△'의 규칙은 수의적 규칙[59]이라고 볼 수 있다.

계속 예문을 보기로 한다.

(18) 가. 그 **대숲** ㅅ싀예 林靜寺ㅣ 잇더니 (『月印釋譜』8:99ㄴ)

---

[58] 만약 (17)에서 제시된 예들이 중앙어가 아닌 다른 방언임을 증명할 수 있다면 李基文 (1972)의 주장도 설득력이 있다.

[59] 수의적 규칙은 동일한 형태에 음운 규칙이 적용되기도 하고 적용되지 않기도 하는 규칙이다.

　　나. **ᄆᆈ도** 便安ᄒ야 (『月印釋譜』4:59ㄴ)

　　다. **바ᄂᆞᆯ실** 자최 업게 ᄒ놋다 (『杜詩諺解』25:50ㄴ)

　　라. **활살** ᄎ시고 (『月印釋譜』10:27ㄴ)

　　마. **한쇼**ᄅᆞᆯ 내니 몸 크고 다리 크고 (『月印千江之曲』上:59ㄴ)

　'대숲'은 '대[竹] + 숲[林]'으로, 'ᄆᆈ'는 'ᄆᆞᆯ[馬] + 쇼[牛]'로, '바ᄂᆞᆯ실'은 '바ᄂᆞᆯ[針] + 실[線]'로, '활살'은 '활[弓] + 살[箭]'로, '한쇼'는 '한[大] + 쇼[牛]'로 분석할 수 있다. 李基文(1972: 34)에서 제시된 규칙에 따르면 이러한 단어 중의 'ㅅ'은 'ㅿ'으로 실현되어야 한다. 그러나 문헌에서 'ㅅ 형태'만 확인되므로 '[j] 활음, ㄹ, ㄴ 뒤'에서 일어나는 'ㅅ→ㅿ'의 규칙은 수의적 규칙이라고 보아야 한다.

　계속 예문을 보기로 한다.

　(19) 깄 **ᄀᆞᅀᅢ** 누엣거늘 (『釋譜詳節』3:17ㄴ)

　'ᄀᆞᅀᅢ'는 'ᄀᆞᆺ[邊]'의 곡용 형태이다. 그러나 후기 중세 문헌에서 'ᄀᆞᆺ'이 곡용할 때 'ㅅ'으로 실현된 예도 확인된다.

　(20) 가. 오직 輪廻ㅅ **ᄀᆞᄉᆡ** 니를오 能히 佛海예 드디 몯ᄒ리라 (『圓覺經諺解』上2-3:46ㄱ)

　　　나. 머리 네 녁 **ᄀᆞᄉᆡ** 내텨 나라ᄒᆞᆯ 더러이디 말에 호미 맛당ᄒ니라 (『飜譯小學』7:13ㄱ)

　위에서 제시한 것처럼 15세기 문헌, 16세기 초기 문헌에서 'ᄀᆞᅀᅢ' 형태가 확인된다. 한편 후기 중세 한국어의 용언에서도 활용할 때 'ㅅ 형태'와 'ㅿ 형태'가 모두 확인되는 경우도 있다.

(21) 가. 續命神幡은 목숨 **니슬** 神奇흔 幡이라 (『釋譜詳節』9:30ㄴ)

나. 偈를 **지서** 讚歎ᄒᅀᆞᇦ니 (『月印千江之曲』上:64ㄴ)

다. **짓기서** 모다슬 期約을 아디 몯홀시 (『杜詩諺解』22:47ㄱ)

가´. 念念이 서르 **니서**＝念念相續 (『圓覺經諺解』上2-2:10ㄴ)

나´. 惡因 **지손** 다ᄉᆞ로 ᄯᅩ 이 命終흔 사ᄅᆞ미 殃孽에 버므러

(『月印釋譜』21:105ㄴ)

다´. 니슨 니페ᄂᆞᆫ **짓기엇**ᄂᆞᆫ 곳고리 어득ᄒᆞ얏도다 (『杜詩諺解』

15:7ㄴ)

위에서 제시한 것처럼 후기 중세 한국어에서 '닛-[繼]', '짓-[作]', '깃깃-[栖]'은 활용할 때 '△'으로 표기되는 예와 'ㅅ'으로 표기되는 예가 모두 확인된다. (19), (20), (21)에서 제시한 예들의 '△'은 형태소와 형태소가 결합하는 과정에서 생긴 것이 분명하고 'ㅅ'으로 소급할 수 있다. 후기 중세 한국어에서 이들의 'ㅅ 형태', '△ 형태'가 모두 확인되므로 'ㅅ→△'의 음변화를 수의적인 규칙으로 생각한다.

한편 현대 한국어에서 용언 어간 말음이 'ㅅ'인 경우는 'ㅅ 불규칙' 활용을 적용하는 단어가 있고 적용하지 않는 단어도 있다. 대부분 'ㅅ 불규칙' 활용을 적용하는 단어는 후기 중세 한국어에서 '△'을 가진 단어이다. 그러나 후기 중세 한국어에서 '△'을 가진 단어는 현대 표준어에서 규칙적으로 활용하는 예도 있다.

(22) 가. 東山이 淸淨ᄒᆞ고 남기 盛히 **기스**니 (『釋譜詳節』11:37ㄴ)

나. 太子ㅣ **우스**며 닐오ᄃᆡ (『釋譜詳節』6:24ㄱ)

다. 비록 **아ᅀᅡ**도 도로 녜 같ᄒᆞ야 (『釋譜詳節』9:22ㄱ)

후기 중세 한국어에서 '깃-', '웃-', '앗-'은 모음으로 시작하는 어

미와 결합할 때에 'ㅅ' 대신 'ㅿ'으로 표기하였다. 그리고 'ㅿ'이 사라진 후에 '깃-', '웃-', '앗-'은 모음으로 시작하는 어미와 결합할 때 다음과 같은 예도 확인될 수 있다.

> (23) 가. 플 **기은** 싸히 노하 ᄒᆞ여금 플 먹게 ᄒᆞ고 (『老乞大諺解(初刊本)』下:41ㄱ)
> 나. 皇后ㅣ 크게 **우으**며 아디 못ᄒᆞ여다 (『朴通事諺解』下:21ㄴ)
> 다. **아ᅀᆞ** 탈 奪 (『新增類合』下:19ㄴ)

16세기말에 'ㅿ'이 이미 사라졌기 때문에 '깃-', '웃-', '앗-'은 모음으로 시작하는 어미와 결합하면 'ㅇ 형태'를 확인할 수 있다. 그러나 현대 한국어에서 '깃-', '웃-', '앗-'은 'ㅅ 규칙활용' 용언이다. 金完鎭(1973: 43- 44)에서는 ""'웃-'에 '-으니'라는 어미를 붙였을 때 일단은 '우으니'라는 형태가 나오지만 흔히는 축약의 결과로 '우니'로 발음되는 것인데, 이 형태는 '울-'에 '-으니'가 붙어 이루어지는 '우니'와 발음상으로 완전히 일치된다."라고 하였고 이러한 파국을 벗어나는 가장 알맞은 수순으로 '웃다'의 방언형을 끌어 들이는 일이 채택된 것이라고 주장한다. 후기 중세 한국어에서 '비웃-'도 있는데 '비웃-'이 활용할 때 주로 'ㅿ 형태'가 확인되지만 현대 한국어에서 '비웃-'은 규칙적으로 활용하는 동사이다. 그러나 한국어에서 '*비울다'가 없기 때문에 '웃다'의 설명 방법을 가지고 '비웃다'가 왜 규칙동사가 되는지에 대해 설명할 수 없다. 만약 金完鎭(1973)의 설명에 따라 '웃다'가 규칙동사가 되고 나서 '비웃다'에 영향을 끼쳤다고 가정하면 합리적인 설명을 얻을 수 있을 듯하다. 그러나 다음과 같은 예문이 확인된다.

> (24) 가. 嗤 **비우슬** 치 (『新增類合』下:30ㄱ)
> 나. 子路ㅣ **우슨**대 (『家禮諺解』9:29ㄱ)

후기 중세 문헌에서 '비웃-'이 모음으로 시작하는 어미와 결합할 때 'ㅅ'으로 실현되는 예가 확인되고 근대 문헌에서 '웃-'이 모음으로 시작하는 어미와 결합할 때 'ㅅ'으로 실현되는 예가 확인된다. 이러한 예들이 확인되므로 위의 가설이 성립되기 어렵고 金完鎭(1973)에서 '웃다'에 대한 설명도 다시 재고할 필요가 있다. 한편 金完鎭(1973: 44)에서는 '앗-'에 대해 "'앗-' 그 자체로의 사용이 무슨 이유에서인지 중단되고 '빼앗-'이라는 복합 형태로 대체된 이후에 있어서는 '웃다'와 같은 경로를 걷지 않으면 안 된다."라고 설명하였다. '빼앗-'은 중세 문헌에서 확인되지 않고 19세기 문헌과 20세기 문헌에서 확인된다. 만약 金完鎭(1973)에 따르면 '앗다'는 19세기 이후에야 'ㅅ 규칙 활용' 동사가 되는 것이다. 그러나 16세기 문헌에서 다음과 같은 예를 확인할 수 있다.

> (25) 父母ㅣ **아사** 남진 블티고져 ᄒ거늘:父母欲奪而嫁之 (『小學諺解』4:36ㄱ)

16세기 문헌에서 '앗-'이 모음으로 시작하는 어미와 결합할 때에 'ㅅ 형태'가 확인되므로 金完鎭(1973)의 주장에 문제가 있다.[60] 뿐만

---

[60] 鄭允子(1990)에서는 'ㅿ'의 소실로 일부 활용형에서 모음이 연속되어 축약될 가능성이 발생하였으므로 안정된 형태론적 구조를 유지하기 위해 'ㅅ정칙활용'으로 변화하였

아니라 후기 중세 한국어에서 '깃-'이 활용할 때 그의 'ㅿ 형태'가
확인된다. 그런데 현대 표준어의 '깃-'은 규칙 활용 용언이 되는 원
인에 대해 金完鎭(1973)에서는 구체적으로 설명하지 않았다. 따라서
'깃-', '웃-', '앗-'은 규칙 용언이 되는 원인에 대해 '방언의 침투'로
설명하기 어렵다. 이보다는 'ㅅ'이 'ㅿ'이 되는 현상을 수의적 음운
현상으로 보는 것이 더 나은 설명이 된다.

한편 현대 한국어에서 '씻-'은 'ㅅ 규칙활용' 동사이지만 현대 방
언에서 '씻-'이 불규칙 활용하는 예도 확인된다.

(26)[61] 가. 씨어라: 〈충북〉〈경기〉〈강원〉〈충남〉[천안]
나. 씨었다: 〈경남〉[거창(북상)]
다. 씨어서: 〈함남〉[안변]
라. 씨으니: 〈함남〉[안변]

(26)에서 나열한 것처럼 방언에서 '씻-'의 활용형에서 종성 'ㅅ'이
탈락하는 형태가 확인된다. 이를 '방언의 침투'로 설명할 수 있는지
의문이다. '씻-'이 활용할 때 종성 'ㅅ'이 탈락한 것으로 보아 해당
지역에서 '싯-'은 'ㅅ>Ø'의 변화를 겪은 것으로 볼 수 있다.

현대 한국 표준어에서 '짓-[作]', '긋-[劃]', '붓-[腫]', '붓-[注]', '젓-
[攪]', '낫-[癒]'은 'ㅅ 불규칙' 용언이다. 그런데 방언에서 이들은 규
칙적으로 활용하는 예도 확인할 수 있다.

다고 주장하였다. 그러나 후기 중세 한국어에서 '엿-[覗]'이 있는데 활용할 때에 'ㅿ
형태'가 확인되고 'ㅿ'이 소실 후에 'ㅇ 형태'가 확인될 수 있다. 따라서 鄭允子(1990)
의 주장의 타당성은 의심하게 된다.
61) (26)에 있는 데이터는 '한민족 언어 정보화' 검색 프로그램을 이용하여 조사하였고 일
부 어형만 제시하였다.

(27)[62] 가. 짓-[作]: 지섰다〈전남〉

　　　　　　　　짓어〈중국〉[태래]

　　　나. 굿-[劃]: 그셔라〈충남〉[서산, 홍성, 청양, 공주, 보령]〈전북〉

　　　다. 붓-[腫]: 부섰니〈함북〉[학성, 길주, 명천, 경성, 경흥, 온성,

　　　　　　　　　　　　　　　　　종성, 회령, 무산

　　　라. 붓-[注]: 부:서〈경남〉〈경북〉

　　　　　　　　부서서〈경남〉〈경북〉〈충남〉

　　　마. 젓-[撹]: 저서서〈충북〉

　　　　　　　　저서라〈함북〉[학성, 학성, 길주, 명천, 경성, 청진,

　　　　　　　　　　　　　　　　경흥, 경원, 온성, 종성, 회령, 무산

　　　바. 낫-[癒]: 나사서〈충북〉〈함남〉〈경남〉[전역]

　　　　　　　　나서서〈강원〉〈경남〉〈경북〉〈전남〉〈전북〉〈제주〉

　　　　　　　　　　〈충남〉〈충북〉〈함남〉

　　위와 같은 예에 대해 과연 '방언의 침투'로 설명할 수 있는지 의심스럽다. 오히려 해당 지역에서 '짓-', '굿-', '붓-[腫]', '붓-[注]', '젓-', '낫-'은 'ㅅ>Ø'의 변화를 겪지 않은 것으로 해석하는 것이 좋다.

　　그리고 어떤 방언에서 같은 용언이 규칙적으로 활용하는 예와 불규칙적으로 활용하는 예가 모두 확인되는 경우가 있다.[63] 이러한 방언 자료를 통해 'ㅅ>Ø'의 변화는 수의적인 변화로 볼 수 있다.

---

62) (27)에 있는 데이터는 '한민족 언어 정보화' 검색 프로그램을 이용하여 조사하였고 일부 어형만 제시하였다.

63) 전남방언에서 '짓-'이 활용할 때 '지었다'와 '지섰다'가 모두 확인되고 충남방언에서 '붓-[腫]'이 활용할 때 '부었다'와 '붓었다'가 모두 확인되며 경남방언에서 '붓-[注]'이 활용할 때 '부:니'와 '부서니'가 모두 확인된다.

4.1.2.2. 형태소 내부에 있는 'ᅀ'에 대하여

'ᅀ'은 형태소 내부에서도 출현한다. 예를 보겠다.

(28) 가. 等은 두 **ᄀᅀᆞᆯ** 흔ᄢᅴ 비취실 씨니 (『釋譜詳節』7:41ㄱ)

　　 나. **겨ᅀᅳᆯ** 오매 오직 열운 치위로다 (『杜詩諺解』21:26ㄱ)

　　 다. 如**아ᅀᆞ** 爲弟 (『訓民正音』解例:25ㄱ)

　　 라. **나ᅀᅵ**삐 닶간 봇그니 (『救急簡易方』3:101ㄱ)

　　 마. 엇게옌 ᄫ양 **여ᅀᆞ** 앒뒤혠 아히 할미러니 (『月印千江之曲』
　　　　 上:25ㄴ~26ㄱ)

　　 바. **ᄆᅀᆞᆯ히** 멀면 (『釋譜詳節』6:23ㄴ)

　 위와 같이 'ᅀ'은 형태소 내부에 출현할 수 있다. 'ᄀᅀᆞᆯ', '겨ᅀᅳᆯ', '아ᅀᆞ', '나ᅀᅵ', '여ᅀᆞ', 'ᄆᅀᆞᆯᄒ'은 현대 한국어에서 각각 '가을', '겨울', '아우', '냉이', '여우', '마을'로 실현된다. 李基文(1972: 35)은 현대 한국어에서 'ㅅ'이 유성음화가 되지 않기 때문에 중세 한국어에서 'ㅅ'도 유성음화되지 않았을 것으로 추정하였다. 그러나 李基文(1972)의 추론이 개연성을 얻기 위해서는 현대 한국어의 'ㅅ'과 중세 한국어의 'ㅅ'은 음성·음운론적 성격이 서로 같다는 것이 전제되어야 한다. 앞서 설명한 것처럼 현대 한국어의 'ㅅ'과 중세 한국어의 'ㅅ'은 음성·음운론적 성격이 서로 같지 않다. 따라서 李基文(1972)의 주장은 성립되기 어렵다.

　 3.1.1.1에서 언급했듯이 고대 고유어에서 'ᅀ'의 흔적을 확인할 수 없으므로 'ᅀ'이 원래부터 존재하였다는 주장은 성립하기 어렵다. 문헌 자료와 방언 자료를 통해 고유어에 있는 'ᅀ'이 'ㅅ'과 긴밀한 관

계를 가지고 있었고 이 '△'은 'ㅅ'으로부터 변한 것이다. 'ㅅ'은 어떤 음운환경에서 '△'으로 실현되는지에 대해 살펴보겠다.

李崇寧(1956)에서는 후행하는 모음에 따라 'ㅅ>△'의 변화를 살펴보았고 후행하는 모음은 평순모음 'ㆍ(32%), ㅡ (26.9%), ㅣ(15.4%)'일 때 'ㅅ>△'의 변화가 일어날 가능성이 가장 높다고 주장하였다. 그러나 李崇寧(1956)에서 이루어진 조사가 형태론적 환경을 구분하지 않는 상태에서 이루어진 것은 문제를 내포하고 있다. 위진(2009: 39-42)에서는 형태소 내부에 있는 '△'에 대해 분석하였고 'ㅅ>△' 유성음화는 선·후행하는 모음의 공명도가 큰 경우에 자주 발생한다고 주장하였다. 그런데 선·후행하는 모음의 공명도가 크다고 해서 'ㅅ>△'의 변화가 반드시 일어난 것은 아니다. 위진(2009: 42)에서 제시한 것처럼 선·후행하는 모음의 공명도가 큰 환경에서 'ㅅ'이 '△'이 되지 않고 그대로 실현되는 경우도 확인된다. 이러한 선행 연구에 따르면 형태소 내부에서 'ㅅ'이 '△'으로 실현되는 음운 규칙 역시도 수의적이라고 본다. 그리고 다음과 같은 예를 확인할 수 있다.

> (29) 가. △如**브섭**爲竈 (『訓民正音』解例:25ㄴ)
> 나. 고지 누로문 **므슷** 일로 쌘리노오 (『杜詩諺解』10:16ㄱ)
> 다. 미양 밥 먹고 **이슥**거든 무러 날오디 (『飜譯小學』9:79ㄴ)
> 라. 이 **므슴** 먹디 말라 (『釋譜詳節』3:21ㄱ)
> 마. 限은 **그스미**라 (『法華經諺解』3:41ㄱ)
> 가′. **브섭** 니예 庖廚의 머로믈 알리로라 (『杜詩諺解』14:19ㄱ)
> 나′. **므슷** 이를 겻고오려 ᄒᆞ는고 (『釋譜詳節』6:27ㄱ)
> 다′. 말ᄉᆞ믈 **이슥**히 호디 (『飜譯小學』10:26ㄱ)
> 라′. 네 **므스모**로 기들워라 (『飜譯老乞大』下:1ㄴ)

마′. 未來옛 **그스모**로 알핏 塵劫을 가줄비건댄 (『法華經諺解』 3:165ㄴ)

같은 시기 문헌에서 '브섭:브섭', '므슷:므슷', '이슥:이슥', 'ᄆ 숨:ᄆ 슴', '그슴:그슴'이 모두 확인되므로 형태소 내부에서 'ㅅ'이 'ㅿ'으로 실현되는 음운 규칙은 수의적이라고 말할 수 있다.

이제 방언 자료를 살펴보기로 한다. (28)에서 나열한 단어들이 현대 방언에서 그들의 'ㅅ 형태', 'Ø형태'가 있는지에 대해 살펴보겠다.

〈표18〉 방언별 'ㅿ'을 가진 고유어의 방언형[64]

중세형 (현대역)	중부 방언		서남 방언		동남 방언		제주 방언		서북 방언		동북 방언	
	ㅅ	Ø	ㅅ	Ø	ㅅ	Ø	ㅅ	Ø	ㅅ	Ø	ㅅ	Ø
ᄀ술(가을)	○	○	○	○	○	○	○	○	○	○	○	○
겨슬(겨울)	×	○	○	○	○	○	○	○	×	○	○	○
나ᅀᅵ(냉이)	○	○	○	○	○	○	○	○	×	○	○	○
아ᅀᅳ(아우)	○	○	○	○	○	○	○	×	×	○	○	○
ᄆ술(마을)	○	○	○	○	○	○	○	○	×	○	○	○
여ᅀᅳ(여우)	○	○	○	○	○	○	○	○	×	○	○	○

<표18>에서 제시한 것처럼 대부분 방언에서 같은 단어의 'ㅅ 형태'와 'Ø 형태'가 모두 존재한다. 같은 방언에서 같은 단어의 'ㅅ 형태'와 'Ø 형태'가 모두 확인되는 것도 'ㅅ>Ø'의 변화가 수의적 변화임을 암시한다.

---

64) <표18>에 있는 데이터는 '한민족 언어 정보화' 검색 프로그램, 小倉進平, 이상규·이순형 교열(2009)을 이용하여 조사되었다. 'ㅅ 형태'와 'Ø 형태'는 각각 'ㅅ', 'Ø'로 표기한다. 만약 해당 형태가 존재하면 '○'로 표기하고 존재하지 않으면 '×'로 표기한다.

4.1.2.3. '△'의 음운 자격

본절에서는 후기 중세 한국어에서 '△'의 음운 자격에 대해 다시 살펴보기로 한다. 우선 4.1.2.1과 4.1.2.2에서 얻은 결과를 통해 '△'의 음운 자격에 대해 살펴볼 것이다.

4.1.2.1에서는 형태소 경계에 있는 '△'을 살펴보았고 이러한 '△'은 'ㅅ'에 소급할 수 있고 수의적으로 'ㅅ→△'에 의해 생긴 것이다. 4.1.2.2에서는 형태소 내부에 있는 '△'을 살펴보았고 이러한 '△'도 역시 'ㅅ'에 소급할 수 있고 수의적으로 'ㅅ→△'에 의해 생긴 것이다. 그러나 'ㅅ→△'은 수의적인 규칙이었다고 하더라도 '△'이 음소가 아니라는 결론을 도출하기 어려울 수 있다. 예를 들어 현대 한국어에서는 조음 위치 동화 현상이 수의적인 음운 현상인데, 이 음운 현상이 적용된 사례 '신발[신발/심발]'에서 변화의 결과인 /ㅁ/은 음소의 지위를 지닌다. 그러나 고유어에 있는 '△'은 'ㅅ'에 소급한다는 점까지 고려하면 후기 중세 한국어에서 '△'이 음소가 아니라는 결론을 내릴 수 있다. 현대 한국어에서도 유사한 음운 현상이 있다. 예를 들어 'ㅂ'이 현대 한국어 모음 사이에서 수의적으로 [β]로 실현되지만 이러한 [β]를 음소로 해석할 수 없다. [β]는 'ㅂ'의 수의적인 마찰음화에 의해 생긴 것이기 때문이다. 이와 마찬가지로 고유어에 있는 '△'은 'ㅅ'으로 소급할 수 있고 수의적 'ㅅ→△'에 의해 생기기 때문에 '△'과 'ㅅ'은 변별적 대립을 이루지 못하고 '△'을 음소로 해석할 수 없다.

이제부터는 분포를 통해 '△'의 음운 자격에 대해 살펴보겠다. 앞서 언급한 것처럼 현대 한국어의 'ㅅ'과 이전 시기 한국어의 'ㅅ'은 음성·음운론적 성격이 같지 않다. 현대 한국어의 'ㅅ'은 음성적으로 무기음과 유기음의 중간적 속성을 지닌 음이고 과거에 비해 유기성이 증가했기 때문에 이전 시기 한국어에서 'ㅅ'의 유성음화가 지금보다 용이했을 것이다. 그런데 [s]는 유성음화가 일어나면 [z]가 되는데 이러한 음성은 /ㅅ/에 속한 것인지 분명하지 않다. 지금부터 이 문제에 대해 논의해 보겠다.

'ᅀ'과 관련된 변화에서 'ᅀ>ㅈ'의 변화가 있는데 이러한 변화에 대해 학계에서 예외적인 변화로 간주해 왔다. 그러나 소신애(2012b)에서는 방언을 조사하여 'ᅀ>ㅈ'의 변화를 겪은 예를 상당수 추가하며 'ᅀ>ㅈ'의 변화를 예외적인 변화가 아니라 흔히 일어날 수 있는 변화로 보았다. 'ᅀ>ㅈ' 변화의 원인에 대해 소신애(2012b: 65-79)는 유성 환경에서 'ᅀ'과 'ㅈ'이 음성적으로 유사하므로 청자가 'ᅀ'을 'ㅈ'으로 오지각하거나 과도 분석함으로써 'ᅀ>ㅈ' 방향의 재구조화가 초래되었다고 하였다. '손조', '혼은자', '몸조'는 'ᅀ>ㅈ'의 변화를 겪은 단어로 간주해 왔지만 같은 시기의 문헌에서 '손소', 'ᄒᆞ오사', '몸소'도 확인되므로 '손조', '혼은자', '몸조'는 'ㅅ>ㅈ'의 변화를 겪은 것으로 볼 가능성이 있다. 또, 후기 중세 한국어에서 '구숑: ᄭᅮ죵'[65]은 모두 확인될 수 있지만 '*구슝' 형태는 확인되지 않는다. 이러한 예를 통해 'ㅅ>ㅈ'의 변화도 일어날 수 있다는 것을 알 수 있다. 그리고 근대 문헌에서 '츠조기',[66] '이젓'[67]이 확인되는데 이

---

65) 미리 **구숑** 니보몰 전ᄂᆞ니 (『禪宗永嘉集諺解』下:71ㄱ)
   ᄭᅮ죵ᄒᆞ여 헐ᄡᅳ리디 아닐 거시니 (『小學諺解』5:102ㄴ)
66) 紫蘇 **츠조기** (『譯語類解』下:10ㄴ)

들은 각각 중세어 '츳소기', '이셧'과 대응되고 중세 문헌에서 그들의
'△ 형태'를 확인할 수 없다. 이러한 예도 'ㅅ>ㅈ'의 변화가 일어났
음을 암시한다.[68] 'ㅅ'은 마찰음이고 'ㅈ'은 파찰음이다. 'ㅅ>ㅈ'의
변화는 일종의 강화 현상으로 볼 수 있지만 그 변화는 주로 유성 환
경에서 일어나고 유성 환경에서는 자음의 강화가 일어나기 어렵다.
한편 'ㅅ>ㅈ'의 변화는 청자의 발화 해석 과정에서 촉발된 변화로
해석할 수 있다. 이렇게 해석하려면 유성 환경에서 /ㅅ/과 /ㅈ/은 음
성적으로 유사해야 하므로 /ㅅ/은 변이음 [z]를 가지고 있었을 것이다.
이에 대한 설명이 소신애(2012b: 77)에서도 보인다. 후기 중세 한국어
에서 [s]와 [z]의 분포를 정리하면 다음과 같다.

〈표19〉 중세 한국어에서의 [s]와 [z]의 분포[69]

	유성음 사이	무성음과 유성음 사이	유성음과 무성음 사이	다른 환경
[s]	○	○	○	○
[z]	○	×	×	×

〈표19〉에서 제시한 것처럼 [z]는 유성음 사이에 출현하는 반면에
[s]는 유성음 사이뿐만 아니라 다른 환경(유성음과 무성음 사이, 무성음과
유성음 사이 등)에도 출현할 수 있다. [z]와 [s]의 분포는 포괄적 분포
(incorporating distribution)에 해당되고 이러한 두 음성은 한 음소에 속한
다.[70] 따라서 '△'을 음소로 해석할 수 없다.

---

67) 자최와 **이졎**ᄒ도다 (『杜詩諺解(重刊本)』16:72ㄴ)
68) 'ㅅ>ㅈ'의 변화에 대해 구체적인 논의를 5.1.4.2.1 참조.
69) [s]와 [z]가 해당 환경에 존재하면 '○'로 표기하고 존재하지 않으면 '×'로 표기하였다.

또한 현재 학계에서 일반적으로 'ㅿ'을 음소 /z/로 해석한다. 일단 이러한 해석을 받아들여 'ㅿ'을 음소 /z/로 설정하고 논의를 진행하기로 한다. 집합의 개념을 적용해서 /z/를 분석하면 다음과 같다.

(30)[71] {/ㅿ/}={[z], [ʒ]}

'ㅿ'은 후행하는 모음에 따라 음성적으로 달라질 수 있다. 같은 원리로 /ㅅ/을 분석하면 다음과 같다.

(31) {/ㅅ/}={[s], [ʃ], [z], [ʒ]}

{/ㅿ/}과 {/ㅅ/}을 비교해보면 {/ㅿ/}은 {/ㅅ/}의 진부분집합이다 ({/ㅿ/}⊂{/ㅅ/}). 'ㅿ'의 분포는 아주 제한적이고 'ㅅ'의 일부에 불과하다. 그리고 'ㅿ'과 'ㅅ'이 변별적인 대립을 이루지 못한 것까지 고려하면 'ㅿ'을 음소로 해석하기 어렵다.

한편 현재 학계에서 'ㅿ'을 음소로 보는 경향이 강하다. 이와 관련해서는 『훈민정음』에서 'ㅿ'이 한 자리를 확보하고 있다는 것이 'ㅿ'을 음소로 해석해야 한다는 강력한 증거가 된다.[72] 그러나 음소는 의미 변별의 기능을 가지는 인식 가능한 소리이고 이러한 개념은 현대 언어학의 개념이기 때문에 조선시대에는 이러한 음소 개념이 없

---

70) 鄭然粲(1997: 65)은 포괄적 분포에 대해 구체적으로 설명하였다.
71) 선행하는 분절음, 후행하는 분절음 등 다른 조건에 따라 /z/가 음성적으로 달라질 수 있다. 하지만 'ㅅ'의 유성 변이음 [z]도 같은 조건에서 /z/와 같이 실현되기 때문에 이 책은 편의상 구개음 환경의 변이음만 제시하였다.
72) 孫上洛(1987: 160)에서는 이와 비슷한 주장을 언급하였다.

었을 것이다. 『훈민정음』에서 어떤 소리를 '△'으로 표기한 것으로
보아, 이 소리는 인식 가능한 소리라고 볼 수 있지만 반드시 의미 변
별의 기능을 가지고 있었다고 하기 어렵다. 이를 잘 보여주는 것 중의 하
나가 28자에 속하는 'ㅇ',[73] 'ㆆ'이다. 이들을 음소로 해석하기 어렵다.
한편 28자에 속하지 않는 글자 중에는 'ㅘ', 'ㅝ'처럼 분명히 음소의
자격을 갖춘 것도 있었다. 따라서 『훈민정음』에 보이는 '△'에 대한
기록으로부터 후기 중세 한국어에서 '△'이 인식 가능한 소리였음을
짐작할 수 있기는 하지만 『훈민정음』의 기록만 가지고 '△'을 음소
로 해석하기는 어렵다고 하겠다.[74]

　『훈민정음』의 초성 체계는 칠음 체계이다. 즉 아음, 설음, 순음, 치
음, 후음, 반설음, 반치음이다. 이러한 칠음 체계는 송원(宋元) 시기의
운도(韻圖)에서 우선 확인된다. 칠음 체계는 한어의 성모를 분류하기
위해 만든 것이고 세종대왕은 한어의 칠음 체계를 받아들여 한글을
창제하였다. 그러나 당시 한어의 자음 체계와 한국어의 자음 체계는
서로 일치하지 않기 때문에 『훈민정음』의 초성 17자는 모두 음소였
다고 단정하기 어렵다. 그리고 당시 일상생활에서 일모 한자어가 빈
번하기 사용되고 있는 상황에 한어에서 음소로 존재하는 일모는 한
국 한자어에서 이미 음소의 기능을 상실했더라도 한국 일모 한자음
을 표기하기 위한 글자를 창제할 필요가 충분히 있다.

---

73) 4.2에는 'ㅇ'의 음운 자격에 대해 설명하겠다.
74) '鄭麟趾 序文'에서 다음과 같은 기록을 확인할 수 있다.
　　雖風聲鶴唳, 雞鳴狗吠, 皆可得書矣, 遂命詳加解釋 (『訓民正音』解例: 27ㄱ)
　　위에서 보는 바와 같이 훈민정음이라는 글자는 바람의 소리, 학의 울음, 닭 우는 소
　리, 개 짖는 소리를 모두 표기할 수 있다. 이러한 소리는 말소리가 아니기 때문에 음
　소로 볼 수 없다. 따라서 훈민정음의 28자를 반드시 음소로 해석해야 하는 것은 아니다.

4.2. '유성 마찰음' 계열로 본 'Δ'의 음운 자격

후기 중세 한국어에서는 'Δ'이 'ㅸ', 'ㅇ'과 유사하고 'Δ'의 음운 자격을 정확하게 파악하려면 'ㅸ'과 'ㅇ'의 음운 자격을 동시에 논의해야 한다. 李基文(1972)을 비롯한 학자는 후기 중세 한국어에서 'ㅸ', 'Δ', 'ㅇ'을 모두 음소로 해석하였다. 선행 연구에서는 'ㅸ', 'Δ', 'ㅇ'의 음가를 유성 마찰음으로 재구하였고 'ㅸ', 'Δ', 'ㅇ'을 통틀어 '유성 마찰음' 계열로 부르기도 한다. 만약 '유성 마찰음' 계열이 존재했다면 'Δ'도 음소로 존재했을 가능성이 있는 반면에 '유성 마찰음' 계열이 없었다면 'Δ'도 음소로 존재했을 가능성이 희박하다고 생각한다. 본절에서는 'Δ'과 비슷한 성격을 지닌 'ㅸ', 'ㅇ'의 음운 자격을 살펴 '유성 마찰음' 계열의 존재 여부를 확인하고 'Δ'의 음운 자격을 다시 밝히고자 한다.

우선 'ㅸ'의 기원에 대해 살펴보기로 한다. 崔明玉(1978: 188-189)은 동남방언에서 '눕다' 등의 활용형이 지역에 따라 'ㅂ'을 유지하는 경우와 'ㅂ'을 유지하지 않는 경우로 나뉘는 현상을 통해 고대 한국어에서 동남방언에 'ㅸ'과 'ㅂ'의 대립이 있었던 것으로 보고 'ㅸ'은 유성음 /β/에서 유래했다고 주장한다. 朴鐘熙(1982: 110), 박창원(1996: 109)을 비롯한 학자는 'ㅸ'이 유성음 /b/에서 유래했다고 했다. 姜吉云(1993: 211)은 길약어와 대조하여 'ㅸ'이 /β, φ/에서 유래하였다고 하였다. 그러나 이동석(2010: 222-246), 이동석(2013: 91-94)에서는 'ㅸ'을 가진 단어를 대상으로 그것들의 어원을 분석하여 'ㅸ'을 가진 단어는 단일어보다 파생어나 합성어와 같은 단어 결합 환경에서 주로 사용되는 양상을 보이고 있다는 점에 유의하여, 선행 연구를 비판하면서 'ㅸ'은 'ㅂ'이 약화된 형태로 'ㅂ'에서 유래하였다고 밝혔다. 예를 살펴보기로 한다.

(32) 가. 無色界옛 눉므리 **ᄀᆞᄅᄫᅵ**ᄀᆞ티 ᄂᆞ리다 (『月印釋譜』1:36ㄴ)
　　 나. 내 **풍류바지** 드리고 (『釋譜詳節』24:28ㄴ)
　　 다. 믈 우흿 **대범믈** ᄒᆞᆫ 소ᄅᆞ로 티시며 (『龍飛御天歌9:39ㄱ)
　　 라. 竹田 **대밭** (『龍飛御天歌』5:26ㄱ)
　　 마. 北道애 보내어시ᄂᆞᆯ **글발**로 말이ᅀᆞᄫᆞᆺ둘 (『龍飛御天歌』4:24ㄴ)
　　 바. 두루 **돌보**며 븟그려 ᄒᆞ더라 (『釋譜詳節』3:8ㄱ)
　　 사. 跋提 말이 긔 아니 **웃ᄫᅳ**니 (『月印釋譜』7:1ㄱ)

'ᄀᆞᄅᄫᅵ'는 'ᄀᆞᄅ[粉] ＋ 비[雨]'로, '풍류바지'는 '풍류[樂] ＋ 바지[匠]'로, '대범'은 '대 ＋ 범'으로, '대밭'은 '대 ＋ 받'으로, '글발'은 '글 ＋ 발(가늘고 긴 모양)'로, '돌보다'는 '돌- ＋ 보-'로, '웃ᄫᅳ-'는 '웃[笑]- ＋ -브-(접사)'로 분석될 수 있다. 따라서 'ᄫ'은 형태소 결합 과정에서 생긴 것으로 유성음 사이에 있는 /p/의 약화된 현상을 반영한 표기라고 보아야 한다. 즉 'ᄫ'은 'ㅂ>w, ㅂ>∅'의 변화에서의 한 단계이다.

　한편 언어 보편성을 통해 'ᄫ'을 /β/로 해석하는 것이 합리적인지에 대해 살펴보기로 한다. 다음은 자연 언어에서 나타나는 /b/와 /β/의 분포이다.

〈표20〉 UPSID에서의 /b/와 /β/의 분포

	b 있음	β 있음	b, β 모두 있음	b만 있고	β만 있음
216	202	32	18	184	14
x/216	93.5%	14.8%	8.3%	85.2%	6.5%

〈표20〉에 있는 데이터는 UPSID에 있는 언어를 조사하여 얻은 결과이다.[75] 317개 언어에서 216개 언어는 /b/, /β/가 동시 존재하거나 /b/, /β/ 중의 하나만 존재한다. /b/만 있는 언어는 /β/만 있는 언어의 6배가 된다. /β/만 있는 언어는 14개로 6.5%에 지나지 않는다. 이러한 보편성을 고려하면 /b/가 존재하지 않는 중세 한국어에 음소 /β/가 있다고 보는 것은 무리한 면이 있고 그런 점에서 'ㅸ'을 /β/로 해석하는 것은 어려운 점이 있다.[76]

위의 내용을 다시 정리하면 후기 중세 한국어에서 'ㅸ'은 형태소 결합 과정에서 생긴 것이고 이러한 'ㅸ'을 기저의 /p/가 약화되거나 탈락하는 현상에 대한 인식을 반영한 표기로 볼 수 있다. 즉 'ㅸ'은 'ㅂ>w, ㅂ>∅'의 변화 과정의 한 음성 표기이다. 언어 보편성을 고려하면 'ㅸ'을 음소 /β/이었을 가능성은 매우 희박하다.

이제 'ㅇ'을 살펴보기로 한다. 'ㅇ'의 음가에 대해 아직 정설로 자리 잡은 논의는 없는 듯하다. 'ㅇ'에 대한 논의는 주로 유음가설, 무음가설, juncture phoneme설 3가지가 있다. 선행 자음과 분철한다는

---

75) I.Maddieson(1984)에서는 UPSID에 있는 317개 언어를 소개하고 그들의 음운체계를 나열하였다.
76) 물론 언어 보편성은 결정적인 증거가 되기 어렵다. 그러나 음운 체계를 재구할 때 자연 언어에서 존재하는 보편적인 특성을 위배하고 재구하는 것은 부적절하다.

일관된 표기와, 李基文(1972: 15-27)에서 제시된 역사적인 변화와 음운 현상을 고려한다면, 무성음설은 배제될 수 있다고 생각한다. 鄭然粲 (1987: 16)에서 juncture는 'ㅇ' 자체가 아니라는 문제점도 제시하였다.

후기 중세 한국어에서 'ㄱ'이 약화 현상을 보인다는 사실은 잘 알려져 있다. 약화된 'ㄱ'은 'ㅇ'으로 표기하였다. 李基文(1972)에서는 이러한 'ㅇ'을 음소 /ɦ/로 해석하였다. 선행 자음과 분철한다는 표기와 'ㄱ'의 약화현상을 고려한다면, 'ㅇ'은 어떤 음성을 지니고 있다고 생각할 수 있다. 그러나 반드시 'ㅇ'을 음소로 봐야 되는지는 의심스러운 면이 없지 않다. 후기 중세 한국어에서 'ㅇ'을 가진 단어를 살펴보겠다.

> (33) 가. 梨浦 **빈애** (『龍飛御天歌』3:13ㄴ)
> 나. 沙峴 몰애**오**개 (『龍飛御天歌』9:49ㄴ)
> 다. 楸洞 ᄀ래**올** (『龍飛御天歌』10:19ㄴ)
> 라. 照浦 **졸애** (『龍飛御天歌』6:37ㄴ)
> 마. **놀애**룰 블러 깃거ᄒ더니 (『月印釋譜』2:40ㄱ)
> 바. **울에** 번게ᄒ니 ᄉ라미 다 놀라더니 (『釋譜詳節』6:32ㄱ)
> 사. 소리와 글월와 **놀요**믄 (『楞嚴經諺解』6:59ㄱ)
> 아. 모디 **놀이**시니 (『龍飛御天歌』9:40ㄴ)
> 자. ᄇ리는 무기 잇거든 ᄯ 또 **넢여** ᄲ러이샤 (『內訓』2:101ㄱ)
> 차. 西로셔 온 눈 파란 줌을 **웆이**리라 (『南明集諺解』下:65ㄱ)
> 카. 므스글 **짗**유려 ᄒ는다 (『法華經諺解』2:206ㄱ)
> 타. 므리 어느 方올브터 이에 흘러 **붗이**뇨 (『楞嚴經諺解』3:80ㄴ)

위에서 '빈애'는 '빅'와 '개'를 합친 것이고 '몰애오개'는 '몰애'와 '고개'를 합친 것이다. 'ᄀ래올'은 'ᄀ래 + 골'로 분석할 수 있다. 그리고 '놀애'는 '놀- + -개'로 분석할 수 있고 '울에'는 '울- + -게'로 분석할 수 있다. (30바~30타)에 보이는 피동, 사동 접미사도 '*-기'로 소급할 수 있다. 따라서 'ㅇ'은 형태소 결합 과정에서 생긴 것이고 'ㄱ'으로 소급할 수 있다. 다시 말하자면 'ㅇ'은 'ㄱ>Ø'의 변화 과정의 한 음성 표기이다.

한편 언어 보편성을 통해 'ㅇ'을 /ɦ/로 해석하는 것이 합리적인지에 대해 살펴보기로 한다. 다음은 자연 언어에서 나타나는 /h/와 /ɦ/의 분포이다.

〈표21〉 UPSID에서의 /h/와 /ɦ/의 분포

	h 있음	ɦ 있음	h, ɦ 모두 있음	h만 있음	ɦ만 있음
213	202	13	2	200	11
x/213	94.8%	6.1%	0.9%	93.9%	5.2%

〈표21〉도 UPSID에 있는 317개 언어를 조사하여 얻은 결과이다. 213개 언어는 /h/와 /ɦ/가 동시 존재하거나 /h/, /ɦ/ 하나만 존재한다. 213개 언어에서 13개 언어만 /ɦ/가 존재하고 /h/와 /ɦ/가 동시 존재하는 언어는 2개만 있다. 따라서 언어 보편성을 고려할 때 후기 중세 한국어에는 /h/가 존재하므로 /ɦ/가 음소로 존재할 가능성이 매우 희박하다고 하겠다.[77)]

'ㅇ'과 관련된 내용을 정리하면 후기 중세 한국어에서 적극적 기능을 수행한 'ㅇ'은 'ㄱ'에 소급할 수 있고 이러한 'ㅇ'은 'ㄱ>Ø'의

---

77) 통계적으로 한 사건이 일어나는 확률이 5% 미만일 때 이러한 사건이 small probability event에 해당된다. 만약 한 사건이 small probability event이라면 이러한 사건이 실제 일어나기 힘든 변화로 해석된다.

변화 과정에서 보이는 한 음성에 대한 표기이다. 그리고 언어 보편성을 고려한다면 후기 중세 한국어에서 음소 /ɦ/가 존재했을 가능성이 아주 희박하다고 하겠다.

　다시 '△'으로 돌아가 보기로 한다. 앞서 언급했듯이 후기 중세 한국어에서는 'ㅸ'과 'ㅇ'은 각각 /β/, /ɦ/로 해석되기 어렵다. 따라서 후기 중세 한국어의 '유성 마찰음' 계열이 존재했다고 할 수 없다. '유성 마찰음' 계열이 존재하지 않은 상태에서 '△'만을 음소로 해석하기 어렵다. 한편 3장에서 언급한 것처럼 고유어에 있는 '△'은 'ㅅ'으로부터 변한 것이다. 'ㅸ', 'ㅇ'은 각각 'ㅂ>w, ㅂ>Ø', 'ㄱ>Ø'의 변화 과정의 한 음성 표기로 해석되고 'ㅸ', 'ㅇ'과 비슷한 성격을 지닌 '△'도 'ㅅ>Ø'의 변화 과정에서 발견되는 하나의 과도(過渡) 음성 표기로 볼 수 있다.

4.3. 언어 보편성으로 본 '△'의 음운 자격

　본절에서는 언어 보편성을 통해 △의 음운 자격을 살펴보겠다. 언어 보편성은 결정적인 증거가 될 수 없지만 특정한 음소의 범언어적인 성격을 파악할 수 있다. 현대 학계에서는 '△'을 음소 /z/로 해석하고 있다. 본절에서는 UPSID에 있는 317개 언어를 통해 음소 /z/를 살펴보도록 하겠다.

　우선, 자연 언어에서 유성 마찰음 /z/와 유성 폐쇄음 /d/의 분포를 보겠다.

〈표22〉 UPSID에서의 /d/와 /z/의 분포[78]

	d 있음	z 있음	d, z 모두 있음	d만 있음	z만 있음
211	193	96	78	115	18
x/211	91.5%	45.5%	37.0%	54.5%	8.5%

〈표22〉에 있는 데이터는 UPSID에 있는 317개 언어를 조사하여 얻은 결과이다. 317개 자연 언어에서 211개 언어는 /d/와 /z/가 같이 존재하거나 /d/, /z/ 중 하나만 존재한다. /z/만 있고 /d/가 없는 언어는 18개밖에 존재하지 않고 비율로는 8.5%에 지나지 않는다. 후기 중세 한국어에서는 /d/가 없었다. 따라서 'ㅿ'을 음소 /z/로 보는 것은 언어 보편성에 있어서는 그 가능성이 매우 희박한 편에 속한다고 하겠다. 다음으로 자연 언어에서 /s/와 /z/의 분포를 보겠다.

〈표23〉 UPSID에서의 /s/와 /z/의 분포

	s 있음	z 있음	s, z 모두 있음	s만 있음	z만 있음
266	266	96	96	170	0
x/266	100.0%	36.1%	36.1%	63.9%	0.0%

〈표23〉에 있는 데이터는 역시 UPSID을 조사하여 얻은 결과이다. 266개 언어 전부에 /s/가 존재한다. /z/만 있는 언어는 없고 /s/와 /z/가 모두 존재하는 언어는 96개가 있으며 36.1%를 차지하고 있다. 이러

---

78) 朱曉農, 「從群母論濁聲和擊擦」, 『言語研究』 23-2, 華中科技大學中國語言文字研究所, 中國社會科學院語言研究所, 2003, 11면.

한 언어 보편적 사실을 통해 /z/는 의존적인 성격을 지니고 있고 어떤 언어가 /s/를 가지고 있다는 사실이 /z/의 존재를 전제할 가능성이 높지 않다는 것을 알 수 있다.

계속해서 자연언어에서 마찰음소의 분포를 살펴보도록 하겠다.

〈표24〉 UPSID에서의 마찰음소 개수의 분포

摩擦音素(개)	言語(개)	比率
0	19	6.0%
1	10	3.2%
2	49	15.5%
3	56	17.7%
4	45	14.2%
5	32	10.1%
6	**24**	**7.6%**
7	29	9.1%
8	16	5.0%
9	21	6.6%
10	5	1.6%
11	4	1.3%
12	3	0.9%
13+	4	1.3%

<표24>도 UPSID에 있는 317개 언어를 조사하여 얻은 결과이다. 만약 'ㅸ', 'ㅿ', 'ㅇ'은 각각 /β/, /z/, /ɦ/로 해석하면 후기 중세 한국어에서 마찰음소는 6개가 된다. 그러나 자연 언어에서 6개 마찰음소를 가진 언어의 비율이 높지 않다. 2개, 3개, 4개 마찰음소를 가진 언어가 합치면 거의 50%가 된다. 그리고 317개 언어에서 /β/, /z/, /ɦ/를 동시에 가진 언어가 보이지 않는다. 이러한 측면을 고려한다면 'ㅸ',

'ㅿ', 'ㅇ'을 각각 /β/, /z/, /ɦ/로 해석하기 어렵다.

4.4. 정리

본장은 'ㅿ'의 음운 자격에 대해 다시 고찰하였다. 4.1에서는 어원에 따라 한자어에 있는 'ㅿ'과 고유어에 있는 'ㅿ'으로 나누어 그 음운 자격에 대해 살펴보았다. 한국 일모 한자음은 15세기부터 이미 접근음 [j]를 거쳐 사라지기 시작하였다. 대부분 'ㅿ'을 가진 한자어의 중성 자리에 활음 [j] 또는 [i] 모음이 존재했기 때문에 'ㅿ'을 가진 한자어에서 'ㅿ'이 발음될 수 없다. 그리하여 '싄(人):신(信)', '실(日):실(室)', '슉(肉):슉(叔)'을 비롯한 단어들은 서로 최소대립쌍을 이루지 못하게 되었기 때문에 'ㅿ'을 음소로 볼 수 없다. 고유어에 있는 'ㅿ'은 형태소 경계와 형태소 내부에 모두 출현할 수 있다. 그러나 'ㅿ'은 'ㅅ'에 소급할 수 있고 수의적인 'ㅅ→ㅿ'에 의해 생기기 때문에 'ㅿ'과 'ㅅ'은 변별적 대립을 이루지 못한다. 따라서 'ㅿ'은 음소로 보기가 어렵다.

계속해서 'ㅿ'과 같은 계열에 있는 'ㅸ', 'ㅇ'에 대해 고찰하였다. 후기 중세 한국어에서 'ㅸ', 'ㅇ'을 음소로 해석하기 어렵기 때문에 후기 중세 한국어에서 '유성 마찰음' 계열이 없었다고 생각하고 '유성 마찰음' 계열이 없는 상태에서 'ㅿ'을 음소로 해석하면 무리가 있다. 그리고 'ㅸ'과 'ㅇ'은 각각 'ㅂ>w/ㅂ>∅', 'ㄱ>∅'의 변화 과정에서 보이는 한 음성에 대한 표기로 해석되므로 'ㅸ', 'ㅇ'과 비슷한 성격을 지닌 '△'에 대해도 'ㅅ>Ø'의 변화 과정에서 보이는 한 음성에 대한 표기로 해석할 수 있다.

마지막으로 언어 보편성을 통해 음소 /z/에 대해 살펴보았다. 자연 언어에서는 음소 /z/가 아주 의존적인 성격을 지니고 있기 때문에 후기 중세 한국어에서 '△'을 음소 /z/로 해석하는 것은 문제가 있다.

3장은 '△'의 기원에 대해 살펴보았다. 한자어에 있는 '△'은 한어 일모를 차용한 것이고 고유어에 있는 '△'은 'ㅅ'으로부터 변한 것이다. 5.1.1.2에서 설명하겠지만 고대 한국 한자어, 전기 중세 한국 한자어에서 '△'의 음가가 접근음 [j]가 아니었다. 따라서 '신(ㅅ):신(信)', '실(日):실(室)', '슉(肉):슉(叔)'을 비롯한 단어는 최소대립쌍을 이루기 때문에 후기 중세 이전의 시기에서 '△'은 음소의 기능을 수행한다고 생각한다. 또한 고유어에 있는 '△'은 수의적인 'ㅅ→△'의 음변화에 의해 생긴 것이기 때문에 '△'을 음소로 해석하기 어렵다. 따라서 전기 중세 고유어에서 '△'은 음소의 기능을 수행하지 못하였다.

고대 한국어, 전기 중세 한국어, 후기 중세 한국어에서 '△'의 음운 자격을 다시 정리하면 다음과 같다.

〈표25〉 각 시기에서의 '△'의 음운 자격

	고대 한국어	전기 중세 한국어	후기 중세 한국어
한자어에 있는 △	음소 (8세기말부터)	음소	음소 아님
고유어에 있는 △	-	음소 아님	음소 아님

제5장 후기 중세 한국어에서의 'ㅿ'의 음가

    본장에서는 후기 중세 한국어에서 'ㅿ'의 음가에 대해 살펴보겠다. 2.3에서는 'ㅿ'의 음가와 관련된 선행 연구를 살펴보았고 대부분 선행 연구는 'ㅿ'의 음가를 [z]로 재구하였다. 그러나 대부분 선행 연구들은 중고 한어 일모의 음가가 [n̠ʑ]라는 Karlgren의 가설에 의존해 'ㅿ'의 음가를 재구하였다. 5.1.1.1.1에서 자세히 언급했지만 이러한 Karlgren의 가설은 비판을 많이 받았고 현재 중국 학계에서는 한어 일모의 음가와 변화를 다시 규명하였다. 중국 학계에서는 Karlgren의 가설에 문제가 있음을 밝히고 이미 이 학설을 수정했음에도 불구하고 'ㅿ'의 음가에 대해 다시 고찰하지 않는다는 것은 학문적으로 문제가 된다. 따라서 'ㅿ'의 음가에 대해서는 기존의 학설이 옳고 그름을 떠나서 새로운 가설을 배경으로 다시 살펴볼 필요가 있다. 본장에서는 'ㅿ'과 관련된 음변화, 문헌 기록, '유성 마찰음' 계열 등 측면을 통해 'ㅿ'의 음가를 다시 재구하고자 한다.

5.1. '△'과 관련된 음변화로 본 '△'의 음가

본절에서는 '△'과 관련된 음변화를 살펴봄으로써 '△'의 음가를 재구하고자 한다. 선행 연구에서는 '△'과 관련된 음변화에 대해 단순히 기록만 하고 이러한 음변화가 왜 일어나는지, 어떤 변화 유형에 속하는지, 그리고 어떻게 일어나는지에 대해 설명하는 데 인색했다. 그러나 '△'의 음가를 올바로 추정하기 위해서는 음변화에 대한 이해가 선행되어야 할 것이다. 가령 'A→B/C'라는 음변화가 있다면 'A→B'의 변화 원인, 변화 유형, 변화 환경이 파악된 상태에서 분절음 A를 통해 분절음 B의 성격을 추정할 수 있다. 물론 이 상태에서 분절음 B를 통해 분절음 A의 성격을 역추정할 수도 있다. 따라서 '△'과 관련된 음변화에 대한 이해는 '△'의 음가를 정확히 파악하는 데 도움이 될 것이다.

또한 분절음은 음절에서의 출현위치에 따라 음가가 다를 수가 있다. 자음을 C로 표기하고 모음을 V로 표기하여 후기 중세 한국어에서 1음절과 2음절 단어를 'C_1VC_2', '$C_1VC_3C_4VC_2$'로 분석할 수 있다.[79] 구체적으로 말하자면 'C_1'은 어두 초성에 있는 자음이고 'C_2'는 어말 종성에 있는 자음이며 'C_3'은 어중 종성에 있는 자음이고 'C_4'는 어중 초성에 있는 자음이다. '△'은 'C_1', 'C_2', 'C_3', 'C_4'에 출현할 수 있고 각각 '$\triangle_1$', '$\triangle_2$', '$\triangle_3$', '$\triangle_4$'로 표기한다. 구체적인 예를 나열하면 다음과 같다.

---

[79] 3음절 이상의 단어는 '$C_1V_1C_3C_4\cdots V_{(n-1)}C_3C_4V_nC_2$'로 분석되고 음절 위치에 따라 자음의 종류가 4가지로 나뉜다.

(34) 가. **儒슈**宗종學혹士ᄉ (『六祖法寶壇經諺解』上:17ㄴ)

　　나. **ᄒᆞᇫ** 양지 ᄒᆞ마 첫 열 서린 時節에셔 늘그며 (『楞嚴經諺解』2:5ㄱ)

　　다. 跋提 말이 긔 아니 **옷ᄇᆞ**니 (『月印釋譜』7:1ㄱ)

　　라. 엇게옌 ᄇᆞ얌 **여ᅀᆞ** 앒뒤헨 아히 할미러니 (『月印千江之曲』上: 25ㄴ~26ㄱ)

'슈'에 있는 'ㅿ'은 어두 초성에 있으므로 'ㅿ₁'에 해당되고 'ᄒᆞᇫ'에 있는 'ㅿ'은 어말 종성에 위치하므로 'ㅿ₂'에 해당되며 '옷ᄇᆞ-'에 있는 'ㅿ'은 어중 종성에 있기 때문에 'ㅿ₃'에 해당되고 '여ᅀᆞ'에 있는 'ㅿ'은 어중 초성에 위치하므로 'ㅿ₄'에 해당된다. 이제부터는 'ㅿ₁', 'ㅿ₂', 'ㅿ₃', 'ㅿ₄'의 음가를 차례로 파악하여 'ㅿ'의 음가를 재구해 보기로 한다.

5.1.1. 일모 한자음의 변화로 본 'ㅿ(ㅿ₁)'의 음가

선행 연구에서는 고유어에 있는 'ㅿ'만 집중하고 한자어에 있는 'ㅿ'에 대해서는 소홀한 감이 없지 않았다. 특히 한어 일모의 변화와 한국 일모 한자음의 변화를 대조하여 'ㅿ'의 음가를 재구하는 연구가 드물다. 한어 일모의 변화에 대해 'r음설'과 'z음설'로 요약할 수 있다. 조운성(1999)은 'r음설'에 따라 한자어에 있는 'ㅿ'에 대해 고찰하였다. 5.1.1.1.1에서 언급하겠지만 한어 일모의 변화에 대해 'r음설' 보다 'z음설'이 더 합리적이다. 따라서 한국 일모 한자음의 변화에 대한 재고를 요구하게 된다.

1음절 한자어에 있는 'ㅿ'은 'ㅿ₁'에 해당된다.[80] 한국 일모 한자음의 변화를 통해 '△₁'의 음가를 재구할 때에 도움이 된다. 그리고 한국 일모 한자음의 변화를 정확히 파악하려면 한어 일모의 변화를 무시할 수 없다. 본절에서는 우선 한어 일모의 변화를 살펴보고 이를 바탕으로 일모 한자음의 변화를 고찰하여 후기 중세 한국어에서 '△' 의 음가를 다시 추정하고자 한다.

5.1.1.1. 한어 일모의 통시적인 변화와 공시적인 분포

5.1.1.1.1. 한어 일모의 통시적인 변화

Karlgren은 중고 한어 성모 체계를 재구할 때 일모가 위험한 암초 중의 하나라고 하였다.[81] 한어 일모는 아주 복잡한 성모이다. 한어 일모는 그 통시적 변화가 아주 복잡할뿐더러 현대 한어에서의 음가 도 역시 매우 특이하다. 우선 현대 한어 표준어에서 일모의 음가에 대해 살펴보기로 한다.

Karlgren은 일모의 음가를 유성 권설 마찰음으로 해석하여 그의 음 가를 무성음 [ş]와 대응된 유성음 [ʐ]로 표기하였다.[82] 이러한 주장은 학계에서 정설처럼 받아들여졌고 수십 년 동안 학계를 지배해 왔다. 그러나 일모의 음가에 대해 이견이 없지 않다. Y.R.Chao(1968: 22)에서 는 한어 일모의 음가를 유성 지속음(voiced continuant)으로 해석하고 IPA 기호 [ɹ]로 표기하였다. 그러나 Y.R.Chao(1968)에서는 이렇게 해석

---

80) 2음절 이상의 한자어에서는 '△₁'과 '△₄'가 모두 나타날 수 있다. '△₄'에 대한 논의는 5.1.4.1 참조.
81) 高本漢, 趙元任・羅常培・李方桂 合譯, 『中國音韻學研究』, 淸華大學出版社, 2007, 338면.
82) 위의 책, 182~183면.

하는 이유에 대해서는 밝히지 않고 있다. 王力(1979/1989: 33-36)은 처음에 청감, 음운체계, 음운 변화 규칙 등을 고려하여 일모를 권설 탄설음 [ɽ]로 해석하였다. 朱曉農(1982/2006: 132-134)은 일모의 마찰 강도가 접근음 [j]보다 강하지 않다고 하면서 그 음가를 접근음 [ɻ]로 해석하였다. 王力(1983/1989: 46-49)은 朱曉農(1982)의 주장을 받아들여 원래의 주장을 수정하여 일모의 음가를 [ɻ]로 해석하였다. 廖榮容·石鋒(1987: 149-157)에서는 음성 실험을 통해 일모의 음가에 대해 고찰하였다. 북경 출신 제보자는 일모를 발음할 때 마찰이 동반되지 않은 반면에 신강(新疆) 출신 제보자는 일모를 발음할 때 마찰이 동반되었다. 일모는 대부분 지역에서 접근음 [ɻ]로 실현되고 소수 지역에서만 유성 마찰음으로 실현된다.[83] 현재 학계에서 일모의 음가를 접근음 [ɻ]로 해석하는 것이 일반적이다.

이제 한어 일모의 통시적 변화에 대해 살펴보기로 한다. Karlgren은 중고 한어에서의 일모의 음가를 [nʑ]로 재구하였다. 이는 일모가 현대 방언에서 비음, 유성 마찰음으로 실현되는 것, 방언에서 일모의 문독음(文讀音)과 백독음(白讀音)의 성모가 서로 다르다는 것을 고려하여 재구한 것이다.[84] 그러나 일모만 복자음으로 재구하는 것은 음운 체계적인 면에서 문제가 있다. 방언에서의 문독음과 백독음은 서로 다른 역사적인 층위에 있기 때문에 이를 증거로 삼아 일모의 음가를 재구하는 것도 문제가 있다.[85] 董同龢(1968/2001: 122)에서는 Karlgren

---

83) 朱曉農(2007: 6)은 음성 실험을 통해 일모의 음가에 대해 고찰하였다. 대부분 관화에서 일모가 접근음 [ɻ]로 실현된다고 말하였다.
84) 高本漢, 趙元任·羅常培·李方桂 合譯, 앞의 책, 338~345면.
85) 潘悟雲, 앞의 책, 52면.

의 견해를 비논리적이라고 비판하였고 王力(1979/1989: 36)에서도 일모를 [n̠z]로 재구하는 데 대해서 비판적인 입장을 가졌다. 현재 학계에서는 일반적으로 일모의 중고음을 [n̠]로 재구한다.

중고 한어부터 현대 한어까지 일모의 변화에 대해 'r음설'과 'z음설'로 요약할 수 있다. 王力(1985/2010: 558)은 일모의 통시적 변화를 '/n̠/ > /ɾ/ > /ʈ/ > /ɻ/'로 해석하였다. 그러나 '/n̠/ > /ɾ/'의 변화 원인에 대해 단순히 자연적인 변화라고 설명하였을 뿐, 구체적인 변화 원인과 변화 과정에 대해서는 설명이 없다. 董同龢(1968/2001: 122)에서는 일모의 통시적 변화를 '/n̠/ > /z/ > /ʐ/'로 해석하였지만 '/n̠/ > /z/'의 변화 원인에 대해서는 설명이 없다. '/n̠/ > /z/'의 변화 원인에 대해 潘悟雲(2000: 53)에서는 7세기 말부터 장안음에서 비음 성모가 부분적으로 탈비음화(脫鼻音化)가 일어난 것으로 설명하였다. 구체적인 변화는 다음과 같다.

(35) 疑母: ŋ   → ᵑg
    泥母: n   → ⁿd
    明母: m   → ᵐb
    日母: n̠   → ⁿd̠

일모는 설면음(舌面音)으로서 항상 [i] 모음 또는 [j] 활음과 결합하므로 [n̠dj]로 표기하기도 한다. 같은 시기에서 /i/모음의 마찰음화도 일어난다.[86] 일모가 탈비음화(脫鼻音化)를 겪고 나서 마찰음화도 겪으면

---

[86] 9세기 초부터 모음 체계에서 설첨(舌尖) 모음 /ɿ/가 나타나기 시작하고(王力 1985/2010: 265) /ɿ/는 /i/에서 분리되는 것이다(王力 1985/2010: 292-293). '/i/ > /ɿ/'의 변화는 주로 모음의 고정출위(高頂出位, sound changes of high vowels)라고 하고 이러한 변화는

그 음가가 [^{n}dz]가 된다. 그 후에 북방어에서 일모는 계속 약화되어 '/^{n}dz/ > /dz/ > /z/ > /ʐ/ > /ɻ/'로 변해 왔다. 한어 일모의 변화를 다시 정리하면 다음과 같다.

  (36) n̠ → ^{n}d̠,(^{n}dj) → ^{n}dz → dz → z → ʐ → ɻ

  이제 일모의 변화 시기를 살펴보기로 한다. 중고음에서 일모의 음 가를 [n̠]로 재구하고 7세기에 일모가 순수한 비음이었다고 추정한다. 8세기 후의 문헌에서 일모가 범어의 ñ와 범어의 j([dz])를 모두 음역한 예가 확인되므로 8세기부터 일모의 탈비음화(脫鼻音化)가 일어났다고 볼 수 있다.[87] 潘悟雲(2000: 53)에서는 8세기에 있었던 일모의 탈비음 화(脫鼻音化)는 장안 방언에만 일어나는 음운현상이라고 강조하면서 다른 방언에서 일모의 음가는 [n̠]로 추정하였다. 그 후에 일모의 비음 성분이 완전히 사라지고 [dz]가 되었다가 [z]로 약화되었다. 『중원음 운(中原音韻)』을 통해 일모가 양분됨을 알 수 있다. 지섭(止攝)과 결합하 는 일모(이하 '止攝 日母'로)는 [+설면성(palatal)]이 소멸되어 후치경(post alveolar)으로 이동하였고 지섭운(止攝韻)을 제외한 따른 운과 결합하는 일모(이하 '非止攝 日母'로)는 유성 설면 마찰음으로 유지되었다. 이어서 명나라 초기에 '止攝 日母'는 영성모(零聲母)가 되고 일모 지섭자(止攝字) 는 [ʔ]로 바뀌었으며 '非止攝 日母'는 [+설면성]이 소멸되어 유성 권 설 마찰음 [z]가 되었다. 그 후에 일모는 계속 약화되어 권설 접근음

/i/가 직접적으로 /ɻ/로 변화한 것이 아니고 /i/가 우선 마찰음화를 겪고 나서(i > i̝) 설 첨음화(舌尖音化)를 겪는 것(i̝ > ɻ)으로 본다(朱曉農, 「漢語元音的高頂出位」, 『中國語文』 302, 中國社會科學院語言研究所, 2004, 442면).
87) 潘悟雲, 앞의 책, 48면, 52면.

[ɭ]로 바뀌게 된다.

5.1.1.1.2. 한어 일모의 공시적인 분포

현대 한어 방언에서 일모의 음가는 아주 다양하다.[88] 5.1.1.1.1에서 언급했듯이 통시적으로 '止攝 日母'와 '非止攝 日母'의 변화는 다르다. 그리고 '非止攝 日母'는 후행하는 운모에 따라 그의 음가도 달라진다. 한어 방언에서 일모가 어떻게 실현되는지를 살펴보겠다.

〈표26〉 현대 한어 방언에서 日母의 실현[89]

地域(官話/方言)	非止攝 日母		止攝 日母
	'熱'의 聲母 音價	'軟'의 聲母 音價	'兒'의 聲母 音價
哈爾濱 (東北官話)	[ɻ]	[ɻ]	[Ø]
北京 (北京官話)	[ɻ]	[ɻ]	[Ø]
濟南 (冀魯官話)	[ɻ]	[l]	[Ø]
靑島 (膠遼官話)	[Ø]	[Ø]	[Ø]
西安 (中原官話)	[ɻ]	[ʋ]	[Ø]
蘭州 (蘭銀官話)	[ɻ]	[ʋ]	[Ø]
成都 (西南官話)	[ɻ]	[ɻ]	[Ø]
合肥 (江淮官話)	[ɻ]	[ɻ]	[Ø]
太原 (晉語)	[ɻ]	[ɻ]	[Ø]
蘇州 (吳語)	[nʑ]	[ŋ]	[nʑ]
黃山 (徽語)	[nʑ]	[nʑ]	[n]
南昌 (贛語)	[l]	[nʑ]	[Ø]

---

88) 일모는 현대 한어 방언에 따라 [n], [ɲ], [nʑ], [ŋ], [ŋg], [g], [ndz], [ndʒ], [m], [ɳ], [l], [ʐ], [dz], [l̺], [ɻ], [z], [ʒ], [ʐ], [ɕ], [ɣ], [v], [dʐ], [ts], [dʒ], [dz], [tɕ], [ʃ], [Ø]로 실현된다(曹志耘, 『漢語方言地圖集‧語音卷』, 商務印書館, 2008, 73-74면).

長沙 (湘語)	[Ø]	[Ø]	[Ø]
福州 (閩語)	[Ø]	[n]	[n]
廣州 (粵語)	[Ø]	[Ø]	[Ø]
南寧 (平話)	[n̠]	[n̠]	[n̠]
梅縣 (客家話)	[n̠]	[n̠]	[Ø]

'止攝 日母'는 대부분 방언에서 [Ø]로 실현되지만 오방언(吳方言), 휘방언(徽方言), 평화(平話)에서 비음으로 실현되기도 한다. 이와 달리 '非止攝 日母'의 분포는 조금 복잡하다. 관화에서는 일모가 접근음(치조접근음 [ɹ], 권설 접근음 [ɻ], 순치 접근음 [ʋ], 설측 접근음 [l])으로 실현되는 반면에 대부분 방언에서는 일모가 비음으로 실현된다.

상어(湘語), 월어(粵語), 교료관화(膠遼官話)에서 일모는 [Ø]로 실현되고 현대 한국 한자어에서의 일모도 [Ø]로 실현된다. 상어(湘語), 월어(粵語), 교료관화(膠遼官話)와 한국 한자어의 일모는 모두 [Ø]로 실현되기 때문에 대조 연구가 가능하다. 상어(湘語)와 관련된 선행 연구가 많지 않아 월어(粵語), 교료관화(膠遼官話)를 살펴보도록 하겠다.

월어(粵語)는 광동성(廣東省), 광서장족자치구(廣西壯族自治區), 홍콩 특

---

89) 董同龢(1968/2001: 19-20)에서 일모의 분포를 제시하였는데 일모는 개구호(開口呼, 개음이 없는 운모), 합구호(合口呼, 개음 [u]를 가진 운모)와만 결합한다. <표26>에서 일모 개구자(開口字) '熱'과 일모 합구자(合口字) '軟'을 선택하여 각 한어 방언에 일모의 음가를 조사하였다.
中國社會科學院言語研究所외 編(2012)을 의거하여 한어는 관화(官話)와 방언(方言)으로 나뉜다. 관화는 대략 동북관화(東北官話), 북경관화(北京官話), 기로관화(冀魯官話), 교료관화(膠遼官話), 중원관화(中原官話), 난은관화(蘭銀官話), 서남관화(西南官話), 강회관화(江淮官話)로 분류할 수 있고 방언은 진어(晉語), 오어(吳語), 휘어(徽語), 공어(贛語), 상어(湘語), 민어(閩語), 월어(粵語), 평화(平話), 객가화(客家話)로 나눌 수 있다. <표26>에 있는 데이터는 北京大學中國語言文學系語言學教硏室 編·王福堂 修訂(2003: 22, 267, 71), 曹志耘(2008: 73-74, 205) 참조하였고 曹志耘(2008: 16)에서는 曹志耘(2008)에서 표기된 유성 마찰음 [v], [z], [ʐ]가 원래 [ʋ], [ɹ], [ɻ]임을 밝힌 바가 있다.

구, 마카오 특구에 분포하고 있다.[90] 吳筱穎(2012: 85-86)은 20개 월어 (粵語) 일모 상용자를 제시하였는데 일모는 대부분 영성모(零聲母)로 실현되고 그들의 운모를 보면 활음 [j]나 활음 [u]가 존재한다. 예외적인 '餌'가 있는데 이것의 음가는 [nei]이다. '餌'를 다시 보면 성모는 [n]로 실현되고 운모에는 활음 [j] 혹은 활음 [u]가 없다.

교료관화(膠遼官話)는 산동반도(山東半島), 료동반도(遼東半島)에 분포하고 있다.[91] 羅福騰(2010: 105)은 교료관화(膠遼官話)에 대해 소개하였는데 교료관화(膠遼官話)에서 대부분 일모는 영성모(零聲母)로 실현된다. 일모가 영성모(零聲母)로 실현되는 단어들의 운모를 보면 역시 월어(粵語)와 마찬가지다. 즉 그들의 운모에서 활음 [j]나 활음 [u]가 존재한다. 예외도 없지 않다. '仍', '扔'은 [ləŋ]로 발음되는데 이를 보면 성모는 [l]로 실현되고 그들의 운모를 보면 역시 활음 [j] 혹은 활음 [u]가 없다.

통시적으로 볼 때 월어(粵語) 일모의 변화는 관화 일모의 변화와 비슷하다.[92] 다만 대부분 관화에서는 일모가 '/z/ > /ʐ/'의 변화를 겪었지만 월어(粵語)에서는 일모가 권설음화를 겪지 않았다. 그리고 월어(粵語) 일모가 '/z/ > /j/'의 변화를 겪은 시기에 대해 李新魁(1996: 149)는 명나라 이전 시기로 해석하였다.

통시적으로 교료관화(膠遼官話)에서의 일모도 권설음화를 겪지 않았다. 『황종통운(黃鐘通韻)』(1744년)은 청나라 시기의 교료관화(膠遼官話)를

---

90) 월어(粵語)의 지리분포는 中國社會科學院言語硏究所 외 編(2012: 125)에서 확인된다.
91) 교료관화(膠遼官話)의 지리적 분포는 中國社會科學院言語硏究所 외 編(2012: 49)에서 확인된다.
92) 월어(粵語)의 하위 방언인 동완어(東莞語)에는 일모가 [z]로 실현된다(李新魁 1996: 149, 李立林 2010: 14). 따라서 통시적으로 월어(粵語)의 일모도 '/n/ > /ⁿd₍ⁿdj₎/ > /ⁿdz/ / dz/ > /z/'의 변화를 겪었다고 생각한다.

기록하였다. 鄒德文(2010: 57-60)은 『황종통운』에 대해 연구하였고 18
세기의 교료관화(膠遼官話)에서 일모가 접근음 [j]로 실현되었다고 언급
하였다. 월어(粵語), 교료관화(膠遼官話)에서 일모의 '/z/ > /j/' 변화 시
기는 차이가 있지만 월어(粵語), 교료관화(膠遼官話)에서 일모의 통시적
인 변화는 비슷하다. 일모의 이러한 통시적 변화를 제시하면 다음과 같다.

(37) n, → ⁿd,(ⁿdj) → ⁿdz → dz → z → j → ø

5.1.1.2. 한국 일모 한자음의 변화

3.1.1.2에서는 한어 일모가 한국 전승 한자음에서의 반영 양상을
살펴 'ㅿ'의 최초 음가를 재구한 바 있다. 한어 일모는 전승 한자음
에서 'ㅿ~Ø', 'ㄴ' 등으로 나타난다. 대부분 한어의 일모는 한국어의
'ㅿ'에 대응되지만 일모자인 '恁', '稔'은 초성 'ㄴ'과 대응된다. '恁',
'稔'은 침운(侵韻)에 속하고 그들의 운모 'ᇜ'은 후기 중고음의 침운(侵
韻)과 서로 대응되는 것, 8세기에는 한어 일모에 비음 성분이 남아 있
다는 것으로 보아 '恁', '稔'은 반드시 8세기 이전의 일모를 반영한다
고 말하기 어렵고 '恁', '稔'이 '님', '님'으로 실현된 것도 8-9세기
장안음의 일모를 반영했을 가능성이 아주 높다. 따라서 한어를 차용
한 당시에 한어 일모의 음가가 [ⁿdz]이었고 한국 전승 한자음에서
'ㅿ'의 최초의 음가를 [dz]로 재구하였다.

계속해서 전기 중세 한국어 문헌을 살펴보기로 한다. 다음은 『계
림유사』의 예이다.

(38) 人曰人 (『鷄林類事』)

　『계림유사』는 12세기 자료이고 (38)을 통해 12세기 당시 한어의 '人'의 발음과 고려어의 '人'의 발음은 같음을 알 수 있다. 북송 시대의 한어 일모가 주로 유성 마찰음으로 실현되기 때문에 고려의 일모 한자음도 유성 마찰음으로 실현되었을 가능성이 크다.

　다음은 『향약구급방』을 살펴보겠다.

(39) 가. 葶藶子 **豆衣乃耳 豆音矣薺** (『鄕藥救急方』)
　　　나. 漆姑 **漆矣於耳 漆矣母** (『鄕藥救急方』)

　'豆'는 음가자이고 '두'로 해석할 수 있으며 '音'은 음가자이고 'ㅁ'으로 해석할 수 있다. '衣'는 음가자이고 '의'로 해석할 수 있고 '矣'는 음가자이고 '의'로 해석할 수 있다. '耳'는 음가자이고 'ᅀᅵ'로 해석할 수 있으며 '薺'는 훈독자이고 '나ᅀᅵ'로 해석할 수 있다. 결과적으로 '豆衣乃耳'를 '*두름의나ᅀᅵ'로, '豆音矣薺'를 '*두의나ᅀᅵ'로 재구할 수 있다. '漆矣於耳', '漆矣母'를 보겠다. '漆'은 훈독자이고 '옷'으로 해석할 수 있으며 '矣'는 음가자이고 '의(<의)'로 해석할 수 있다. '於'는 음가자이고 '어'로 해석할 수 있으며 '母'는 훈독자이고 '어ᅀᅵ'로 해석할 수 있다. 따라서 '漆矣於耳', '漆矣母'를 모두 '*옷이어ᅀᅵ'로 재구할 수 있고 당시 일모의 음가가 유성 마찰음이었다는 점까지 고려하면 당시 'ㅿ'의 음가를 유성 마찰음으로 재구할 수 있다.

　계속해서 후기 중세 문헌을 살펴보겠다.

(40) 二月 　　　　　　　　　　　移臥 (『朝鮮館譯語』:7ㄱ)

二　　　　都卜二　　　　移 (『朝鮮館譯語』:20ㄱ)

二十　　　色问二　　　　移世 (『朝鮮館譯語』:20ㄱ)

兒馬　　阿直盖墨二　　以罵 (『朝鮮館譯語』:10ㄱ)

耳　　　貴　　　　　　　以 (『朝鮮館譯語』:17ㄱ)

예문 (40)에 제시된 것들은 ‘止攝 日母’ 한자어이다. 앞서 언급했듯이 14세기의 한어에서 일모 지섭자(止攝字)의 발음은 이미 [ʑ]가 되었다.『조선관역어』의 제2단에서 한어 ‘二’는 종성 ‘ㄹ’을 표기한 것으로 보아 한어에서의 일모 지섭자(止攝字)는 이미 [ʑ]가 되었음을 다시 확인할 수 있다. 예문 (40)에서 ‘止攝 日母’는 ‘移’, ‘以’로 표기되고 ‘ㅿ’은 이모(以母)와 대응되는 것을 알 수 있다. 이러한 ‘ㅿ’은 ‘ㅿ_{1a}’로 표기하고 ‘ㅿ_{1a}’는 이미 영성모(零聲母)가 되었다.

예문을 계속 보자.

(41) 日　　　　害　　　　　　忍 (『朝鮮館譯語』:1ㄱ)

日出　　　害那格大　　　忍處 (『朝鮮館譯語』:1ㄴ)

日落　　　害底格大　　　忍刺 (『朝鮮館譯語』:2ㄱ)

日长　　　害吉大　　　　忍掌 (『朝鮮館譯語』:2ㄱ)

日短　　　害迭勒大　　　忍膽 (『朝鮮館譯語』:2ㄱ)

日照　　　害比翠耶大　　忍着 (『朝鮮館譯語』:2ㄱ)

日暖　　　害得大　　　　忍椴 (『朝鮮館譯語』:2ㄱ)

如今　　　那在　　　　　熱根 (『朝鮮館譯語』:17ㄱ)

肉　　　　果吉　　　　　入 (『朝鮮館譯語』:22ㄱ)

‘日’, ‘人’, ‘如’, ‘肉’은 ‘非止攝 日母’ 한자어이고 각각 일모 한자인 ‘忍’, ‘忍’, ‘熱’, ‘入’과 대응된다. 따라서 ‘非止攝 日母’는 ‘ㅿ’과 대응

되고 이러한 '△'을 '△₁ᵦ'로 표기한다. 앞서 명나라 때에 한어의 '非
止攝 日母'는 [설면성] 자질을 잃게 되므로 유성 권설 마찰음이 되었
다는 사실을 언급하였다. 하지만 '△₁ᵦ'는 [＋설면성] 자질이 계속 유
지되고 있기 때문에[93] 권설음이 되지 못하였을 것이다.[94]

『조선관역어』를 계속 보자.

(42)	入城	雜得勒戛大	与升	(『朝鮮館譯語』:5ㄴ)
	熱	得卜大	耶	(『朝鮮館譯語』:6ㄴ)
	熱酒	得本数本	耶主	(『朝鮮館譯語』:22ㄴ)

'入'과 '熱'은 '非止攝 日母' 한자어이고 '△₁ᵦ' 단어에 속하지만 그
들의 성모를 보면 일모 한자로 표기되어 있지 않고 이모(以母) 한자로
표기되어 있다. 그리고 '与'와 '耶'의 운모를 보면 모두 활음 [j]가 있
었다.[95] 이러한 환경에서 일모가 영성모(零聲母)로 실현되는 사례는 현
대 월어(粤語)와 교료관화(膠遼官話)에서도 확인되고 이러한 '△'은 '△₁ᶜ'
로 표기한다.[96] '△₁ᶜ'는 [마찰성] 자질보다 [설면성] 자질을 더 강하게
유지하려는 경향을 보여준다. 또한 '△₁ᶜ'가 나타난 것은 '△₁ᵦ'의 불
안정성도 보여준다. 앞서 언급했듯이 한어에서도 이와 비슷한 변화
과정이 있었다. 5.1.1.1.2에서 한어 일모의 공시적인 분포를 분석한

---

93) '忍', '熱', '弱', '入'의 운모를 보면 모음 [i] 혹은 활음 [j]가 존재하기 때문에 '△₁ᵦ'의
 [＋설면성] 자질이 계속 유지되고 있었다고 생각한다.
94) 王力(1985/2010: 195)은 권설성모가 모음 [i] 혹은 활음 [j]와 결합할 수 없다고 밝혔다.
95) '与'와 '耶'의 음가에 대해 『漢字字音演變大字典』編輯委員會(2012: 125, 1272) 참조하였
 다.
96) '△₁ᶜ'와 '△₁ₐ'의 음가가 똑같다. 하지만 '△₁ₐ'는 '止攝 日母'와 대응되고 '△₁ᵦ'와 '△₁ᶜ'
 는 '非止攝 日母'와 대응된다.

것과 같이 일모가 현대 관화에서 접근음으로 발음되는 경우가 많다. 따라서 한어에서 일모는 권설음이 된 후에 [마찰성] 자질이 계속 약해지고 있었다고 생각한다. 그리고 월어(粤語)와 교료관화(膠遼官話)에서 일모도 경구개 마찰음으로 유지되었다가 경구개 접근음을 거쳐 영성모(零聲母)로 변화하였다. 일모는 권설 마찰음으로 실현되든 경구개 마찰음으로 실현되든 간에 통시적으로 보면 그것의 [마찰성] 자질이 계속 약해지는 속성을 보여준다. 그리고 여기 'ᅀ$_{1c}$'가 나타나는 것도 'ᅀ$_{1b}$'의 [마찰성] 자질이 약해지고 있다는 것을 암시하고 있다.

『조선관역어』의 제2단에서 고유어를 기록하였지만 한자어를 기록한 예도 확인된다.

  (43) 가. 婦**人**　　　　呆**忍**　　　卜忍 (『朝鮮館譯語』:15ㄱ)
      나. **午門**前　　**臥囶**阿迫　臥囶展 (『朝鮮館譯語』:17ㄴ)
      다. **男子**　　　**杽自**　　　杽忍 (『朝鮮館譯語』:15ㄱ)

『조선관역어』에서 제1단의 단어와 대응되는 고유어가 없으면 제2단에서는 아무것도 기록하지 않는 것이 보통이다. 하지만 제2단에서 한자어가 나타난 것을 보면 당시 사람들은 이러한 단어들을 한자어로 인식한 것보다 고유어로 인식했을 가능성이 높다. 『조선관역어』의 제2단에서 특별한 일모 한자어도 확인된다.

  (44) **明**朝　　　　**餕直**阿怎　閔朶 (『朝鮮館譯語』:7ㄱ)
      聖**節**　　　臨貢**省直**　升哲 (『朝鮮館譯語』:16ㄴ)

姜信沆(1995), 權仁瀚(1998)은 '餕直'을 '닉실'로, '省直'을 '싱실'로 해

석하였다. 여기에 주목할 만한 것이 있다. 즉 '실'이 '直'으로 표기되어 있는 것이다. 이러한 '△'을 '△₁d'로 표기하며 이것의 음가는 후기 중세 한국어의 'ㅈ'과 대응된다.

(45) 가. 奴농ᄂᆞᆫ **남진**쪼이오 (『釋譜詳節』13:19ㄱ)
나. 삼**질**(三日) [민속]'삼짇날'의 준말 (『우리말큰사전』:2163)

'남진'에서의 'ㅈ'과 '삼질'의 'ㅈ'도 '△₁d'에 속한다. '삼질'의 '질'은 예문 (44)에서 제시된 '餕直', '省直'의 '直'과 대응된다. '日'은 한자어이지만 고유어로도 인식되었을 것이다. (45가)에서 제시한 것처럼 15세기 문헌에서 '남진'이 확인되지만 한자 표시가 없었다. 당시에는 'ㅅ'도 고유어처럼 많이 쓰였기 때문에 고유어로 인식되었을 가능성이 있다. 예문 (43가)도 이 점을 뒷받침한다. 李基文(1972: 39)에서는 "'△>ㅈ'은 주로 'm-v' 환경에서(드물게 'n-v' 환경에서) 일어난 것으로 믿어진다."고 하였지만 『조선관역어』에 나온 단어를 고려하면 이러한 주장을 다시 생각할 필요가 있다.[97] '남진', '삼질', '*늬질', '*싱질'은 고유어로 인식되었지만 실제로 한자어인 것이 맞다.[98] 그리고 후기 중세 한국어에서 '남진'이 확인되지만 '*녀진(女人)'을 찾기는 어렵다. 따라서 '△₁d'의 쓰임은 제한적이라고 할 수 있다.

한편 후기 중세 한자어에서 일모가 'ㅅ'과 대응되는 예도 확인할 수 있다.

---

97) '△>ㅈ'의 변화에 대해 5.1.4.1.1 참조
98) '남진', '삼질'은 고유어로 주장하는 학설도 있지만 이에 대한 비판은 金永萬(2003: 148-151) 참조

(46) 가. 施시主쥬虔건誠성**爇셜**在징金금爐로 (『眞言勸供』:42ㄱ)

   나. **爇** 블브틀 **셜** (『訓蒙字會』下:15ㄱ)

'爇'은 일모자인데 그의 초성이 'ㅅ'으로 표기된다. 이러한 'ᅀ'은 'ᅀ₁ₑ'로 표기한다. 魏國峰(2015: 67)에서는 '몸소 > 몸소', '손소 > 손 소 > 순수' 등 예를 제시하여 중부 방언에서 'ᅀ>ㅅ'의 변화가 일 어났다고 주장하고 '爇'도 'ᅀ>ㅅ'의 변화를 겪었을 것이라고 설명 하였다. 그러나 'ᅀ'의 출현 환경의 측면에서 볼 때 고유어에 있는 'ᅀ'은 유성음과 유성음 사이에 나타나는 반면에 한자어에서 'ᅀ'은 초성 자리에만 나타난다. 'ᅀ'은 주로 유성음으로 해석되고 유성음 사이에서 유성음의 무성음화가 일어나기 매우 어렵다. 따라서 '몸소 > 몸소', '손소 > 손소 > 순수'의 변화를 설정할 수 없고 '爇'이 'ᅀ>ㅅ'의 변화를 겪은 것으로 해석하기 어렵다.[99] '爇'은 '燒', '燃' 의 뜻을 가지고 있고 '爇'과 '燒'는 의미상의 연관성을 지님으로써 감염(contamination)이 일어났을 것이다.[100]

이제까지 후기 중세 한국 일모 한자어를 살펴본 바에 따르면 후기 중세 한국 한자어에서 일모는 총 5종류로 나눌 수 있다.

〈표27〉 후기 중세 한국어에서 일모의 실현 양상

항목	분포	표기	비고
ᅀ₁ₐ	日母 止攝 語彙	Ø	15세기 초에 나타났다.
ᅀ₁ᵦ	日母 非止攝 語彙	ᅀ	
ᅀ₁ᵪ	日母 非止攝 語彙	Ø	15세기 초부터 나타났다.

---

99) 'ᅀ>ㅅ'의 변화에 대한 비판을 5.1.4.2.1 참조.

100) 伊藤智ゆき, 이진호 譯 『한국 한자음 연구·본문편』, 역락, 2011a, 172면.

△₁d	소수 고유어처럼 쓰인 日母 한자어	ㅈ	'-人', '-日'을 비롯한 단어에서 확인된다.
△₁e	극소수 日母 語彙	ㅅ	'蒻'과 비슷한 단어

한편 현대 방언에서 일모 한자어가 어떻게 실현되는지를 살펴볼 필요가 있다. 선행 연구에서 '△'의 방언 반사형을 조사할 때 주로 '△'을 가진 고유어를 조사하였는데 한자어에서 '△'이 어떻게 실현되는지에 대한 언급은 많지 않다. 3.2에서 각 지역에서 전해진 『천자문』에 대해 살펴보았다. 현대 한국 방언 한자어에서 일모가 대부분 [Ø]로 실현됨을 알 수 있다(<표13> 참조).

본절에서는 한국 일모 한자음의 변화에 대해 살펴보았다. 예외가 없지 않지만 대부분 일모 한자음의 변화는 다음과 같다.

(47) dz → z → j → Ø

5.1.1.3. '△(△₁)'의 음가에 대하여

3장에서 언급했듯이 한자어에 있는 '△'은 한어 일모를 차용한 것이다. 그리고 차용 당시의 '△'의 음가와 후기 중세 한국어에서의 '△'의 음가가 다를 수 있다. 5.1.1.2에서는 한국 일모 한자음의 변화에 대해 살펴보았고 대부분 일모 한자음의 변화는 'dz → z → j → Ø'이었다. 한자어에 있는 '△'은 이러한 변화의 한 단계라면 '△'의 음가는 [z], [j]가 모두 가능한 것으로 보인다. 대부분 선행 연구에서는 '△'의 음가를 [z]로 재구하였는데 이러한 재구가 합리적인지에 대해 살펴보기로 한다.

'ㅿ'에 관한 선행 연구들은 거의 대부분 중고 한어 일모의 음가가 [n̠z]라는 Karlgren의 가설에 의존하여 'ㅿ'의 음가를 [z]로 재구하였다. 그러나 앞서 언급한 것처럼 Karlgren의 주장은 문제가 있었기에 많은 비판을 받을 수밖에 없었다. 통시적으로 볼 때 한국 일모는 점점 약해진 것으로 파악된다. 특히 『조선관역어』에서 'ㅿ$_{1a}$'와 'ㅿ$_{1c}$'가 [Ø]로 실현되는 것을 확인함으로써 후기 중세 한국어의 'ㅿ'은 아주 약한 소리로 추정할 수 있었다. 음성적으로 유성 마찰음 [z]는 아주 강한 소리고 접근음 [j]는 매우 약한 소리이다. 이러한 측면을 볼 때 'ㅿ'의 음가를 접근음 [j]로 재구하는 것이 더 합리적이다.

계속해서 15세기의 한글 문헌을 살펴보겠다.

> (48) 가. 부톄 **인ᅀ**ᄒ신대 (『月印釋譜』2:9ㄱ)
> 나. **가ᅀᅵᆫ**ᄋᆡ 샹빅 (『신창맹씨묘출토언간』1)
> 다. 迷미**人ᅀᅵᆫ**이 아디 몯ᄒᆞ야 (『六祖法寶壇經諺解』中:6ㄱ)
> 라. 卽즉時시예 豁할**然ᅌᅧᆫ**ᄒᆞ면 (『六祖法寶壇經諺解』中:16ㄱ)

15세기 문헌에서 '人事'는 '인ᅀ'로 표기되는 예가 확인되고 '家人'은 '가ᅀᅵᆫ'으로 표기되는 예가 확인된다. 현실 한자음을 반영한 『육조법보단경언해』에서도 'ㅿ'이 [Ø]로 실현되는 예가 확인된다.

16세기에 들어오면서 일모 한자어에서 일모가 'ㅇ'으로 표기되는 예가 더 많이 확인된다. 예를 몇 개만 제시하면 다음과 같다.

> (49) 가. 家가有유狗구**乳유**로이 出츌求구食식이어늘 (『飜譯小學』9:99ㄴ)
> 나. 於어**儒유**者쟈事ᄉᆞ아 (『飜譯小學』6:6ㄱ)

다. **若약**能능知디此츠 (『飜譯小學』6:8ㄴ)

라. 吾오欲욕**汝여**曹조聞문人신過과失실 (『飜譯小學』6:12ㄴ)

마. 始시知디疫역癘려之지不블能릉相샹**染염**也야 (『飜譯小學』9:73ㄴ)

바. 自즈有유餘여**饒요** (『飜譯小學』8:19ㄱ)

사. 擇퇵其기善션**柔유**以이相샹與여 (『飜譯小學』7:45ㄱ)

(49)에서 제시한 것처럼 '乳', '儒', '若', '汝', '染', '饒', '柔'는 일모 한자어인데 16세기 문헌에서 일모가 'ㅇ'으로 표기되어 있다. 그리고 비슷한 시기의 문헌에서 '△'으로 표기되어 있는 예도 확인된다.

(50) 가. **乳ᅀᆔ**海ᄒᆡ眞진言언 (『三檀施食文』:28ㄴ)

나. **儒ᅀᆔ**宗종學ᄒᆞᆨ士ᄉᆞ (『六祖法寶壇經諺解』上:17ㄴ)

다. 我아今금獻헌座좌亦역**如ᅀᅧ**是시 (『三壇施食文』:6ㄱ)

라. **若약**等등 (『飜譯小學』7:41ㄱ)

마. **汝ᅀᅧ**曹조所소見견 (『飜譯小學』7:22ㄴ)

바. 自즈性셩이 다 **染ᅌᅧᆷ**着탹디 아니ᄒᆞ리니 (『六祖法寶壇經諺解』中
:33ㄴ)

사. **饒요**益익을 行ᄒᆡᆼ호면 (『六祖法寶壇經諺解』上:118ㄱ)

아. 則즉和화色색**柔ᅀᆔ**聲셩 (『飜譯小學』7:1ㄴ)

(49)와 (50)에서 제시한 것처럼 비슷한 시기의 문헌에서 일모가 'ㅇ'으로 표기되는 형태와 '△'으로 표기되는 형태를 모두 확인할 수 있다. 심지어 같은 문헌에서 같은 일모가 '△'으로 표기되는 예와 'ㅇ'으로 표기되는 예가 모두 확인된다(49아, 50아). 이는 음운 환경이나 문법 환경 때문에 표기가 달라진 것은 아닌 듯하다. 앞서 4.1.1에서 15세기부터 16세기 말까지의 문헌을 조사하여 각 문헌에서 일모 한자음이 어떻게 표기되어 있는지를 살펴보았다(<표17> 참조). 각 문

헌에서 'ㅿ'에 대한 표기를 보면 후대로 내려간다고 'ㅿ'의 비율이 낮아지는 것이 아니다. 이는 당시에 'ㅿ'과 'ㅇ'에 혼동이 있었음을 보여주는 것이다. 'ㅿ'과 'ㅇ'의 혼동은 'ㅿ'의 음가와 관련지어 논의해 보겠다. 만약 'ㅿ'의 음가가 유성 마찰음 [z]이었다면 [z]가 치찰음 (sibilant)[101]이기 때문에 'ㅿ'을 발음할 때 강한 마찰이 동반된다. 그렇다면 '슈'와 '유', '샥'과 '약'은 음성적 차이가 크기 때문에 혼동되기 어렵다. 그러나 (49)와 (50)에서는 분명히 'ㅿ'과 'ㅇ'이 혼동되는 모습을 보여주고 있다. 따라서 'ㅿ'의 음가를 유성 마찰음으로 해석하기는 어렵다. 만약 후기 중세 한자어에서 일모의 음가를 접근음 [j]로 해석하면 이러한 문제는 자연스럽게 해결된다. 앞서 소개한 것처럼 일모 한자어의 중성에서 [i] 모음 혹은 [j] 활음이 항상 있다. 접근음 [j]는 [i] 모음, [j] 활음과 결합하면 제대로 발음될 수 없다. 화자가 의식적으로 '슈', '샥'을 [jju], [jjak˦]로 발음하더라도 /jj-/로 시작하는 삼중모음이 없기 때문에 청자는 여전히 [jju], [jjak˦]를 /ju/, /jak˦/로 인식했을 것이다. 따라서 'ㅿ'의 음가를 [z]보다 약한 접근음 [j]로 해석할 때 이러한 상황이 합리적으로 설명될 수 있다고 하겠다. 그리고 일모가 'ㅇ'으로 표기되는 예는 15세기 문헌에서도 확인될 수 있기 때문에 15세기의 일모의 음가와 16세기의 일모의 음가는 같다고 생각한다.

물론 같은 일모자의 'ㅿ 형태', 'ㅇ 형태'에 대해 선후대형으로 해석할 수 있다. 즉 'ㅿ'을 가진 형태는 선대형이고 'ㅇ 형태'는 'ㅿ>Ø'

---

101) 치찰음은 치조 또는 치조-경구개에서 조음되는 강한 마찰음이다. 마찰음에 대한 구체적인 설명은 5.2.3에서 확인할 수 있다.

의 변화를 겪은 후대형이다. 따라서 '△'의 음가가 [z]이었다는 가능성이 있다. 그러나 같은 시기 문헌에서 일모가 아닌 한자가 '△'으로 표기되는 예도 확인할 수 있다. 『조선관역어』에서 일모자는 이모자(以母字)로 표기되는 예가 확인하고(예문 40, 42 참조) 후기 중세 한글 문헌에도 이모자(以母字)가 '△'으로 표기되는 예가 있다.

(51) 가. 큰 龍용이 閻셤浮부提뎨예 (『六祖法寶壇經諺解』上:80ㄱ)
    나. 扌闇 쓰들 셤 (『訓蒙字會』下:6ㄱ)

'扌闇', '闇'은 모두 이모자(以母字)인데 '△'으로 표기되는 예가 확인되었다. 魏國峰(2015: 49)에서는 한어 이모(以母)는 대부분 전승 한자음에서 활음 [j]나 모음 [i]를 반영되었다고 언급하였다. '扌闇', '闇'가 '△'으로 표기되는 것으로 보아 '△'을 유성 마찰음으로 해석하기 어렵고 접근음 [j]로 해석하는 것이 더 타당하다.

이모자(以母字)가 '△'뿐만 아니라 의모자(疑母字)가 '△'으로 표기되는 예도 확인된다.

(52) 滔도慢만则즉不불能능硏션精졍호고 (『飜譯小學』6:16ㄴ)

'硏'은 의모자(疑母字)인데 '션'으로 표기되는 형태를 확인할 수 있다. 魏國峰(2015: 46)에서는 전승 한자음에서 한어 의모(疑母)의 반영 양상을 살펴보았는데 대부분 한어 의모(疑母)는 전승 한자음에서 [Ø]와 대응되는 사실을 언급하였다. 따라서 '△'을 유성 마찰음으로 해석하기 어렵다.

영모자(影母字)가 'ㅿ'으로 표기되는 예도 확인된다.

(53) 가. 佛불光광 비취샤믈 **因신**호야 뎌 大대衆중을 다 보며 (『法華
　　　　　經諺解(改刊本)』1:34ㄴ)

　　　나. 實실相샹**印신**을 니르노라 (『法華經諺解(改刊本)』1:70ㄴ)

　　　다. 내 새로 온 향**삼**이 탕줏 갑시 언메나 흔 동 몰래라(『飜譯朴
　　　　　通事』上:52ㄱ)

'因', '印'은 영모자(影母字)인데 '신'으로 표기되는 형태를 확인하였
다. '闇'도 영모자(影母字)인데 '삼'으로 표기되는 형태가 확인되었다.
魏國峰(2015: 47)에서는 한어 영모(影母)가 대부분 전승 한자음에서 [Ø]
를 반영되었다고 하였다. 따라서 'ㅿ'은 강한 마찰을 지닌 분절음으
로 해석하기 어렵고 접근음 [j]로 해석해야 한다.

또한 『몽산화상법어략록』의 이본에서 다음과 같은 예가 확인된다.102)

(54) 가. 更기來호라 指지**汝셔**의 進진步보入室실호야 (『蒙山和尙法語略
　　　　　錄(孤雲寺板)』:23ㄱ)

　　　나. 許**汝여**得득入門문己이호리라 　(『蒙山和尙法語略錄(孤雲寺板)』:
　　　　　25ㄱ)

　　가′. 更기來호라 指지**汝셔**의 進진步보入室실호야 (『蒙山和尙法語
　　　　　略錄(松廣寺板)』:23ㄱ)

　　나′. 許**汝여**得득入門문己이호리라 (『蒙山和尙法語略錄(松廣寺板)』
　　　　　:25ㄱ)

---

102) 고운사판(孤雲寺板)『몽산화상법어언해』는 중종 12년(1517) 고운사(충청연산)에서 간
　　행된 문헌(국립중앙도서관 청구기호: 古1787-37)이고 송광사판(松廣寺板)『몽산화상
　　법어언해』는 선조 10년(1577) 송광사(순천)에서 간행된 문헌(국립중앙도서관 청구기
　　호: 古貴0236-16)이다. 필자는 국립중앙도서관에서 제공한 영인본 자료를 확인하였
　　다. 두 판본에 있는 '셔'는 아주 명확하고 판독하기 어렵지 않다. 그리고 '셔'는 두
　　판본에서 모두 확인되므로 단순한 오타자로 보기 어렵다.

고운사본(孤雲寺本), 송광사본(松廣寺本) 『몽산화상법어략록』에서 ‘汝’
가 ‘ᅀᅥ’, ‘여’로 표기된 형태가 확인된다. ‘ᅀᅥ’, ‘여’의 음가가 같다고
해석되므로 ‘△’의 음가를 접근음 [j]로 생각한다.

5.1.2. ‘ㅅ 종성’의 음변화로 본 ‘△(△₂)’의 음가

15세기 한국어에서 중화 현상이 일어난다. ‘ㅅ’과 같은 치음 계열
에 있는 ‘ㅈ’, ‘ㅊ’은 종성 위치에서 ‘ㅅ’으로 중화된다. 만약 유성음
이 후행하게 되면 이러한 ‘ㅅ’이 ‘△’으로 실현되는 경우도 발견할 수
있다.[103] 선행 연구에서는 이러한 현상에 대해 주목하지 못하거나 주
목했더라도 이에 대해 합리적인 설명을 하지 못하였다.[104] 그러나 ‘ㅅ
종성’의 이러한 현상은 ‘△’의 음가를 파악하는 데에 있어서 도움이
된다. 본절에서는 우선 ‘ㅅ 종성’의 음변화에 대해 살펴보고 이러한
음변화를 통해 ‘△(△₂)’의 음가에 대해 다시 재구하고자 한다.

5.1.2.1. ‘ㅅ 종성’의 음변화에 대하여

후기 중세 한국어에서 ‘ㅅ 종성’의 음변화에 대해 보겠다. 우선 15
세기의 예문을 보겠다.

---

103) 『훈민정음』에서는 팔종성이라는 규칙을 세웠지만 후기 중세 문헌을 보면 종성에서
‘△’이 널리 사용되는 것을 확인할 수 있기 때문에 종성에서도 ‘△’은 발음될 수 있
다(李基文, 『國語音韻史硏究』, 塔出版社, 1972, 81면).
104) 허웅(1985: 331)에서는 ‘첫 나래’, ‘붕ᄂᆞ니’를 제시하여 이러한 ‘△’에 대해 의문으로
남겨 두는 수밖에 없다고 하였다.

(55) 가. 이제 누니 붕 고디 드외면 **좇**는 쁘디 이디 몯도다 (『楞嚴經
　　　　諺解』1:58ㄴ)

　　나. 黃卷ㅅ 가온딧 聖賢과 마조 **앉**노라 ᄒ니라 (『楞嚴經諺解』1:3ㄴ)

　　다. 理는 쁘데 너교믈 **닞**논디라 (『楞嚴經諺解』2:123ㄱ)

　　(55)에서 제시한 것처럼 '좇-[從]', '앉-[坐]', '닞-[忘]'은 'ㄴ'으로 시
작하는 어미와 결합하면 각각 '존-', '안-', '닌-'으로 실현된다. 계속
예문을 보기로 한다.

　　(56) **ᄂᆞᆾ** 양직 ᄒ마 첫 열 서린 時節에셔 늘그며 (『楞嚴經諺解』2:5ㄱ)

　　(56)에서 보는 바와 같이 'ᄂᆞᆾ[顏]'은 모음으로 시작하는 명사와 결
합할 때 'ᄂᆞᆽ'으로 실현된다. '좇-[從]', '앉-[坐]', '닞-[忘]', 'ᄂᆞᆾ[顏]'은
우선 '좃', '앗', '닛', 'ᄂᆞᆺ'으로 중화되고 나서 후행하는 비음이나 모
음의 영향을 받아 '존', '안', '닌', 'ᄂᆞᆽ'으로 실현된다.

　　그리고 (55), (56)에서 제시된 단어들의 'ㅅ 형태'도 확인할 수 있다.

(57) 가. 老死苦惱ㅣ **좃**ᄂ니 (『月印釋譜』2:22ㄴ)

　　나. 이 사르미 功德이 後生애 帝釋 **앗**는 싸히어나 (『釋譜詳節』
　　　　19:6ㄱ)

　　다. 忠心을 미러 자며 니로믈 **닛**놋다 (『杜詩諺解』8:8ㄱ)

　　라. **ᄂᆞᆺ** 양ᄌᆞᆫ 늘근 한아비 드외옛도다 (『杜詩諺解』21:31ㄱ)

『훈민정음』 종성해에 "然ㄱㆁㄷㄴㅂㅁㅅㄹ 八字可足用也 如빗곶爲
梨花 엿의갗爲狐皮 而ㅅ字可以通用"라는 기록이 있다. 이를 참고하면
같은 단어의 'ㅅ 형태'와 'ᅀ 형태'가 공존하는 것은 표기법에 의한

것으로 보인다.

한편 16세기에 들어오게 되면 '좇-[從]', '앉-[坐]', '닞-[忘]' 등의 단
어에서 비음으로 시작하는 어미와 결합할 때 'ㅿ'으로 나타난 예는
확인되지 않지만 'ㅅ'으로 표기된 예는 확인된다.

> (58) 가. 고기 **낛**는 바비 두외여 (『飜譯小學』7:28ㄱ)
> 나. 술 **빗**는 법을 ᄀᆞᄅᆞ치고 (『三綱行實圖(東京大本)』孝子:22ㄱ)[105]
> 다. 一生을 **못**ᄂᆞ니라 (『蒙山和尙法語略錄(松廣寺板)』:12ㄱ)
> 라. 아기를 다가 둘고지예 **엿**ᄂᆞ니라 (『飜譯朴通事』上:56ㄱ)
> 마. 션심집 가히는 흰 구룸 ᄉᆞ이예셔 **즛**놋다 (『百聯抄解(東京大
> 本)』:9ㄱ)
> 바. ᄌᆞ식 ᄉᆞ랑홈 ᄀᆞᄐᆞ야 스렴호미 애 **긋**놋도다(『恩重經諺解』:11ㄱ)

(58)에서 제시한 '낛-[釣]', '빗-[釀]', '못-[終]', '엿-[載]', '즛-[吠]',
'긋-[斷]'은 비음으로 시작하는 어미와 결합할 때 그들의 'ㅅ 형태'가
확인된다. 그러나 16세기에 종성 위치에서의 'ㅅ'이 [sㄱ]로 발음될 수
있는지 의심스럽다. 예를 보면서 분석하기로 한다.

> (59) 가. 술 **빈**는 거시니 (『小學諺解』5:18ㄱ)
> 나. 婦人은 사ᄅᆞ미게 **존**는 거시니 (『飜譯小學』3:20ㄱ)
> 다. 외요미 도원슈의 **인**ᄂᆞ니이다 (『飜譯小學』9:26ㄱ)
> 라. 믈 기르마 **진**노라 (『飜譯老乞大』上:38ㄱ)

'빗-[釀]', '좇-[從]'은 비음으로 시작하는 어미와 결합하면 각각
'빈', '존'으로 실현되고 '잇-[在]', '짓-[作]'은 비음으로 시작하는 어

---

105) 『삼강행실도(동경대본)』의 영인본은 확보되지 못한다. 이 예는 한글학회(1992: 5131)
에서 가져온 것이다.

미와 결합하면 각각 '인', '진'으로 실현된다. 이러한 예를 통해 16세기에서 종성에 있는 'ㅅ'은 [sᵀ]로 발음되는 것이 아니라 [tᵀ]로 실현되었음을 알 수 있다. 그러나 'ㅅ'의 이러한 비음 동화 현상은 15세기 문헌에서 확인되지 않는다.

본절에서는 'ㅅ 종성'의 음변화에 대해 보았다. 15세기 문헌에서는 종성에 있는 'ㅅ'이 'ㄴ'이나 모음이 후행할 때 'ㅿ'으로 실현될 수 있었지만 16세기 문헌에서는 이러한 예를 확인하기 어렵다. 그리고 16세기 문헌에서는 종성에 있는 'ㅅ'이 비음 동화 현상을 겪어 'ㄴ'으로 실현되는 예를 확인할 수 있지만 15세기 문헌에서는 이러한 예를 확인하기 어렵다.

5.1.2.2. 'ㅿ(ㅿ₂)'의 음가에 대하여

5.1.2.1에서 'ㅅ 종성'의 음변화에 대해 살펴보았다. 15세기 문헌을 보면 종성에 있는 'ㅅ'이 비음, 모음이 후행할 때 'ㅿ'으로 실현되는 예가 확인된다. 본절에서는 이러한 현상을 통해 'ㅿ'의 음가에 대해 살펴보기로 한다.

15세기 한국어에서 'ㅅ 종성'과 'ㄷ 종성'의 음성 실현이 같은 것인지에 대해 논쟁이 있다. 이와 관련된 선행 연구를 대립설, 중화설, 절충설[106]로 나누어 볼 수 있다. 만약 15세기 한국어에서 종성에 있는 'ㅅ'의 음가가 [tᵀ]이었다면 '모음-비음'의 환경에서 'ㅅ'이 'ㅿ'으

---

106) 李基文(1972), 허웅(1985), 고광모(2012)를 비롯한 학자는 대립설을 주장하고 李翊燮(1992), 강길운(1993), 김동소(2002)를 비롯한 학자는 중화설을 주장하며 김주필(1988)을 비롯한 학자는 절충설로 주장한다.

로 실현된 것은 비음 동화로 해석되고 '△'의 음가는 비음으로 볼 수밖에 없다. 池春洙(1986: 43-44)에서는 이러한 논리에 따라 'ㄴ' 앞에 선행하는 '△'의 음가를 [n]로 재구하였다. 그러나 16세기 한국어에서 종성 위치에 있는 'ㅅ'은 'ㄴ'으로 실현되는 예가 확인되고 'ㅅ→△', 'ㅅ→ㄴ'은 모두 비음 동화로 본다면 '△'과 'ㄴ'의 음가가 같을 수밖에 없다. 그러나 이 경우에는 '△'과 'ㄴ'의 음가가 같은데 왜 15세기에는 '△'으로 표기하고 16세기에는 'ㄴ'으로 표기했는지에 대해 설명하기가 쉽지 않다. 그리고 종성에 있는 '△'은 비음으로 발음되고 초성에 있는 '△'은 비음으로 발음되지 않는다고 설명하는 것은 합리적이지 않다. 또, 'ㅅ→△'은 '모음-비음'의 환경만이 아니라 '모음-모음'의 환경에서도 일어날 수 있기 때문에 'ㅅ→△'을 비음 동화로 해석하기 어렵고 따라서 '△'의 음가를 [n]로 재구하기도 어렵다. 따라서 15세기 한국어의 종성에 있는 'ㅅ'의 음가를 $[s^{\daleth}]$로 설정하고 논의하겠다.

우선, 분절음의 자질에 대해 살펴보겠다.

〈표28〉 분절음의 자질

	[공명성(sonorant)]	[지속성(continuant)]	[설측성(lateral)]
폐쇄음	-	-	-
마찰음	-	+	-
비음	+	-	-
유음	+	+	+
접근음	+	+	-

<표28>에서 분절음의 자질을 나열하였다. 이를 바탕으로 'ㅅ 종성'의 음변화에 대해 보겠다. 5.1.2.1에서 언급했듯이 16세기 한국어의 종성에 있는 'ㅅ'은 비음 동화되어 'ㄴ'으로 실현되는 예를 확인할 수 있다. 이러한 현상을 세분화하면 다음과 같다.

(60) s → t$^{\lnot}$ → d$^{\lnot}$ → n$^{\lnot}$

위에서 제시한 바와 같이 'ㅅ'은 우선 평폐쇄음화를 겪고 [t$^{\lnot}$]가 되고 유성음화가 일어나 [d$^{\lnot}$]가 되었다가 마지막으로 비음 동화를 겪으면 [n$^{\lnot}$]로 실현된다. 결과적으로 볼 때 비음이 아닌 장애음은 비음으로 실현되므로 이러한 음운 현상은 비음 동화로 부를 수 있다. 자질을 이용하여 이 변화 과정을 분석해 보기로 한다. [t$^{\lnot}$]는 [-공명성], [-지속성]을 가지고 있고 [n]는 [+공명성], [-지속성]을 가지고 있다. 후행하는 [+공명성] 자질을 가진 [n] 때문에 [t$^{\lnot}$]는 [+공명성] 자질을 갖게 되었다. 이러한 음운 현상은 [공명성] 자질로 인해 일어나기 때문에 공명음화라고 부를 수도 있다. 15세기 문헌에서도 이러한 공명음화(비음 동화) 현상도 확인된다.

(61) 가. 뎌 녁 ᄀᆞᄉᆡ **걷나가**샤 (『釋譜詳節』13:4ㄴ)
　　나. 손소 **돋녀** 밍ᄀᆞ노닛가 (『釋譜詳節』6:16ㄱ)
　　다. 三千里 밧긔 겨르르이 ᄒᆞ오ᅀᅡ **걷**놋다 (『金剛經三家解』2:55ㄴ)
　　가´. ᄆᆞᆯ **걷나가** 것ᄆᆞᄅᆞ주거 디옛다니 (『月印釋譜』10:24ㄴ)
　　나´. 前生애 **돋니**다가 後生애 다시 난 모미 後身이라 (『月印釋譜』1:45ㄴ)
　　다´. ᄒᆡ 늦거늘 긴 지븨셔 **걷**노니 (『杜詩諺解』16:4ㄴ)

'걷나가-[渡]'가 '건나가-'로, '듣니-[行]'는 '든니-'로 실현된 것은 15세기한국어에서 종성에 있는 'ㄷ'에 비음 동화가 일어난다는 것을 암시한다. (61다), (61다´)를 통해 'ㄷ 종성'을 가진 어간이 'ㄴ'으로 시작하는 어미와 결합할 때 'ㄷ'이 비음 동화가 겪어 'ㄴ'으로 실현된다는 것을 알 수 있다. 이러한 현상을 세분화하면 다음과 같다.

(62) t → t⌐ → d⌐ → n⌐

결과적으로 볼 때 이러한 음운 현상은 비음 동화로 볼 수 있지만 자질 측면을 볼 때 이러한 현상은 [공명성] 자질로 인해 일어나기 때문에 공명음화라고 부를 수도 있다.

다시 (55), (56)을 보면 'ㅅ→△'은 'ㄷ→ㄴ'과 비슷한 면이 있다. 즉 종성에 있는 장애음이 후행하는 공명음과 결합하면 다른 분절음으로 바뀌는 현상으로 요약할 수 있다. 'ㄷ→ㄴ'은 일종의 공명음화로 해석할 수 있고 'ㄷ→ㄴ'과 비슷한 'ㅅ→△'도 공명음화로 볼 가능성이 크다. 'ㅅ→△'을 세분화하면 다음과 같다.

(63) s → s⌐ → z⌐ → ɹ⌐

'ㅅ'은 [-공명성], [+지속성], [-설측성]의 자질을 가지고 있다. 'ㅅ'은 후행하는 공명음으로부터 영향을 받으면 '△'이 된다. 이러한 '△'은 [+공명성], [+지속성], [-설측성]의 자질을 가지고 있는 자음이고 곧 접근음이다.

한편 음절과 음절이 연쇄할 때에 음절 연결 제약을 받는다. 음절 연결 제약을 살펴보도록 하겠다.

> (64) 음절 연결 제약: 음절 연결 A$B에서 분절음 B는 분절음 A보다
> 더 큰 공명도를 가져서는 안 된다.

음절 연결 제약은 분절음의 공명도와 관련되고 분절음의 공명도
척도를 보겠다.

〈표29〉 공명도 척도[107]

index	sound
6	모음(vowel)
5	접근음(approximent)
4	유음(liquid)
3	비음(nasal)
2	마찰음(fricative)/파찰음(affricate)
1	폐쇄음(plosive)

<표29>에서 보는 바와 같이 분절음의 공명도는 '모음 > 접근음
> 유음 > 비음 > 마찰음/파찰음 > 폐쇄음'의 순으로 낮아진다. 이
제 음절 연결 제약을 통해 'ㅅ 종성'의 음변화를 살펴보기로 한다.
(55)에서 제시한 것처럼 'ㄴ' 앞에서 'ㅅ→ㅿ'이 일어난다. 만약
'ㅿ'의 음가를 유성 마찰음 [z]로 본다면 'ㅿ-ㄴ'의 연쇄는 'zn'가 되
고 이러한 'ㅿ-ㄴ' 연쇄는 '마찰음-비음'의 연쇄가 된다. 그러나 후

---

107) A. Spencer, *Phonology*, Blackwell, 1996, p.90.

행하는 비음의 공명도는 마찰음의 공명도보다 크다. 따라서 '△'을 유성 마찰음 [z]로 해석하면 음절 연결 제약과 어긋난다. 음절 연결 제약에 따르면 '△'의 음가를 유성 마찰음으로 해석하기 어렵고 비음보다 더 높은 공명도를 가진 접근음으로 해석할 수밖에 없다.

그리고, '△'과 'ㅅ'은 같은 치음 계열에 위치하고 'ㅅ'은 무성음이고 '△'은 유성음인 것으로 보아, '△'은 'ㅅ'보다 약한 소리라고 생각된다. 따라서 'ㅅ→△'은 자음의 약화로 볼 수 있다. 자음의 약화 유형을 살펴보겠다.

(65)[108] a. 이중자음(geminate) 〉 단자음(simplex)
    b. 파열음(stop) 〉 마찰음(fricative) 〉 접근음(approximant)
    c. 파열음(stop) 〉 유음(liquid)
    d. 구강 파열음(oral stop) 〉 성문 파열음(glottal stop)
    e. 비비음(非鼻音, non-nasal) 〉 비음(nasal)
    f. 무성음(voiceless) 〉 유성음(voiced)

'ㅅ→△'은 자음의 약화로 본다면 (65f)에 따라 '△'의 음가를 유성 마찰음 [z]로 해석할 수 있다. 그러나 (65b)에서 제시한 것처럼 마찰음은 접근음으로 변할 수 있으며 만약 'ㅅ'은 유성음화를 겪고 접근음화도 겪는다면 '△'의 음가를 접근음 [ɹ]로 해석할 수 있다. 'ㅅ→△'은 (65f)만 적용하느냐 아니면 (65f)와 (65b)를 모두 적용하느냐에 따라 '△'의 음가에 대한 해석이 달라진다. 이 문제를 해결하기 위해 15세기의 다른 약화 현상을 살펴보기로 한다.

15세기 한국어에서 어간 말음 'ㄷ'을 가진 용언이 활용할 때 'ㄷ'

---

108) 자음의 약화 유형은 R.L.Trask(2000: 56)을 참조하였다.

이 'ㄹ'로 실현되는 경우가 있다.

> (66) 가. 臣下ㅣ 말 아니 **드러** 正統애 有心홀씨 (『龍飛御天歌』10:1ㄱ)
> 나. 得은 **시를** 씨라 (『訓民正音(諺解本)』:2ㄱ)
> 다. 뭇를 이로디 므를 져기 **기르라** (『杜詩諺解』8:32ㄴ)
> 라. 신 신고 **거러** 다봇 서리예 오느다 (『杜詩諺解』7:21ㄱ)
> 마. 結은 **겨를** 씨오 (『釋譜詳節』3:38ㄱ)

'듣-[聽]', '싣-[得]', '긷-[汲]', '걷-[步]', '겯-[結]'이 모음으로 시작하는 어미와 결합하면 'ㄷ'이 'ㄹ'로 실현된다. 'ㄷ'은 파열음이고 'ㄹ'은 유음이며 'ㄷ→ㄹ'은 (65c)에서 제시하는 약화 유형과 일치한다. 그리고 'ㄷ'은 무성음이고 'ㄹ'은 유성음이며 'ㄷ→ㄹ'은 (65f)에서 제시하는 약화 유형과 일치하다. 따라서 'ㄷ→ㄹ'은 (65c)와 (65f)를 모두 적용하였다.

그리고, 15세기 한국어에서 어간 말음 'ㅂ'을 가진 용언이 활용할 때 'ㅂ'이 'ㅸ'으로 실현되는 경우가 있다.[109] 예를 보겠다.

> (67) 가. 思議 몯호몰 **도바** 나토니라 (『月印釋譜』17:30ㄴ)
> 나. 거르며 셔며 안즈며 **누브**며 흐고 (『釋譜詳節』6:33ㄴ)
> 다. **치버** 므리 어렛다가 **더브**면 노가 므리 드외느니라 (『月印釋譜』9:23ㄴ)
> 라. 易는 **쉬볼** 씨라 (『訓民正音(諺解本)』:3ㄱ)
> 마. 輕은 **가빈야볼** 씨라 (『訓民正音(諺解本)』:12ㄱ)

'돕-[助]', '눕-[臥]', '칩-[寒]', '덥-[熱]', '쉽-[易]', '가비얍-[輕]'은 모

---

109) 'ㅸ'의 기원에 대한 논의는 4.2에서 확인할 수 있다.

음으로 시작하는 어미와 결합하면 'ㅂ'이 'ㅸ'으로 실현된다. 'ㅸ'의 음가에 대한 이견이 없지 않지만 이 책은 'ㅸ'의 음가를 접근음 [β]110) 로 해석한다.111) 'ㅂ'은 파열음이고 'ㅸ'은 접근음이며 'ㅂ→ㅸ'은 (65b)에서 제시하는 약화 유형과 일치하다. 그리고 'ㅂ'은 무성음이 고 'ㅸ'은 유성음이며 'ㅂ→ㅸ'은 (65f)에서 제시하는 약화 유형과 일 치하다. 따라서 'ㅂ→ㅸ'은 (65b)와 (65f)를 모두 적용하였다.

한편 예문 (61)을 다시 보면 'ㄷ→ㄴ'도 자음의 약화로 볼 수 있다. 'ㄷ'은 파열음이고 'ㄴ'은 비음이며 'ㄷ→ㄴ'은 (65e)에서 제시하는 약화 유형과 일치하다. 그리고 'ㄷ'은 무성음이고 'ㄴ'은 유성음이며 'ㄷ→ㄴ'은 (65f)에서 제시하는 약화 유형과 일치하다. 따라서 'ㄷ→ ㄴ'은 (65e)와 (65f)를 모두 적용하였다.

위의 내용을 다시 정리하겠다. 15세기 한국어에는 공시적으로 'ㅅ →△', 'ㄷ→ㄹ', 'ㅂ→ㅸ', 'ㄷ→ㄴ' 규칙이 있었는데 이들은 모두 약 화 현상으로 해석될 수 있다. 'ㅅ→△', 'ㄷ→ㄹ', 'ㅂ→ㅸ', 'ㄷ→ㄴ' 은 모두 '무성음→유성음(65f)'의 약화 유형과 일치하다. 그러나 'ㄷ →ㄹ', 'ㅂ→ㅸ', 'ㄷ→ㄴ'은 (65f)만 적용한 것이 아니고 (65f)를 적용 하면서 또 다른 유형을 적용한 것이다. 따라서 'ㅅ→△'에 대해 유성 음화만 일어났다고 설명한 것보다 유성음화와 접근음화가 모두 일어 났다고 설명하는 것이 더 합리적이다.

---

110) IPA 자음표(consonants)에서 양순 접근음(bilabial approximant)의 기호를 따로 제시하 지 않지만 발음 구별 부호(diacritics)에서 양순 접근음의 [β] 기호를 확인할 수 있다.
111) 'ㅸ'의 음가에 대해 5.3에서 설명하겠다.

5.1.3. '유성음–ㅸ'의 연쇄로 본 'ㅿ(ㅿ₃)'의 음가

본절에서는 '유성음–ㅸ'의 연쇄를 통해 'ㅿ'의 음가를 살펴보고자 한다. 4.2에서 'ㅸ'의 기원에 대해 간단하게 살펴보았는데 'ㅸ'은 'ㅂ'의 약화 형태로 해석된다. 李基文(1972: 40)은 'ㅸ'의 출현환경이 '모음–모음' 사이, '[j] 활음–모음' 사이, 'ㄹ–모음' 사이, 'ㅿ–모음' 사이라고 하였다. 이러한 환경의 공통점은 'X–모음'이라고 요약할 수 있고 'X'는 'ㅸ'의 출현여부를 결정한다. 'ㅸ'은 이러한 환경에 출현할 수 있는 것으로 보아 모음, [j] 활음, 'ㄹ', 'ㅿ'은 후행하는 'ㅂ'을 'ㅸ'으로 약화시킬 수 있다. 그러나 'ㅸ'의 출현 환경을 다시 보면 '비음–모음'의 환경은 없다. 따라서 비음은 'ㅂ'을 'ㅸ'으로 약화시킬 수 없다고 보인다. 자음의 약화는 분절음의 공명도와 관련이 있고 분절음의 공명도는 주로 '모음 > 접근음 > 유음 > 비음 > 마찰음, 파찰음 > 폐쇄음' 순으로 낮아진다(<표29> 참조). 만약 비음이 후행하는 'ㅂ'을 'ㅸ'으로 약화시킬 수 없다면 비음보다 공명도가 더 낮은 마찰음도 역시 후행하는 'ㅂ'을 'ㅸ'으로 약화시킬 수 없다. 그렇기 때문에 'ㅿ'이 후행하는 'ㅂ'을 'ㅸ'으로 약화시킬 수 있는 현상을 볼 때 과연 'ㅿ'을 유성 마찰음으로 해석해도 되는지를 의심하게 된다. 본절에서는 '유성음–ㅸ'의 연쇄를 다시 고찰함으로써 'ㅿ(ㅿ₃)'의 음가를 다시 추정하고자 한다.

5.1.3.1. '유성음-ㅸ'의 연쇄에 대하여

본절에서는 '유성음-ㅸ'의 연쇄에 대해 살펴보도록 하겠다. 앞서 언급한 것처럼 'ㅸ'의 출현환경이 '모음-모음' 사이, '활음 [j]-모음' 사이, 'ㄹ-모음' 사이, '△-모음' 사이다. 본절에서는 이러한 환경뿐 아니라 '비음-모음' 사이에 있는 'ㅂ'도 살펴보도록 한다.

5.1.3.1.1. '모음-ㅸ'의 연쇄에 대하여

후기 중세 한국어에서 'ㅸ'은 '모음-모음' 사이에 출현할 수 있다. 예를 보기로 한다.

(68) 가. 粟村 **조ㅋ볼** (『龍飛御天歌』2:22ㄴ)
　　나. **스ㄱ볼** 軍馬를 이길씨 ㅎ녕사 믈리조치샤 (『龍飛御天歌』5:31ㄴ)
　　다. 도즈기 **셔볼** 드더니 (『龍飛御天歌』6:47ㄴ)
　　라. 내 **풍류바지** 드리고 (『釋譜詳節』24:28ㄴ)
　　마. 無色界옛 늖므리 **ᄀ르비** ᄀ티 느리다 (『月印釋譜』1:36ㄴ)
　　바. 又 **늖두베** 므거본 들 아라든 (『蒙山和尙法語略錄』:2ㄴ)
　　사. 方便力으로 깁 **가볼딕** 쉬우믈 爲ㅎ야 (『月印釋譜』14:80ㄱ)

(68가)에서 '조ㅋ볼'은 '조ㅎ[粟]'과 'ᄀ볼[村]'이 합친 것으로 분석된다. 같은 원리로 '스ㄱ볼'도 '스'와 'ᄀ볼[村]'이 합친 것으로 분석될 수 있다. 'ᄀ볼'에 대해 여러 견해가 있는데 이동석(2010: 236)은 선행 연구를 나열하면서 'ㅸ'이 합성 과정에서 생겼다고 주장하였다. '셔볼'도 '*셔'와 '*블'이 합친 것으로 볼 수 있으며 합성 과정에 'ㅸ'

이 생긴 것이다. '풍류바지'는 '풍류[音樂]'와 '바지[匠]'가 합친 것으로, 'ᄀᆞᆯ비'는 'ᄀᆞᆯ[粉]'와 '비[雨]'가 합친 것으로 분석될 수 있다. (68바)에서 'ᄂᆞᆺ두베'는 우선 '눈[眼] + ㅅ + 두베'로 분석되고 '두베'도 '*둡-[蓋] + -에'로 분석된다. 이동석(2010: 239)은 'ᄀᆞᄫᆞᆫ디'는 'ᄀᆞᄫᆞᆫ-'과 '-디'가 합친 것으로 해석하고 'ᄀᆞᄫᆞᆫ'을 '*ᄀᆞᆸ[中間]- + -은(관형어미)'로 다시 분석하였다.

위에서 분석한 바와 같이 'ㅸ'은 형태소와 형태소가 결합하는 과정에서 생긴 것이고 'ㅂ'으로 소급할 수 있다. 이러한 현상은 자음약화로 볼 수 있다. 즉 모음은 후행하는 'ㅂ'을 'ㅸ'으로 약화시킬 수 있다.

5.1.3.1.2. '활음-ㅸ'의 연쇄에 대하여

후기 중세 한국어에서 '활음-모음' 환경에 'ㅸ'이 출현할 수 있다.

> (69) 가. 믈 우흿 **대버믈** 혼 소ᄅᆞ로 티시며 (『龍飛御天歌』9:39ㄱ)
>   나. 竹田 **대받** (『龍飛御天歌』5:26ㄱ)
>   다. 淵遷 **쇠벼르** (『龍飛御天歌』3:13ㄴ)
>   라. 올ᄒᆞ녁 **메밧**고 올흔 무룹 ᄭᅮ러 (『月印釋譜』10:44ㄴ)
>   마. 滓躄洞 **지벽**골 (『龍飛御天歌』1:49ㄴ)

(69가), (69나)를 보면 '대범'은 '대[大]'와 '범[虎]'이 합친 것으로, '대받'은 '대[竹]'와 '받[田]'이 합친 것으로 분석할 수 있다. 柳在泳(1974: 203)은 '쇠벼르'를 '소ᄒᆡ[淵] + -ㅣ(관형격조사) + *벼르[遷]'로 분석하였다. '메밧다'는 승려가 가사를 왼쪽 어깨에서 오른쪽 겨드랑

이 밑으로 걸쳐 입는다는 의미를 가지고 있다. 이동석(2008: 83-84)은 '메밧다'에 대해 '어깨에 걸치다'라는 의미의 '메다'와 '옷을 걸치지 않다'라는 의미의 '밧다'가 합친 것으로 해석하였다. '지벽'은 역시 '지[渚] + 벽[甓]'으로 분석된다.

(69)에서 제시된 예를 보면 이때의 'ㅸ'도 형태소와 형태소가 결합하는 과정에 생긴 것이다. 곧 활음은 'ㅂ'을 'ㅸ'으로 약화시킬 수 있다.

5.1.3.1.3. 'ㄹ-ㅸ'의 연쇄에 대하여

후기 중세 한국어에서 'ㄹ-모음' 환경에 'ㅸ'이 출현할 수 있다.

> (70) 가. 北道애 보내어시늘 **글발**로 말이〈 ᄫ〉 ᄫ 〈 『龍飛御天歌』 4:24ㄴ)
> 나. 彩ᄂᆞᆫ 빗난 **필빅**이라 (『釋譜詳節』 23:38ㄱ)
> 다. 두루 **돌보**며 붓그려 ᄒᆞ더라 (『釋譜詳節』 3:8ㄱ)
> 라. 그 고지 **ᄂᆞ올봅**고 貴ᄒᆞᆫ 光明이 잇더라 (『釋譜詳節』 11:31ㄴ)

'글발'은 '글 + 발(가늘고 긴 모양)'로 분석될 수 있다. '필빅'은 '필(疋) + 빅[帛]'으로 분석된다. '돌보다'는 '돌다'와 '보다'가 합친 것으로 볼 수 있다. 南廣祐(1997: 345)에서는 'ᄂᆞ올봅다'를 'ᄂᆞ올'과 '봅다'의 복합어로 해석하였다.

위에서 제시한 것처럼 'ㄹ'은 후행하는 'ㅂ'을 'ㅸ'으로 약화시킬 수 있는 것을 알 수 있다. 'ㄹ'은 자음이지만 위와 같은 약화 현상을 볼 때에 후기 중세 한국어의 'ㄹ'은 모음적인 성격이 강하다고 할 수 있다.

5.1.3.1.4. '비음-ㅂ'의 연쇄에 대하여

앞서 '모음-ㅸ'의 연쇄, '활음-ㅸ'의 연쇄, 'ㄹ-ㅸ'의 연쇄를 살펴
보았다. 지금부터 '비음-모음' 사이에 있는 'ㅂ'에 대해 보겠다.

> (71) 가. 三田渡 **삼받**개 (『龍飛御天歌』 3:13ㄴ)
> 　　나. 按板灘 **안반**여흘 (『龍飛御天歌』 3:13ㄴ)

위에서 보듯이 비음 뒤에 후행하는 'ㅂ'은 'ㅸ'으로 실현되지 않고
그대로 실현됨을 확인할 수 있다. 후기 중세 한국어에서 '비음-ㅸ'의
연쇄를 찾기 어렵고 '비음-ㅂ'의 연쇄도 많지 않다. 한편 후기 중세
한국어에서 'ㄱ'이 'ㅇ([ɦ])'으로 실현되는 예가 있는데 이러한 음운현
상도 약화로 볼 수 있다. 예를 보겠다.

> (72) 가. 梨浦 빈**애** (『龍飛御天歌』3:13ㄴ)
> 　　나. 沙峴 몰애**오**개 (『龍飛御天歌』9:49ㄴ)
> 　　다. 楸洞 ᄀ래**올** (『龍飛御天歌』10:19ㄴ)

> (73) 가. 蛇浦 ᄇ얌**개** (『龍飛御天歌』3:13ㄴ)
> 　　나. 圍仍浦 어싱**개** (『龍飛御天歌』1:31ㄴ)
> 　　다. 鎭浦 딘개_(『龍飛御天歌』3:15ㄴ)

(72)에서 제시한 것과 같이 '개', '고개', '골'은 활음 뒤에 각각
'애', '오개', '올'로 실현된다. 그러나 비음 뒤에 있는 '개'는 '애'로
실현되지 않았다. (72), (73)을 통해 비음은 후행하는 'ㄱ'을 'ㅇ'으로
약화시킬 수 없다는 것을 알 수 있다. 한편 현대 한국어의 모음 사이

에 있는 'ㅂ'은 수의적 마찰음화가 일어나지만 '비음-모음' 환경에 있는 'ㅂ'은 수의적 마찰음화가 일어나지 않는다. 그리고 김한별 (2012: 32-33, 41-42)은 'ㅸ'을 가진 단어를 조사하였는데, 그 단어들을 보면 'ㅸ' 앞에 있는 분절음이 비음인 경우가 없다. 이러한 측면을 볼 때에 후기 중세 한국어에서 비음은 후행하는 'ㅂ'을 'ㅸ'으로 약화시킬 수 없다는 결론을 내릴 수 있다.

5.1.3.1.5. '△-ㅸ'의 연쇄에 대하여

후기 중세 한국어에서 '△-ㅸ'의 연쇄를 확인할 수 있다. 예를 보겠다.

(74) 가. 跋提 말이 긔 아니 **웃ᄫ**니 (『月印釋譜』7:1ㄱ)
　　 나. 跋提 말이 긔 아니 **웃ᄫ**니 (『月印千江之曲』上:64ㄴ)
　　 다. 오늜 나래 내내 **웃ᄫ**리 (『龍飛御天歌』3:16ㄱ)
　　 라. 그낤 말이 내내 **웃ᄫ**리 (『月印釋譜』20:61ㄱ)

(74가)와 (74나)가 같은 내용이지만 '웃ᄫ-', '웃ᄫ-' 두 형태를 확인할 수 있다. (74다)와 (74라)에서 '웃ᄫ-' 형태를 확인할 수 있다. '웃ᄫ-'는 '웃[笑]- + -브-(접사)'로 분석될 수 있다. 따라서 '△'은 후행하는 'ㅂ'을 'ㅸ'으로 약화시킬 수 있다. '웃ᄫ-'에서 '△'을 대신 'ㅅ'으로 표기했을 뿐이라고 생각한다. 후기 중세 한국어에서도 이와 비슷한 예를 확인할 수 있다.

(75) 가. 肝肺롤 **잇브**게 ᄒᆞ노니 (『杜詩諺解』3:49ㄱ)

　나. 喜는 **깃블**씨니 (『釋譜詳節』9:6ㄴ)
　다. 우리들히 至極 **곳ᄇ**고 (『月印釋譜』14:76ㄱ)

　'잇브-'는 '잊-[勞] + -브-'로, '깃브-'는 '깄-[喜] + -브-'로, '곳ᄇ-'는 'ᄀᆽ-[勞] + -ᄇ-'로 분석될 수 있다. 『훈민정음』종성해에서 "然ㄱㆁㄷㄴㅂㅁㅅㄹ 八字可足用也 如빗곶爲梨花 엿의갗爲狐皮 而ㅅ字可以通用"라는 기록이 있다. 이 기록은 (75)의 표기 현상을 설명하는 데 도움이 된다.

　후기 중세 한국어에서 폐쇄음 뒤에서는 평음이 경음화하지 않았던 것으로 보이지만 마찰음 'ㅅ' 뒤에서는 평음이 경음화했던 것으로 보인다. 예를 보겠다.

　(76) 가. 엇뎨 羅睺羅를 **앗기**ᄂᆞᆫ다 (『釋譜詳節』6:9ㄱ)
　　　 나. 오래 안자셔 곳다온 ᄣᅳᆯ **앗ᄭᅵ**노라 (『杜詩諺解』23:32ㄴ)

　(76)에서 보는 바와 같이 'ㅅ 종성' 뒤에 후행하는 평음이 경음화했던 것을 알 수 있다. 종성에 있는 'ᅀ'이 'ㅅ'으로 표기되기도 했지만 음운현상을 통해 'ᅀ'인지 'ㅅ'인지를 파악할 수 있다.

　계속하여 다른 예를 보기로 한다.

　(77) 가. 便安케 ᄒᆞ야 **엿봐** 便을 得홇 거시 업긔 호리이다 (『釋譜詳節』21:51ㄴ)
　　　 나. 天魔ㅣ **엿와** 그 便을 得호미오 (『楞嚴經諺解』10:41ㄱ)
　　　 다. 시름ᄒᆞ야셔 노피 새 디나가ᄆᆞᆯ **여ᅀᅥ보**노니 (『杜詩諺解』10:36ㄴ)
　　　 라. 窓ㅇ로 **여ᅀᅥ** 지블 보니 (『楞嚴經諺解』5:72ㄱ)

'엿보-'와 '엿와-'를 통해 '*엿보-' 형태를 재구할 수 있다. '*엿보-'
는 '엿- + 보-'로 분석될 수 있다. '엿보다'는 통사적인 합성어 '여
서보다(77다)'가 공존하며 '엿다'가 [窺]의 의미로 사용된 예가 있어(77
라) 역시 합성용언으로 보는 것이 좋다.

(78) 가. 太子ㅣ **것바ᅀᅵ** 드외야 빌머거 사니다가 (『釋譜詳節』24:52ㄱ)
나. 蕩子는 **겻와ᅀᅵ**라 (『金剛經三家解』4:22ㄴ)

'국립국어원'은 '것바ᅀᅵ'를 '걸[乞] + ㅅ(사이시옷) + 바지[匠]'로 분
석하였다.112) 후기 중세 한국어에서 'ㄹ' 뒤에 'ㅅ'이 오면 'ㅅ'이
'ᅀ'으로 바뀐 후에 'ㄹ'이 탈락하는 현상이 있다. '男人'은 '남신'과
'남진'이 공존하므로 '바지[匠]'도 '바ᅀᅵ'와 '바지'형태가 공존하였을
것이라고 설명하였다.113) 이동석(2008: 83-84)은 '것바ᅀᅵ'를 '*것[意味不
明]- + 밧[脫]- + 이'로 분석한다. 조항범(2014: 7)은 姜信沆(1980: 62)에
따라 '*것밧' 형태를 재구하였고 이러한 재구형을 고려할 때 '국립국
어원'과 이동석(2008)의 견해가 문제가 있다고 보았다. '것바ᅀᅵ'는 '거
지[乞人]'의 의미를 가지고 있고 '거지'가 현대 한국 방언에서 어떻게
실현되는지를 살펴보도록 한다.

---

112) 국립국어원 홈페이지에서는 '국어 어휘 역사' 검색 프로그램을 제공한다. '것바ᅀᅵ'에
대해 '걸[乞] + ㅅ(사이시옷) + 바지[匠]'로 분석하였다.

113) '것바ᅀᅵ'를 '걸[乞] +ㅅ(사이시옷) + 바지[匠]'로 분석하면 '바지'가 '바ᅀᅵ'로 실현될
수 있는지에 대해 의문할 수 있다. 후기 중세 한국어에서 'ㅈ'은 유성음 사이에 [ʑ],
[ʒ]로 실현되기도 하고(소신애 2012b: 71), 현대 한국 방언에서 유성음 사이의 'ㅈ'이
약화하거나 탈락한 예를 확인할 수 있다. 'ᅀ'은 약한 소리고 'ㅈ'이 약화 과정에서
한 중간 단계로 생각하면 '바지'는 '바ᅀᅵ'로 실현된 것이 전혀 불가능하지 않다. 구
체적인 설명을 5.1.4.2.2 참조

(79)[114] 가. 거라시: (전남)담양, (전북)순창

나. 거라이: (전북)남원

다. 거랑뱅이: (평남)평양 · 용강 · 개천 · 평원

라. 거랑치: (평북)박천 · 영변 · 태천

마. 거래치: (평북)태천 · 선천 · 신의주

바. 거랭이: (경남)거제 · 통영 · 하동, (충북)영동, (평남)
　　　　　　　중화 · 평양 · 대동 · 진남포 · 강서 · 성천 · 덕천 ·
　　　　　　　개천 · 순천 · 안주, (평북)운산 · 태천 · 신의주 ·
　　　　　　　벽동 · 후창

사. 거러시: (경북)영주

아. 거러지: (경북)청송, (강원)양양, (함북)경성 · 부령 ·
　　　　　　　종성 · 무산

자. 걸방이: (충북)영동

차. 걸뱅이: (경남)양산 · 동래 · 부산 · 김해 · 마산 · 진주 ·
　　　　　　　거창 · 합천 · 창녕 · 밀양,(경북)대구 · 고령 · 김천

카. 걸빙이: (경남)울산, (경북)영천 · 포항 · 영덕

타. 걸바생이: (경북)의성

파. 걸버시: (경북)예천 · 안동 · 영주 · 청송

하. 거름뱅이: (강원)강릉

'것바ᅀᅵ'는 '거지[乞人]'의 의미를 가지고 있고 '거지'는 현대 한국 방언에서 '*것-' 형태나 '*거시-' 형태를 찾기 어렵기 때문에 '것바ᅀᅵ'를 '*것- + 밧- + 이'로 분석한 것은 재고의 여지가 있다. 姜信沆 (1980: 62)은 15세기 문헌을 참고하여 '丐剃'을 '것밧'으로 해석하였는데 '丐剃'만 가지고 12세기에 '*것밧' 형태가 존재했다고 하기는 어렵고 조항범(2014)의 주장도 설득력이 높지 않다.

---

114) (79)에 있는 방언 자료는 '한민족 언어 정보화' 검색 프로그램, 小倉進平, 이상규 · 이순형 교열(2009: 127)을 참조하였고 '것바ᅀᅵ'와 관련된 형태만 제시하였다.

한편 이동석(2010: 238)은 '바지'가 '匠人'과 같이 전문성을 가진 사람에게만 사용한다고 하였다. 그러나 15세기 문헌에 '흥정바지[商人]'[115]도 나타났는데 '흥정바지'는 흥정을 하는 사람으로 분석할 수 있다. 같은 원리로 '것바ᅀᅵ'도 구걸하는 사람으로 볼 수 있다. '商人'을 어떤 전문성을 가진 사람으로 보게 되면 '乞人'도 어떤 전문성을 가진 사람으로 보아야 한다.

이상에서 설명한 것처럼 '것바ᅀᅵ'를 '걸[乞] + ㅅ(사이시옷) + 바지[匠]'로 분석할 수 있고 'ᅀ'은 후행하는 'ㅂ'을 'ㅸ'으로 약화시킬 수 있다.

본절에서는 'ᅀ-ㅸ'의 연쇄를 보았다. 'ᅀ'은 모음, 활음, 'ㄹ'과 같이 후행하는 'ㅂ'을 'ㅸ'으로 약화시킬 수 있다.

5.1.3.2. 'ᅀ(ᅀ₃)'의 음가에 대하여

앞서 '유성음-ㅸ'의 연쇄에 대해 살펴보았는데 일부 유성음 뒤에 후행하는 'ㅂ'이 'ㅸ'으로 실현되고 이러한 음운 현상은 자음의 약화로 볼 수 있다. 약화는 분절음의 공명도가 높아지는 것이고[116] <표 29>에서 분절음의 공명도를 나열하였다. 분절음의 공명도는 '모음 > 접근음 > 유음 > 비음 > 마찰음/파찰음 > 파열음'의 순으로 낮아진다. 5.1.3.1에서 분석한 것처럼 후기 중세 한국어에서 모음, [j] 활음, 'ㄹ', 비음, 'ᅀ'의 뒤에 'ㅂ'이 오면 각각 '모음-ㅸ', '[j] 활음-ㅸ', 'ㄹ-ㅸ', '비음-ㅂ', 'ᅀ-ㅸ'으로 실현된다. 5.1.3.1.4에서 제시한 것처럼 비음은 후행하는 'ㅂ'을 'ㅸ'으로 약화시키는 힘이 없다. 만약

---

115) 海中엣 五百 **흥정바지** 보비 어더와 바티ᅀᆞᄫᅥ며 (『月印釋譜』2:45ㄴ)
116) R.L.Trask, 編輯組 譯(2000: 150)에서 자음의 약화에 대해 설명하였다.

'ㅿ'을 유성 마찰음으로 해석하면 과연 비음보다 더 낮은 공명도를 가진 'ㅿ'이 어떻게 후행하는 'ㅂ'을 'ㅸ'으로 약화시킬 수 있는지 의심된다. 그러나 5.1.3.1.5에서 분석한 것처럼 'ㅿ'은 후행하는 'ㅂ'을 'ㅸ'으로 약화시킬 수 있다. 그래서 'ㅿ'을 유성 마찰음으로 해석해도 되는지를 의심하게 된다. 분절음의 공명도 척도는 'ㅿ'이 비음보다 더 높은 공명도를 가진 유음이나 접근음이었음을 암시한다.

(65)에서 자음 약화의 유형을 나열하였는데 '마찰음 > 접근음'의 약화 유형이 확인된다. 분절음의 공명도 척도와 자음 약화의 유형을 모두 고려하면 'ㅿ'은 접근음이었다는 결론을 얻을 수 있다.

한편 음절과 음절이 결합할 때의 위치에 따라 강한 자리(strong position)와 약한 자리(weak position)로 나뉠 수 있다.

〈표30〉 음절 위치에 따른 강한 자리와 약한 자리[117]

	position	usual name	
a	#_V	word-initial	strong position
b	VC._V	post-Coda	
c	V_.CV	internal Coda	weak position
d	V_#	final Coda	
e	V_V	intervocalic	

<표30>을 통해 'ㅿ'과 'ㅂ'이 연쇄하게 되면 'ㅿ'은 약한 자리에 있고 'ㅂ'은 강한 자리에 있다는 사실을 알 수 있다. 15세기 전에 '*ㅿ-ㅂ'의 연쇄가 유지되어 왔지만 'ㅿ'은 약한 자리에 있어서 계속 약화되고 있었을 것이다. 만약 'ㅿ'이 계속 약화되어 접근음으로서 모

---

117) P.Ségéral and T.Scheer, *Lenition and Fortition*, Walter De Gruyter, 2008, p.135.

음의 성격을 많이 갖게 되면 '*△-ㅂ'의 연쇄에서의 'ㅂ'은 음절 안의 위치가 <표30b>에서 <표30e>로 바뀌게 된다. 즉 'ㅂ'은 강한 자리에서 약한 자리로 이동하게 된다. 이러한 측면을 볼 때 '△'을 접근음으로 해석할 수 있다고 생각한다.

5.1.4. '△〉ㅈ', 'ㅅ〉ㅈ'의 변화로 본 '△(△₄)'의 음가

후기 중세 한국어의 '△'은 현대 중부 방언에서 주로 [Ø]로 실현되지만 '혼자(ㅎᄫᅀᅡ)', '삼짇날(삼 + 읻 + ㅅ + 날)'을 비롯한 단어에서는 'ㅈ'으로 실현되기도 한다. 이에 대해 李基文(1972)은 '△〉ㅈ'의 변화로 설명하였다. 李基文(1972: 39)에서는 "'△〉ㅈ'은 주로 'm-v' 환경에서(드물게 'n-v' 환경에서) 일어난 것으로 믿어진다."라고 주장한다. 따라서 '△〉ㅈ'의 변화는 한정된 환경에서 예외적인 변화로 간주되어 왔다. 그러나 蘇信愛(2012a)는 방언을 조사하여 '△〉ㅈ'의 변화를 겪은 예를 상당수 추가하여 '△〉ㅈ'의 변화가 예외적인 변화가 아니라 일반적인 변화로 보았다.

이러한 선행 연구는 '△'을 음소 /z/로 보는 것을 전제로 하여 '△〉ㅈ'의 변화를 논의하였다. 그러나 4장에서 언급한 것처럼 고유어에서 '△'은 음소의 기능을 수행하지 못했으며 'ㅅ〉Ø'의 변화 과정에서의 하나의 음성표기일 뿐이었다. 한자어에 있는 '△'은 한어 일모를 차용한 것이기 때문에 원래는 음소의 기능을 수행하였다가 15세기에 들어서 음소의 기능을 상실하게 되었다. 본절에서는 선행 연구에서 다루었던 '△〉ㅈ'의 변화를 어원에 따라 '△〉ㅈ'의 변화

와 'ㅅ〉ㅈ'의 변화로 나누어 설명하기로 한다. 우선 한자어에서
'ㅿ〉ㅈ'의 변화를 분석하고 이러한 변화를 통해 'ㅿ(ㅿ₄)'의 음가를
파악하고자 한다. 그 다음에 고유어에서 'ㅅ〉ㅈ'의 변화를 분석하고
이러한 변화를 통해 'ㅿ(ㅿ₄)'의 음가에 대해 살펴보도록 한다.

5.1.4.1. 한자어에서 'ㅿ〉ㅈ'의 변화로 본 'ㅿ(ㅿ₄)'의 음가

5.1.4.1.1. 한자어에서 'ㅿ〉ㅈ'의 변화에 대하여

한자어에서 'ㅿ〉ㅈ'의 변화를 겪은 단어는 '질(日)'과 '진(ㅅ)'이다.
문헌을 보면서 살펴보도록 하겠다.

(80) **明**朝   **餒直**阿怎   閔朶 (『朝鮮館譯語』:7ㄱ)
　　 聖**節**　　　臨貢**省直**　　　升哲 (『朝鮮館譯語』:16ㄴ)

'餒直'은 '내일'의 뜻이고 '省直'은 '생일'의 뜻이다. 여기 '일'은 징
모자(澄母字)인 '直'으로 표기되어 있고 '直'의 음가는 [tʃi]로 재구할
수 있다.[118] 姜信沆(1995: 58-59, 104), 權仁瀚(1998: 110, 156)은 '餒直'을
'닉실'로, '省直'을 '싱실'로 해석하였다. 그런데 『조선관역어』에서
한국 일모 한자어는 일모 한자, 혹은 [Ø]를 가진 한자로 표기되고
'直'으로 표기된 일모 한자어는 '餒直'과 '省直' 뿐이다. 그리고 『조선
관역어』에서 '日 害 忍'[119]이라는 기록이 있는데 '忍'을 가지고 '실'

---

118) '直'의 음가에 대해 『漢字字音演變大字典』編輯委員會(2012: 28)를 참조하였다.
119) '내일', '생일'에서 '일'은 '날'의 뜻을 가지고 있고 '日 害 忍'은 태양에 대한 기록이
　　다. '日'은 여러 의미를 가지고 있지만 그 발음은 의미에 따라 변하지 않는다. 그리고

을 표기할 수 있는 상황에서 '直'을 택한 것은 어떤 의도성을 보인다.[120] 후기 중세 한글 문헌에서 '일(日)'이 '질'로 표기되는 예가 확인되지 않지만 19세기 문헌에서 '일(日)'이 '질'로 표기되는 예를 확인할 수 있다.

(81) 이월 한식 삼월 **삼질** 샤월 시계 (『남원고사』5:13ㄱ)

'삼질'은 '삼(三) + 실(日)'로 분석되고 '△'은 'ㅈ'으로 실현된다. 그리고 현대 한국어에서 '음력 삼월 초사흗날'의 의미를 가진 '삼짇날'이 있는데 이를 '삼(三) + 질(日) + ㅅ + 날'로 분석할 수 있다. 현대 한국어에서 '삼질', '삼짇날'도 계속 사용되고 있다. 그리고 현대 한국어에 '명질(名日)'[121]이 있는데 중세 문헌, 근대 문헌에서 주로 '명일'로 표기되어 있고 현대 한국어에서 '명일(名日)'[122]도 사용되고 있다. 이러한 사실을 통해 '餕直'과 '省直'을 '*늬질', '*싱질'로 해석할 여지가 있다.

『조선관역어』에서 'ㄹ종성'은 [n] 운미를 가진 한자로 표기하는 예가 많다(權仁瀚, 『朝鮮館譯語의 音韻論的 研究』, 太學社, 1998, 265~266면).

120) 權仁瀚(1998: 246)에서는 "'△'에 대하여 『조선관역어』의 2단에서는 /ʧ/(또는 /ʧʰ/), 3단에서는 /ʒ/(또는 Ø)가 대응되고 있는데, 이 사실은 『조선관역어』 2·3단의 전사 시기상의 차이를 증언하는 것으로 보았다."라고 주장한다. 그러나 제334항에서 '婦人 못깃 ㅏ깃'이라는 기록이 있어 2단의 '△'과 일모자가 대응한다. 따라서 위의 주장을 다시 생각할 필요가 있다. 그리고 『조선관역어』에서 총 596항목을 기록하였는데 2단이 원결인 항목은 161이다. 만약 2·3단은 같은 시기에 작성한 것이 아니라면 161항목은 역이 없고 어만 있는 상태이다. 다른 『화이역어』를 살펴보면 역이 없고 어만 있는 항목이 없다. 결국 2·3단은 다른 시기에 작성한 것으로 보기 어렵다.

121) 『우리말 큰사전』에서는 '명질(名日)'이 수록되어 있다. 구체적인 설명을 한글학회(1992: 1406)에서 확인할 수 있다.

122) 『우리말 큰사전』에서는 '명일(名日)'이 수록되어 있다. 한글학회(1992: 1404)에서 '명일(名日)'과 '명질(名日)'은 같은 말로 간주한다.

계속하여 '진(ㅅ)'에 대해 살펴보겠다. 15세기부터 19세기까지의 문헌에서 '남진(男ㅅ)' 형태를 확인할 수 있다.

> (82) 가. 奴는 **남진** 죠이오 (『釋譜詳節』13:19ㄱ)
> 나. ᄯᆞ리 **남진** 셤교믈 반ᄃᆞ시 공경ᄒᆞ며 (『飜譯小學』7:34ㄱ)
> 다. 나히 셜흔의 **남진**이 죽거늘 (『東國新續三綱行實圖』烈女8:2ㄴ)
> 라. 寡난 **남진** 업ᄉᆞ라 (『御製內訓』2:79ㄱ)
> 마. 젼 **남진**이 쟝촛 니르니 (『太平廣記諺解』:14ㄴ)

위에서 보는 바와 같이 15세기부터 19세기까지의 문헌에서 '남진' 형태가 확인된다. '남진'은 현대 한국어에서 사어가 되고 거의 쓰이지 않는다. 그러나 현대 한국어에서 '남진(男ㅅ) + 계집'으로 분석할 수 있는 '남진계집'이 있는데 이 단어를 통해 'ㅅ'이 '진'으로 실현되는 것을 확인할 수 있다. 중세 문헌, 근대 문헌에서 '남진겨집',[123] '남진계집'[124] 등 형태를 확인할 수 있지만 그들의 의미는 현대 한국어와 달리 '부부'의 뜻을 가지고 있었다. 현대 한국어에서는 '남진계집'이 '내외를 갖춘 남의 집 하인'을 나타내는 말로 사용되고 있다. 이러한 의미 변화는 '계집'이 현대 한국어에서 아내나 여자를 비하하여 가리키는 말로 사용되는 것과 관련이 있는 것으로 판단된다. 이러한 비칭은 근대 시기에 생긴 것이라고 설명되고 있다.[125]

계속해서 'ㅿ>ㅈ'의 변화가 일어나는 시기에 대해 보겠다. 우선 15세기 문헌을 살펴보겠다.

---

123) **남진겨집** 굴히요믈 일위 夫婦의 義롤 셰요미라 (『內訓』1:68ㄱ)
124) 呂布ㅣ 셔셔 니로되 내 혼쟈 시작ᄒᆞ여셔 우리 남진계집 되여 사쟈 (『三譯總解』1:18ㄴ)
125) '국어 어휘 역사' 검색 프로그램의 '남진계집' 검색결과 참조.

(83) 가. **닉실** 구루믈 보고 (『杜詩諺解』3:45ㄴ)

　　　나. 九日은 **닉실** 아츠미 이니 (『杜詩諺解』11:30ㄱ)

　　　다. 四十이 **닉실** 아츠미 디나가ᄂᆞ니 (『杜詩諺解』11:37ㄴ)

15세기 문헌에서 한자음은 주로 동국정운 한자음으로 표기되어 있지만 현실음으로 표기된 예도 확인된다. (83)에서 제시한 것처럼 '來日'은 '닉실'로 표기되어 있다. 16세기 문헌에서 '日'은 '일',[126] '실'[127]로 표기되는 형태를 확인할 수 있지만 '질'로 표기되는 형태를 확인할 수 없다. 근대 한국어 문헌에서 '日'은 주로 '일'[128]로 표기되는 형태가 확인될 수 있는 반면에 '질'로 표기되는 예를 찾기 어렵다.

앞서 언급했듯이 15세기부터 19세기까지의 문헌에서 '남진('남진계집' 포함)' 형태를 제외하면, 'ㅿ'이 다른 단어에서 '진'으로 실현되는 예는 찾기 어렵다. 그리고 15세기 문헌에서 'ㅿ'의 '인', '신' 형태가 모두 확인된다.

(84) 가. 부톄 **인ᄉ**ᄒᆞ신대 (『月印釋譜』2:9ㄱ)

　　　나. 大衆을 **신ᄉ**ᄒᆞ시니 (『月印釋譜』22:18ㄴ)

　　　다. **가인**의 상빅 (『신창맹씨묘출토언간』)

15세기 문헌에서 '人事'는 '인ᄉ', '신ᄉ' 형태를 모두 확인할 수 있고 '가인'은 '家人'의 뜻을 가지고 있다. 5.1.1.3에서 이미 언급했듯이 15세기, 16세기의 문헌에서 'ㅿ'과 'ㅇ'이 혼동하는 현상은 흔히 발견할 수 있는데 이러한 현상은 당시 'ㅿ'의 음가와 관련이 있다.

---

126) 故고로 日일月월以이告고君군ᄒᆞ고 (『飜譯小學』3:11ㄴ)

127) 吾오ㅣ 日실三삼省셩吾오身신ᄒᆞ노니 (『論語諺解』1:2ㄴ)

128) 닉일 아츠미 封事ㅣ 이실ᄉㅣ 즈조 밤이 어도록고 뭇노라 (『杜詩諺解(重刊本)』6:14ㄴ)

그리고 한글 문헌에서 '남진', '남진겨집'을 제외하면 일모 한자음이 'ㅈ'으로 실현되는 예를 찾기 어렵다. 일모가 'ㅈ'으로 실현된 예는 '*닉질', '*싱질', '남진', '남진겨집'만 확인되므로 15세기에 'ㅿ>ㅈ'의 변화는 일어나지 않았다고 생각한다.

다음으로 'ㅿ>ㅈ'의 변화 원인에 대해 살펴보겠다. '*닉질', '*싱질', '남진', '남진겨집' 등의 예를 보면 이것들은 한자어이긴 하지만 고유어처럼 인식되는 것들이다. 『조선관역어』의 제2단에 주로 고유어를 기록하는데 '餂直', '省直'은 제2단에 기록되어 있다. 『월인석보』에서 한자어는 주로 '한자 + 동국정운 한자음'으로 기록되어 있지만 '남진'은 그렇게 표기되어 있지 않았다. 그리고 이러한 단어를 다시 보면 'ㅿ', 'ㅈ'은 모두 유성음 사이에 있다. 5.1.1.2에서 언급한 것처럼 전기 중세 한국어에서의 'ㅿ'은 유성 마찰음으로 실현된다. 유성 환경은 약화 현상이 일어나는 환경이다. 그런데 유성 환경에서 'ㅿ>ㅈ'의 변화는 일종의 강화 현상이고 조음 측면을 볼 때 유성 환경에서 'ㅿ>ㅈ'의 변화는 일어나기 힘든 변화이다. 따라서 다른 측면에서 'ㅿ>ㅈ'의 변화 원인을 찾아야 한다. J.J.Ohala(1993: 257-258)에서는 청자의 오분석으로 인해 음변화가 일어날 수 있다고 언급하였다. 청자가 명확하지 않은 소리를 듣고 정확하게 교정한다면 음변화가 일어날 수 없는 반면에 청자가 잘못 교정한다면 음변화를 촉발할 수 있다. 따라서 만약 유성 환경에서 'ㅿ'과 'ㅈ'의 음가가 비슷하다는 것을 증명할 수 있으면 'ㅿ>ㅈ'의 변화를 청자에 의한 변화로 해석할 수 있다. 지금부터 이를 살펴보기로 한다.

소신애(2012b: 68-70)에서는 『로한ᄌᆞ뎐』에서 'ㅈ'이 [z]로 전사된 예,

Matveev의 저서인 『Kratkij Russko-Korejskij Slovarj』에서 'ㅈ'이 [z]로
전사된 예, 『로한회화(露韓會話)』의 서문에서 [dz]가 간혹 [z]로 실현된
다는 것, 육진 방언 화자의 발화에서도 /ㅈ/이 [z]로 실현되는 예를 제
시하면서 /ㅈ/이 유성음 환경에서 [z]로 실현될 수 있다고 주장한다.
현대 한국어에서 모음 사이에 있는 'ㅈ'은 수의적으로 [z]로 실현되기
도 한다.[129] 한편 유성음 사이는 약화 현상이 일어나기 쉬운 환경이
고 파찰음 'ㅈ'이 마찰음 [z]로 실현되는 것을 자음의 약화로 볼 수
있다. 따라서 유성음 사이에서 'ㅈ'이 [z]로 발음될 가능성이 있다. 다
른 언어에서도 이러한 약화 현상을 쉽게 확인할 수 있다.[130] 유성음
사이에 있는 '△'과 'ㅈ'의 음성이 유사하므로 청자가 '△'과 'ㅈ'을
혼동하기 쉽다. 만약 청자가 발화 해석 과정에서 '△'을 'ㅈ'으로 잘
못 분석하면 '△＞ㅈ'의 변화가 일어날 수 있다. 같은 맥락에서 소신
애(2012b: 72)도 청자가 '△'을 [z]로 듣되, 당시 유성음 사이의 'ㅈ'이
수의적으로 마찰음화함으로써 [z]로 실현된다는 점에 유인되어 이를 /
ㅈ/으로 복원했을 것이라고 설명하였다. 따라서 '△＞ㅈ'의 변화를
청자의 오분석으로 인한 변화로 볼 수 있다.

5.1.4.1.2. '△(△4)'의 음가에 대하여

본절은 한자어에서의 '△＞ㅈ'의 변화를 통해 '△'의 음가를 살펴
보도록 하겠다. '△'은 한어 일모와 대응하고 '△'의 변화를 파악하

---

129) 이호영(1996: 84)은 현대 한국어의 'ㅈ'의 변이음에 대해 소개하였다.
130) 유성 파찰음이 유성 마찰음으로 실현되는 언어는 N.Gurevich(2004: 143, 200, 240)에
　　 서 확인할 수 있다.

려면 한어 일모의 변화를 무시할 수 없다. 5.1.1.1.1과 5.1.1.2에서는 한어 일모의 변화와 한국 일모 한자음의 변화에 대해 살펴보았다. 한어 일모 한자음의 변화를 세분하면 다음과 같다.

(85) dz $\rightarrow$ z $\rightarrow$ j $\rightarrow$ ø

그리고 일모의 이러한 변화는 월어(粵語), 교료관화(膠遼官話)에서도 확인된다. 특히 명 나라 때 월어(粵語)에서 일모가 이미 접근음 [j]로 변하였다.

'ㅿ>ㅈ'의 변화를 살펴보겠다. 5.1.4.1.1에서 'ㅿ>ㅈ'의 변화 시기와 변화 원인에 대해 분석하였다. 15세기 문헌에서 일모가 'ㅈ'으로 실현된 예는 '*늬질', '*싱질', '남진', '남진겨집'만 확인되기 때문에 15세기 한국어에서 'ㅿ>ㅈ'의 변화는 일어나지 않았다고 생각한다. 그리고 'ㅿ'과 'ㅈ'의 음성이 유사하므로 청자가 'ㅿ'과 'ㅈ'은 서로 혼동할 수 있고 'ㅿ>ㅈ'의 변화를 청자의 오분석으로 인한 변화로 본다. 따라서 'ㅿ'의 음가는 [dz], [z]일 때만 'ㅿ>ㅈ'의 변화가 일어날 수 있다. 만약 'ㅿ'의 음가가 접근음 [j]라면 유성음 사이에 있는 'ㅿ', 'ㅈ'의 음성은 유사하지 않기 때문에 'ㅿ>ㅈ'의 변화가 일어날 수 없다. 다시 정리하면 다음과 같다.

(86)

$$dz \quad \rightarrow \quad z \quad \rightarrow \quad j \quad \rightarrow \quad ø$$

ㅈ

15세기

15세기부터 '△>ㅈ'의 변화가 일어나지 않은 원인은 '△'의 음가와 관련이 있다. 5.1.1.2에서 제시한 것처럼 『조선관역어』에서 일모한자어가 이모(以母) 한자로 표기되는 예가 확인되고 15세기 한글 문헌에서도 일모 한자어가 'ㅇ'으로 표기되는 예가 확인된다. 그리고 초성 [Ø]를 가진 한자어가 '△'으로 표기되는 예도 확인되므로 당시 사람들이 '△'과 'ㅇ'은 명확히 구별하지 못했다고 보고 후기 중세 한자어에서 '△'의 음가를 접근음 [j]로 파악한다. 15세기부터 '△>ㅈ'의 변화가 일어나지 않은 것도 당시 '△'의 음가가 유성 마찰음이 아니었음을 암시한다.

본절은 5.1.4.1.1에서 얻은 결론을 가지고 '△(△₄)'의 음가를 살펴보았다. 한국 일모 한자음의 변화에 대해 고찰하고 그의 음가 변화를 세분하였다. 이를 바탕으로 '△'의 가능한 음가에 대해 추정하였다. 후기 중세 한자어에서 '△>ㅈ'의 변화가 일어나지 않는 것, 문헌에서 '△'과 'ㅇ'이 서로 혼동하는 현상으로 보아 이러한 '△(△₄)'의 음가를 접근음 [j]로 해석한다.

5.1.4.2. 고유어에서 'ㅅ>ㅈ'의 변화로 본 '△(△₄)'의 음가

5.1.4.2.1. 고유어에서 'ㅅ>ㅈ'의 변화에 대하여

본절에서는 'ㅅ>ㅈ'의 변화에 대해 살펴보겠다. 우선 후기 중세 문헌을 통해 예를 살펴보겠다.

(87) 가. **손조** 밥 지어 먹고 (『飜譯老乞大』上:39ㄴ)

제 5 장 후기 중세 한국어에서의 'ㅿ'의 음가　**177**

나. ㅍᄂᆞᆫ 님재 **혼은자** 맛ᄃᆞ리니 (『飜譯老乞大』下:17ㄱ)

　후기 중세 문헌에서 '손소', 'ㅎᄫᅡ(ᄒᆞ오ᅀᅡ, 호오ᅀᅡ)'가 존재하기 때문에 '손조', '혼은자'에 있는 'ㅈ'을 'ㅿ>ㅈ'의 변화를 겪은 것으로 해석하는 것이 일반적이다. 그러나 '손조'는 '손'과 '*-소'가 합친 것으로 분석할 수 있고 '혼은자'는 'ᄒᆞ볼-[獨] + -사(강조)'로 분석할 수 있다. 따라서 '손조', '혼은자'에 있는 'ㅈ'은 'ㅅ>ㅈ'의 변화를 겪은 것으로 생각할 여지가 있다. 그리고 후기 중세 문헌에서 다음과 같은 예를 확인할 수 있다.

(88) 가. 미리 **구숑** 니보ᄆᆞᆯ 젼ᄂᆞ니 (『禪宗永嘉集諺解』下:71ㄱ)
　　 나. **ᄭᅮ죵**ᄒᆞ여 헐ᄡᅳ리디 아닐 거시니 (『小學諺解』5:102ㄴ)

　15세기의 문헌에서는 '구숑' 형태가 확인되고 16세기의 문헌에서는 'ᄭᅮ죵' 형태가 확인된다. 그러나 문헌에서 '구숑'의 'ㅅ'이 'ㅿ'으로 표기되는 형태는 확인되지 못한다. 이러한 예는 후기 중세 한국어에서 'ㅅ>ㅈ'의 변화가 일어날 수 있다는 것을 암시하고 있다. 따라서 '손조', '혼은자'도 'ㅅ>ㅈ'의 변화를 겪은 형태로 볼 수 있다.

(89) 가. **몸소** 南陽 싸해셔 받 가라 (『飜譯小學』8:19ㄴ)
　　 나. **몸소** 南陽애셔 받 가라 (『小學諺解』5:99ㄱ)
　　 다. **몸조** 받 가라 양친ᄒᆞ니 (『東國新續三綱行實圖』忠臣1:36ㄴ)

　(89)를 보면 후기 중세 문헌에서 '몸소'가 확인되고 17세기 문헌에서 '몸조'가 확인된다. '몸조'는 '손조'와 같이 '몸 + *-소'로 분석할

수 있는 것, 16세기 문헌에서 '몸소' 형태가 확인될 수 있는 것을 고려하면 이러한 현상을 꼭 '△>ㅈ'의 변화로 설명해야 되는지 의심스럽다. 근대 한국어에서 예문 (88)과 비슷한 예를 확인할 수 있다.

> (90) 가. 자치와 **이셧**ᄒ도다 (『杜詩諺解』16:71ㄴ)
> 나. 자최와 **이젓**ᄒ도다 (『杜詩諺解(重刊本)』16:72ㄴ)

후기 중세 문헌에서의 '이셧'은 근대 문헌에서의 '이젓'과 대응된다. 후기 중세 문헌에서 '이셧'의 'ㅅ'이 '△'으로 표기되는 형태가 확인되지 못한다. 이러한 예를 통해 근대 한국어에서 'ㅅ>ㅈ'의 변화가 일어났다고 할 수 있다.[131] 따라서 '손조', '혼은자', '몸조'는 'ㅅ>ㅈ'의 변화를 겪은 것으로 볼 수 있다. 그리고 4장에서 분석한 것처럼 후기 중세 고유어에서 '△'은 음소의 기능을 수행하지 못한 점을 고려하면 '△>ㅈ'의 변화는 성립되기 어렵다.

방언 자료를 살펴보기로 한다.

〈표31〉 '△'의 'ㅅ 반사형'과 'ㅈ 반사형'[132]

표준어(중세형)	ㅅ 반사형	ㅈ 반사형
부엌(브섭)	부삭, 부삽, 부삭, 부석, 부석깨, 부섭, 부석, 부섹, 부수깨, 부숙, 부숭,부스깨, 부스막, 부싴	부적, 부직
어스름(어스름)	어스럼, 어스름, 어슬막, 어슬먹, 어시름, 우술막, 우스막, 으스럼	어즐막

---

131) 차용어에서 '초소기'과 '초조기'도 확인할 수 있다.
  蘇 **초소기** 소 (『訓蒙字會』上:8ㄱ)
  紫蘇 **초조기** (『譯語類解』下:10ㄴ)

가장자리(ᄀᆞᆽ)	가:상, 가:상사리, 가:상이, 가:상자리, 가:생이, 가:성, 가:세, 가:셍이, 가:시, 가상, 가상사리, 가상자리, 가새, 가생이, 가세, 가시, 갓	가:정자리, 가장, 가장자리, 가쟁이
지렁이(것위)	거생이, 거숭이, 거스랑, 거스랭이, 그시, 그시~이, 그싱이, 꺼생이, 꺼셍이, 꺼시랑이, 꺼싱이, 꼬생이, 꼬싱이	꺼쟁이
보시기(보ᅀᆞ)	보사기, 보삭지, 보새기, 보새끼, 보생이, 보서기, 보세기, 보수, 보시, 보시기, 뽀시개	보재기
거의(거싀)	거신	가지, 거:진, 거자, 거작이, 거장, 거저, 거적, 거제, 거주반, 거줌, 거즘, 거지, 거지가, 거지반, 거지방, 거진, 거짐, 거짐다, 건:주, 건죽, 건줌, 건증, 전지, 건짐, 건짐다, 건집, 거짓, 건징
흰자위(힌ᄌᆞᅀᆞ)	흰자새, 흰자시, 흰조시, 힌조시, 힌자사, 힌자새, 힌자시, 힌것, 힌조시, 힌좃	힌좃
노른자위 (누른ᄌᆞᅀᆞ)	노란자사, 노란자새, 노란자시, 노란저시, 노란젓, 노란조시, 노랑조시, 조랑자시, 노랑젓, 노랑조시, 노랑조오시, 노랑좃, 노른조시, 노린자새	노란자지, 노란좃, 노랑젖, 나랑좃
가시랭이 (ᄀᆞᅀᆞ라기)	ᄀᆞ스락, 가스락, ᄀᆞ시락, 가시락, 까새, 까스락, 까스래기, 까스뎅이, 까시락, 까시랑치, 까시치, 까실치, 거스레미, 꺼:시락, 꺼시라기, 꼬시락	까츠락, 까치래기
찌꺼기(즈의)	주셍이, 주시, 찌시기, 찌서:기, 찌세기	찌찌기, 처지레기, 처진가리, 처진거리
그을음(그스름)	그스럼, 그스름, 그슬먹, 그시름, 그시럼, 그시렁, 그시름, 꺼시름, 꺼스럼, 꺼스름, 꺼시램, 꺼시럼, 꼬스럼, 꼬스름, 꼬시럼, 꼬시름, 꼬시름, 꼬실목	꺼지럼, 꼬지름, 끈지름

그을리다 (그ᅀᅳ리다)	거슬리다, 끄실리다, 끼실리다	끄질이고, 끄지라라
것지(것ᄇᆞᅀᅵ)	거라시, 거러박씨, 거러시, 거럭시, 걸발새~이, 걸바생이, 걸바시, 걸방성이, 걸버시, 걸보시, 걸부새~이, 걸부생이, 걸부시, 걸브시, 게와시, 껄버시	거:라지, 거:랑아치, 거:러지, 거:지, 거라지, 거랑치, 거래지, 거래치, 거러방치, 거러지, 거렁지, 거르지, 거어지, 거지, 걸러지, 걸부지, 그:지, 그지, 꺼러지, 꺼어지, 꺼지
가위(ᄀᆞᇫ애)	가세, 가:새, 가사, ᄀᆞ새, 가새, 가새:, 가새기, ᄀᆞ세, 가세기, 가세끼, 가솨, 가ᄉᆞ개, 가시, 가시게, 가시개, 가시께, 가식게, 그새, 까새, 까시개, 까시게	가지개
냉이(나ᅀᅵ)	나시, 나사이, 나상이, 나상개, 나새, 나생이, 나세, 나세이, 나셍이, 나수, 나숭개, 나싱이, 난셍이, 난시, 야숭개	나증개, 난제~이, 난젱이, 난지
푸성귀(프ᅀᅥᆼ귀)	푸숭키, 푸새, 푸성가리, 푸성개, 푸성거리, 푸성구, 푸성귀, 푸성기, 푸싱개	푸장구, 푸저리, 푸정가리, 푸정개, 푸정구, 푸징가리, 푸징개, 푸징게, 푸쩌리
무섭다(므ᅀᅴ엽-)	ᄆᆞ섭다, ᄆᆞ시다, 무삽다, 무섭다, 무셉다, 무셥다, 무솁다, 무숩다, 무습다, 무십다, 뭐섭다, 미섭다, 미습다, 미십다.	무접다
처음(처ᅀᅥᆷ)	×	처잠, 초짐
진저리치다 (즈ᅀᅥ리티-)	×	지지리치다, 진지리치다
혼자(ᄒᆞᄫᆞᅀᅡ)	×	하무차, 하문차, 하분자, 한자, 함자, 함차, 호무차, 호문차, 호부차, 호차, 혼재, 혼저, 혼제, 혼체, 혼처, 홈자, 흠자

<표31>에서 제시한 것처럼 현대 방언에서 'ㅿ'을 가진 단어는 거의 'ㅅ 반사형'과 'ㅈ 반사형'이 모두 존재한다. '처ᅀᅥᆷ', '즈ᅀᅥ리티-', 'ᄒᆞᄫᆞᅀᅡ'만 'ㅅ 반사형'이 확인되지 못한다. 그러나 '처ᅀᅥᆷ'은 '첫- +

132) <표31>에 있는 데이터는 소신애(2012b: 57-63), '한민족 언어 정보화' 검색 프로그램을 참조하여 조사하였다.

-엄'으로 분석되고 'ᄒᆞᄫᆞᅀᅡ'는 'ᄒᆞᄫᆞᆯ- + -ᅀᅡ'로 분석될 수 있다. '즈
ᅀᅥ리티-'와 관련된 방언 자료가 아주 빈약하기 때문에 현대 방언에
서 '즈ᅀᅥ리티-'의 'ᄉ 반사형'이 존재할 가능성이 있다.

李基文(1972), 소신애(2012b)에서는 현대 방언에서 'Δ'의 'ᄌ 반사형'
에 대해 'Δ>ᄌ'의 변화를 겪은 형태로 설명하였다. 소신애(2012b:
62-63)에서는 'ᄉ>ᄌ'의 변화를 상정하지 않는 이유를 다음과 같이 나
열하였다.

첫째, 'ᄉ>ᄌ'의 변화를 상정할 경우, 같은 어사의 'Ø 반사형'에
대해 합리적으로 설명할 수 없다. 둘째, 유성음 환경에서 마찰음이
파찰음화하는 현상은 일반적인 음변화의 경향에 부합하지 않는다.
셋째, 'Δ>ᄌ'의 변화를 상정할 경우, 중세 'ᄉ어사'의 'ᄌ 반사형'과
중세 'Δ어사'의 'ᄌ 반사형'을 이원적으로 설명해야 한다.

위와 같은 이유는 성립되는지 의문시된다. 만약 'ᄉ>ᄌ'의 변화가
일어나고 나서 'ᄌ>Ø'의 변화도 일어난 것을 증명할 수 있다면 같
은 어사의 'Ø 반사형'에 대해 합리적으로 설명할 수 있다. 그리고 뒤
에서 자세히 설명하겠지만 'ᄉ>ᄌ'의 변화 원인은 'Δ>ᄌ'의 변화
원인과 같이 청자의 오분석에 의한 변화로 해석할 수 있다. 따라서
조음 측면을 볼 때에 'ᄉ>ᄌ'은 일어나기 힘든 변화이지만 지각적
측면을 통해 'ᄉ>ᄌ'의 변화에 대해 합리적으로 설명할 수 있다. 또,
'Δ'을 음소로 볼 때 이원적인 문제가 발생되지만 이 책은 'Δ'을 음
소로 보지 않기 때문에 이러한 문제가 발생되지 않는다. 더 중요한
것은 李基文(1972), 소신애(2012b)의 주장은 'Δ'이 /z/일 때에만 성립할
수 있다. 앞서 4장에서 언급한 것처럼 고유어에 있는 'Δ'은 음소의

기능을 수행하지 못하였다. 따라서 '△'의 'ㅈ 반사형'에 대해 '△>
ㅈ'의 변화를 겪은 형태보다 'ㅅ>ㅈ'의 변화를 겪은 형태로 설명하
는 것이 더 좋다. 이제부터 방언 자료를 통해 'ㅅ>ㅈ'의 변화가 일
어날 수 있는지에 대해 살펴보기로 한다.

〈표32〉 'ㅅ'의 '반사형'과 'ㅈ 반사형'[133]

표준어(중세형)	ㅅ 반사형	ㅈ 반사형
갓난아기(ㅈ난아히)	가선나, 갓난아, 갓난아기	가즈난아, 가즈난아이, 가즈난애기, 가즌안나, 갖난애기, 까주내기
비슷하다(비슥ᄒ-)	비샛하다, 비섯하다, 비숙허다, 비슥하다, 비슷아다, 비슷어다, 비슷허다, 비싯하다, 비식허다, 비싯하다	비저가다, 비적하다, 비적허다, 비적아다, 비젓하다, 비젂허다, 비젖하다, 비줏하다, 비직ᄒ다
구석(구석)	구석, 구섹이, 구셕, 구속, 구숙, 구슥, 구시게, 구식, 꼬삭, 꾸석, 꾸슥	구적, 구지게, 구직
가시(가시)	가상구, 가새, 가세, 까새, 까시, 까시장쿠, 까시쟁이	까쟁이, 까지
고사리(고사리)	개사리, 게사리, 고사리, 고새리, 고세리, 고시리, 괴사리, 기사리, 깨사리, 꼬사리, 꼬시리, 꾀사리, 끼사리	고자리
머슴(머섬)	머삼, 머섬, 머숨, 머슴, 머:슴, 머:섬이, 머심, 모섬, 모슴, 모심, 머썸	머짐
거스러미	거스러기, 거스렁이, 거스레, 거시랭이, 거시러기, 거시렝이, 까시래기, 까시렁이, 꺼스러기, 꺼스렁이, 꺼스레기, 꺼스레미, 꺼시렝이	까츠렝이
녀석	너석, 넌석, 년석, 연석	넌적

133) 〈표32〉에 있는 데이터는 소신애(2012b: 60-63), '한민족 언어 정보화' 검색 프로그램을 참조하여 조사하였다.

<표32>에서 제시한 단어는 원래 'ㅿ'을 가진 단어가 아니고 기원적으로 'ㅅ'을 가진 단어이다. 현대 방언에서 이러한 단어의 'ㅈ 반사형'이 확인되므로 'ㅅ>ㅈ'의 변화는 일어날 수 있는 변화로 생각한다.

한편 소신애(2012b: 60-63)에서는 '둥주리', '어즐ᄒᆞ-', '광조리'를 '*ㅿ'을 가진 단어로 해석하였다. 그러나 중세 문헌에서 이러한 단어의 'ㅿ 형태'가 확인되지 못하고 이들을 '*ㅿ'을 가진 단어로 해석해도 되는지에 대해 재고할 필요가 있다. '둥주리', '어즐ᄒᆞ-', '광조리'의 현대 방언 반사형을 살펴보겠다.

〈표33〉 둥우리, 아슬아슬하다, 광주리의 방언형[134]

표준어(중세형)	ㅅ 반사형	Ø 반사형	ㅈ 반사형
둥우리(둥주리)	퉁수리, 퉁시리	동오리, 두우리, 둥어리, 둥에리, 둥우리, 둥이, 뒹이, 뚱이, 통알, 퉁어리, 퉁우리	동제기, 동지리, 둥저리, 둥제기, 둥제리, 둥주리, 둥쥐리, 둥즈리, 둥지리, 둥추리, 퉁지리
아슬아슬하다 (아즐ᄒᆞ-)	아슬아슬하다, 아실아실하다, 어실어실하다	×	아지랍다, 아질아질하다, 어지럽다
광주리(광조리)	×	강아리, 강어리, 강우리, 과~아리, 과~우리, 광아리, 광우리, 광이, 까~아리, 까~어리, 깡아리, 깡어리, 꽈~아리, 꽈~우리, 꽈아리, 꽝아리, 꽝우리	강자리, 강저리, 강주리, 강즈리, 강지리, 과자리, 광저리, 광주리, 광쥐, 광즈리, 광지, 광지리, 꽹지, 꽹치, 깡:주리, 깡자리, 깡주리, 깡지리, 꽝:주리, 꽝저리, 꽝주리, 꽝지리

---

134) <표33>에 있는 데이터는 소신애(2012b: 60-63), '한민족 언어 정보화' 검색 프로그램을 참조하여 조사하였다.

현대 방언에서 '둥주리'의 'ㅅ 반사형', 'Ø 반사형', 'ㅈ 반사형'이 모두 확인되고 '어즐ᄒ-'의 'ㅅ 반사형', 'ㅈ 반사형'이 확인되며 '광조리'의 'Ø 반사형', 'ㅈ 반사형'이 확인된다. 현대 방언에서 이들의 'ㅅ 반사형'에 대해 'ㅈ>ㅅ'의 변화를 겪은 형태로 설명할 수 있지만[135] 이들의 'Ø 반사형'에 대해 'ㅈ>Ø'의 변화를 겪은 형태로 설명할 수 있는지 불명하다. 다른 'ㅈ'을 가진 단어의 방언 형태에 대해 살펴보기로 한다.

〈표34〉 'ㅈ'의 'ㅈ 반사형'과 'Ø 반사형'[136]

표준어(중세형)	ㅈ 반사형	Ø 반사형
가지다 (가지다)	가지다, 개지다	개:다, 개다
가져오다 (가져오다)	가제오다, 가지오다, 가져오다, 가지고오다, 개저오다, 갯구오다	가:오다, 가아오다, 가오다, 가이오다, 개:구오다, 개:오다, 개애오다, 개오다, 개우다
어저께 (어저끠)	어지깨, 어지께	어이께
어지간히	어지가이, 어지간히, 어진간히	언가이, 언간이, 엉가~이, 엉간히, 엥간치, 잉가이
모가지	모가지, 모간지	모가이
나중 (내중)	나중, 네중, 넨:중	나능, 넨:능

---

135) 유성음 사이에 있는 'ㅈ', 'ㅅ'은 음성적으로 유사하기 때문에 청자가 오분석하면 'ㅈ>ㅅ'의 변화가 일어난다.

136) 〈표34〉에 있는 데이터는 소신애(2012b: 72), '한민족 언어 정보화' 검색 프로그램을 참조하여 조사하였다.

　<표34>에서 제시된 '가지다', '가져오다', '어저께', '어지간히', '모가지', '나중'은 방언에서 'ㅈ 반사형'과 'Ø 반사형'이 모두 확인된다. 방언에서 'Ø 반사형'이 확인되기 때문에 'ㅈ>Ø'를 일어날 수 있는 변화로 생각한다. 따라서 '둥주리', '광조리'의 'Ø 반사형'은 'ㅈ>Ø'의 변화를 겪은 형태로 풀이되고 '둥주리', '어즐ᄒ-', '광조리'는 '*ㅿ'을 가진 단어로 해석하기 어렵다.

　이상에서 문헌 자료와 방언 자료에서 'ㅅ>ㅈ'의 변화에 대해 간단하게 살펴보았다. 지금부터 'ㅅ>ㅈ'의 변화 원인에 대해 살펴보겠다.

　'ㅅ'은 마찰음이고 'ㅈ'은 파찰음이며 'ㅅ>ㅈ'의 변화는 유성 환경에서 일어난다. 그러나 유성 환경은 약화 현상이 일어나는 환경이고 'ㅅ>ㅈ'의 변화는 일종의 강화 현상이다. 그래서 조음 측면을 볼 때 'ㅅ>ㅈ'의 변화는 일어나기 힘든 변화이다. 따라서 다른 측면에서 'ㅅ>ㅈ'의 변화 원인을 찾아야 한다. 현대 한국어의 유성 환경에 있는 'ㅅ'은 유성음화가 일어나지 않는 것으로 알려져 있지만 앞서 언급했듯이 현대 한국어에서 'ㅅ'의 유성음화는 일어날 수 있다. 그리고 소신애(2012b: 73-75)에서는 『로한ᄌ뎐』에서 'ㅅ'이 [z]로 전사된 예, Matveev의 저서인 『Kratkij Russko-Korejskij Slovarj』에서 'ㅅ'이 [z]로 전사된 예를 제시하면서 유성음 사이에 있는 'ㅅ'은 수의적인 유성음화가 일어날 수 있다고 주장하였다. 같은 맥락에서 소신애(2012b: 76)는 현대 한국어의 'ㅅ'은 음성적으로 무기음과 유기음의 중간적 속성을 지닌 음으로 과거에 비해 'ㅅ'의 유기성이 증가했다고 언급하며, 이전 시기의 'ㅅ'은 상대적으로 유기성이 덜했기 때문에 유성음화가 지금보다 용이했다고 강조하였다. 따라서 고대 한국어 혹은 중세 한국어에서 유성 환경에 있는 'ㅅ'은 [z]로 실현될 수 있다.
5.1.4.1.1에서 언급했듯이 유성음 사이에 있는 'ㅈ'이 [z]로 실현되기
도 한다. 따라서 유성음 사이에 있는 'ㅅ'과 'ㅈ'은 음가가 유사하다.
청자가 유성음 사이에 있는 'ㅅ'을 [z]로 들을 수 있고 유성음 사이의
'ㅈ'이 [z]로 실현되기도 한다는 점에 유인되어 이를 /ㅈ/으로 복원했
을 가능성이 있다. '△>ㅈ'의 변화처럼 'ㅅ>ㅈ'의 변화도 청자의 오
분석으로 인한 변화로 본다.

5.1.4.2.2. '△(△₄)'의 음가에 대하여

3장에서 언급했듯이 후기 중세 한국어의 '△'은 'ㅅ>Ø'의 변화과
정에 놓인 하나의 단계로 해석할 수 있고 유성 환경에서 일어나는
'ㅅ>Ø'의 변화를 자음약화로 해석한다. 앞서 약화 유형에 대해 소개
하였는데 자연 언어에서 '파열음 > 마찰음 > 접근음'의 약화 유형
이 있다(예문 65b 참조). 따라서 'ㅅ>Ø'의 변화를 더 세분하면 다음과
같다.

　　　　(91) s → z → ɹ → Ø

후기 중세 고유어의 '△'이 'ㅅ>Ø'의 변화 과정에 놓인 하나의 단
계라면 '△'의 음가는 [z], [ɹ]가 모두 가능한 것으로 보인다. 특히 李
基文(1972: 36), 姜信沆(1995: 183), 權仁瀚(1998: 246)에서는 『조선관역어』
의 예를 가지고 후기 중세 한국어에서 '△'의 음가를 [z]로 보았다.

(92) 五拜　　打色墨立左**雜**　　臥擺 (『朝鮮館譯語』:17ㄴ)

　　秋　　　格**自**　　　　處 　 (『朝鮮館譯語』:6ㄱ)

　　冬　　　解**自**　　　　董 　 (『朝鮮館譯語』:6ㄱ)

　　弟　　　阿**自**　　　　迭 　 (『朝鮮館譯語』:14ㄴ)

　　富人　　戞**怎**撒論　　卜忍 (『朝鮮館譯語』:15ㄱ)

　　心　　　墨**怎**　　　　沈 　 (『朝鮮館譯語』:18ㄱ)

　　地界　　大色**直**　　　底結 (『朝鮮館譯語』:4ㄴ)

　'左雜', '格自', '解自', '阿自', '戞怎', '墨怎', '色直'은 각각 후기 중세 문헌에서의 '조ᅀᅡ(좃-, 拜)', 'ᄀᆞᅀᆞᆯ', '겨ᅀᅳᆯ', '아ᅀᅳ', '가ᅀᅮᆷ(가ᅀᅮᆯ멸-, 富)', 'ᄆᆞᅀᆞᆷ[心]', 'ᄉᆞᅀᅵ'와 대응하므로 姜信沆(1995), 權仁瀚(1998)에서는 '雜', '自', '怎', '直'으로 표기된 단어를 'ㅿ'을 가진 단어로 해석하고 후기 중세 한국어에서 'ㅿ'의 음가를 [z]로 주장한다. 그러나 '雜', '自', '怎', '直'으로 표기되는 단어는 'ㅿ'만을 가진 단어가 아니다. 『조선관역어』에서 '雜', '自', '怎', '直'이 많이 나타나는데 유성음 사이에 있는 경우의 예를 나열하면 다음과 같다.

(93) 黍米　　吉**雜**色二　　　述你 (『朝鮮館譯語』:9ㄱ)

　　結果　　刮世埋**雜**大　　解刮 (『朝鮮館譯語』:9ㄱ)

　　路濫　　吉**自**大　　　　落藍 (『朝鮮館譯語』:5ㄴ)

　　男子　　椵**自**　　　　　椵忍 (『朝鮮館譯語』:15ㄱ)

　　擺齊　　格**自**吉迫列　　拜尺 (『朝鮮館譯語』:17ㄴ)

　　早　　　阿**怎**　　　　　左 　 (『朝鮮館譯語』:6ㄱ)

　　今朝　　我嫩阿**怎**　　　根朶 (『朝鮮館譯語』:7ㄱ)

　　明朝　　餒直阿**怎**　　　閔朶 (『朝鮮館譯語』:7ㄱ)

　　早起　　阿**怎**以你格剌　左吉 (『朝鮮館譯語』:7ㄱ)

　　早去　　阿**怎**以你格剌　左吉 (『朝鮮館譯語』:7ㄱ)

早飯	阿**怎**把	左牛	(『朝鮮館譯語』:22ㄴ)
咳嗽	吉**怎**	害所	(『朝鮮館譯語』:19ㄴ)
茄	戛**直**	格	(『朝鮮館譯語』:8ㄱ)
兒馬	阿**直**蓋墨二	以罵	(『朝鮮館譯語』:10ㄱ)
馬駒	墨埋亞**直**	罵擧	(『朝鮮館譯語』:10ㄴ)
臥房	雜嫩**直**	我榜	(『朝鮮館譯語』:11ㄴ)
瓦房	吉賽**直**	蛙榜	(『朝鮮館譯語』:12ㄱ)
妻	結**直**	扯	(『朝鮮館譯語』:14ㄴ)

權仁瀚(1998)은 '吉雜'을 '기장'으로, '埋雜大'를 '미자다'로, '自大'를 '즐다'로, '叔自'를 '남즈'로, '格自吉'을 'ᄀ즈기'로, '阿怎'을 '아춤'으로, '吉怎'을 '기츰'으로, '戛直'을 '가지'로, '阿直蓋'를 '아질게'로, '埋亞直'을 '미야지'로, '雜嫩直'과 '吉賽直'에서의 '直'을 '집'으로, '結直'을 '겨집'으로 해석하였다. 여기서 보듯이 '雜', '自', '直'의 초성은 'ㅈ'과 대응되고 '怎'의 초성은 'ㅊ'과 대응된다. 'ㅿ', 'ㅈ', 'ㅊ'을 가진 단어를 '雜', '自', '怎', '直'으로 표기한 것으로 보아, 당시 유성음 사이에서 'ㅿ'의 음가는 'ㅈ', 'ㅊ'과 비슷하다고 생각할 수 있다. 그러나 이를 증거로 삼아 한글 문헌에 있는 'ㅿ'의 음가를 [ʑ]로 보기는 어렵다. 그 원인에 대해 살펴보도록 한다.

후기 중세 한국어에서 'ㅿ'과 비슷한 성격을 지닌 'ㅸ', 'ㆁ'이 있는데 한글 문헌에서 'ㅸ', 'ㆁ'의 음가는 일반적으로 [β], [ɦ]로 해석되는데 『조선관역어』에서도 이들의 음가를 [β], [ɦ]로 볼 수 있는지 의문스럽다. 우선 'ㅸ'과 관련된 항목을 살펴보겠다.

(94) 熱酒　　得**本**数**本**　　耶主 (『朝鮮館譯語』:22ㄴ)

　　　鄰舍　　以**本**直　　　林捨 (『朝鮮館譯語』:12ㄱ)

　　　月斜　　得二吉**卜**格大　臥捨 (『朝鮮館譯語』:2ㄴ)

　　　二　　　都**卜**二　　　　移　 (『朝鮮館譯語』:24ㄴ)

　　　妹　　　餒**必**　　　　　埋　 (『朝鮮館譯語』:14ㄴ)

　　　蝦蟆　　洒**必**格以　　　哈害 (『朝鮮館譯語』:11ㄱ)

　　　瘦　　　耶**必**大　　　　所　 (『朝鮮館譯語』:19ㄱ)

　　　江心　　把剌憂**噴**得　　剛沈 (『朝鮮館譯語』:4ㄴ)

姜信沆(1995: 142-143)과 權仁瀚(1998: 223)은 '得本'을 '더본'으로, '數本'을 '＊수볼'로, '以本'을 '＊이봇'으로, '吉卜格大'를 '＊기볼거다(기울-)'로, '都卜二'를 '＊두볼'로, '餒必'을 '누뷔'로, '洒必'을 '사빙'로, '耶必大'를 '여비다(여위-)'로, '憂噴得'을 '가본딕'로 해석하였다. 그러나 '本', '卜', '必'은 방모자(幇母字, [p])이고 '噴'은 방모자(滂母字, [ph])이다. 『조선관역어』에서 '本', '卜', '必', '噴'으로 'ㅂ', 'ㅍ'을 가진 단어를 표기한 예가 훨씬 많다. 李基文(1968: 60), 姜信沆(1995: 142)에서는 한국어의 'ᄫ'의 음가가 [β]인 관계로 한어의 순경음 /f/로써 사음하기가 부적합하여 /p/로 사음할 수밖에 없다고 주장한다. 'ᄫ'은 한어의 비모(非母, [f])와 대응되는 것이 맞지만 당시 편찬자들은 [β]를 표기하기 위해 반드시 비모자(非母字)를 가지고 사음한 것이 아니다. 『조선관역어』는 중국 역관이 편찬한 책이고 당시 한음에서 미모(微母, [v])가 존재하였다. 물론 [v]와 [β]는 조음위치에 차이가 있지만 모두 유성 마찰음이고 음성적으로 아주 유사한 소리다. 조음방법으로 볼 때 마찰음과 파열음은 서로 다르다는 것이 분명하고 청각적으로 [v]와 [β]는 [β]와 [p]보다 가깝다. 만약 당시 'ᄫ'의 음가가 [β]이었다면 편찬자들은 미모자(微母字)를 가지고 [β]를 표기했을 가능성이 크다. 그러나 (94)에서 제시한 것처럼 '뷩('*뷩' 포함)'은 미모자(微母字)로 표기된 것이 아니다. 그리하여 『조선관역어』의 편찬 당시에 '뷩'의 음가를 [β]로 보기 어렵고 [b]로 해석할 여지가 있다. 이러한 가능성은 李基文(1968: 60)에서도 확인할 수 있다.[137]

'ㅇ'과 관련된 항목을 살펴보기로 한다.

(95) 上御路   額落我**憂**   賞額落 (『朝鮮館譯語』:17ㄴ)

      興   你**憂**   亨   (『朝鮮館譯語』:17ㄴ)

      馬鞊   得**盖**   罵諂   (『朝鮮館譯語』:13ㄴ)

      天晚   哈嫩展根**格**大   忝完   (『朝鮮館譯語』:1ㄴ)

      天旱   哈嫩格悶**格**大   忝罕   (『朝鮮館譯語』:1ㄴ)

      月斜   得二吉卜**格**大   臥捨   (『朝鮮館譯語』:2ㄴ)

      早起   阿怎以你**格**剌   左吉   (『朝鮮館譯語』:7ㄱ)

      說   你**格**剌   捨   (『朝鮮館譯語』:15ㄴ)

      省諭   阿**貴**   爭與   (『朝鮮館譯語』:17ㄱ)

      上梁   直墨勒我**根**大   賞兩   (『朝鮮館譯語』:12ㄱ)

權仁瀚(1998)에서는 '我憂'을 '올아'로, '你憂'을 '닐어'로, '得盖'를 '들애'로, '展根格大'를 '졈글어다(졈글-)'로, '格悶格大'를 'ᄀ믈어다(ᄀ믈-)'로, '吉卜格大'를 '*기블어다(기울-)'로, '你格剌'를 '*닐어라(닐- 起, 니르- 說)'로, '阿貴'를 '아외'로, '我根大'를 '*올이다'로 해석하였다.

---

137) 李基文(1968: 60)에서 (94)에 대해 두 가지 해석을 보여준다. 하나는 '뷩'의 음가가 [β]의 전 단계일 가능성이다. 또 하나는 뷩과 한어의 비모(非母)와 대응하고 '뷩'을 /f/로 사음하기가 부적합하여 /p/로 사음할 수밖에 없다. 이 책에서 미모(微母)가 [β]와 유사하기 때문에 미모자(微母字)는 [β]를 표기할 수 있다고 생각한다. 그러나 『조선관역어』에서 미모자(微母字)를 택하지 않기 때문에 당시 '뷩'의 음가가 [b]일 가능성이 높다고 본다.

'憂', '盖', '格', '貴', '根'은 모두 견모자(見母字, [k])인데 모두 'ㅇ([ɣ/ɦ])' 을 가진 어형으로 해석하였다. 이러한 해석은 李基文(1968: 60-62)에서 도 확인될 수 있다. 그러나 같은 맥락에서 李基文(1972: 21)은 한글 문헌 의 모음 사이 'ㄹㅇ'의 'ㅇ'은『조선관역어』의 'ㄱ'에 대응된다고 하 였다. 姜信沆(1995)도 '憂', '盖', '格', '貴', '根'을 'ㄱ' 초성을 가진 어 형으로 해석하였다. 그리고『朝鮮館譯語』에서 '憂', '盖', '格', '貴', '根'은 일반적으로 'ㄱ'을 가진 어형으로 해석한다. 그리하여 15세기 한글 문헌에서 나타나는 'ㄹㅇ' 연쇄는『조선관역어』에서 'ㄹㄱ' 형 태로 확인된다. 이러한 'ㄹㄱ'연쇄의 'ㄱ'은 바로 한글 문헌의 'ㅇ([ɣ /ɦ])'의 앞 단계로 볼 수 있다.

이상에서『조선관역어』의 'ㅸ', 'ㅇ'과 관련된 항목을 살펴보았다.『조 선관역어』에서 'ㅸ', 'ㅇ'의 음가는 유성 마찰음으로 해석하기 어렵 다. 4.2에서 언급한 것처럼 'ㅸ', 'ㅇ'을 각각 'ㅂ>w, ㅂ>∅', 'ㄱ>∅'의 한 단계이다. 이러한 변화는 자음의 약화로 해석되고 자음 의 약화 유형에 따라 'ㅂ', 'ㄱ'의 약화 현상을 단계별로 분석하면 다 음과 같다.

(96) 가. p → b → β → β→ w
　　　　　　　　　　　↳ ø
　　　나. k → g → ɣ → ɦ → ø

『조선관역어』에서 'ㅸ', 'ㅇ'의 음가는 각각 [b], [g]인데 각각 'ㅂ', 'ㄱ'의 유성음화 단계를 반영하고 있다. 예문 (91)을 다시 보면 'ㅿ' 도 'ㅅ'의 유성음화 단계인 [z]를 반영하고 있다. 후기 중세 한글 문헌에서 'ㅸ', 'ㅇ'의 음가와 『조선관역어』에서 'ㅸ', 'ㅇ'의 음가는 서로 다르므로 후기 중세 한글 문헌에서 '△'의 음가와 『조선관역어』에서 '△'의 음가도 서로 다를 가능성이 크다. 5.3에서 더 자세하게 설명하겠지만 공기역학 측면을 고려하면 'ㅸ'의 음가를 [β]보다 더 약한 접근음으로 볼 수 있고 적극적 기능을 수행하는 'ㅇ'은 활음의 성격을 가진 [ɦ]로 볼 가능성이 있다. 이러한 사실을 통해 『조선관역어』에서 '△'의 음가는 [z]로 해석할 수 있지만 후기 중세 한글 문헌에서 '△'의 음가는 [z]보다 더 약한 접근음 [ɹ]로 해석할 여지가 있다.

한편 후기 중세 한글 문헌에서 어떤 분절음들의 음가가 유사하면 서로 혼기하는 현상을 확인할 수 있다. 'ㅇ'의 비음운화, 치음의 구개음화를 비롯한 음운 변화에서 이를 확인할 수 있다. 만약 후기 중세 한글 문헌에서 '△'의 음가가 [z]였다면 유성 환경에서 '△'과 'ㅈ'의 음가가 비슷하므로 서로 혼기했을 가능성이 크다. 그러나 후기 중세 한글 문헌에서 같은 단어의 '△ 형태'와 'ㅈ 형태'가 모두 확인되는 예는 아주 적다. '남신:남진', '손소:손조', '몸소:몸조', 'ᄒᆞ오아:ᄒᆞ온자', '*바쇠('것바쇠'에서):바지[匠]' 등을 예로 들 수 있다. 5.1.4.1.1과 5.1.4.2.1에서 '남신:남진', '손소:손소', '몸소:몸조', 'ᄒᆞ오아:ᄒᆞ온자'에 대해 이미 분석하였다. 이제부터 '*바쇠:바지'에 대해 살펴보겠다.

5.1.3.1.5에서는 '것바쇠'에 대한 선행 연구를 살펴보았다. 선행 연구에서는 '바지'의 어원을 어떻게 보느냐에 따라 두 가지로 나눌 수 있다. '*밧 + -이'설과 '바지'설이 그것이다. (79)에서 '것바쇠'의 방언형을 제시하였는데 '바쇠'와 대응되는 현대 방언 자료를 보면 '△'의 'ㅅ 반사형', 'ㅈ 반사형', 'Ø 반사형'이 모두 확인되었다. '*밧 +

-이’설을 따르면 유성 환경에 있는 ‘ㅅ’이 ‘ㅅ>ㅈ’의 변화, ‘ㅅ>Ø’
의 변화가 일어날 수 있기 때문에 방언에 있는 ‘ㅅ 반사형’, ‘ㅈ 반사
형’, ‘Ø 반사형’에 대해 모두 합리적으로 설명할 수 있다.

　‘바지’설에 따라 ‘바ᇫ’를 분석해 보도록 한다. 5.1.4.2.1에서 언급
했듯이 유성음 사이에 있는 ‘ㅅ’, ‘ㅈ’은 음성적으로 유사하기 때문
에 청자가 이러한 명확하지 않은 소리를 잘못 분석하면 음변화가 일
어난다. 따라서 방언에 있는 ‘ㅅ 반사형’은 ‘ㅈ>ㅅ’의 변화를 겪은
형태로 분석할 수 있고 방언에 있는 ‘Ø 형태’는 ‘ㅈ>Ø’의 변화를
겪은 형태로 설명할 수 있다. 후기 중세 한글 문헌에서 ‘바지’와 ‘*바
ᇫ’가 모두 나타난다는 것에 대해 분석해 보겠다. ‘바지’와 ‘*바ᇫ’가
공존한 것에 대해 두 가지 설명이 가능하다. 하나는 유성 환경에서
‘ㅈ’과 ‘△’의 음가가 서로 비슷하여 혼기한 것이고 또 하나는 유성
환경에서 ‘ㅈ’이 약화 현상이 일어나 ‘△’이 되었다는 것이다. 그러
나 ‘ㅈ’과 ‘△’은 혼기되었다고 주장할 경우, 다른 혼기된 예를 확인
하기 어렵기 때문에 이러한 주장의 설득력이 높지 않다. 만약 ‘ㅈ’은
약화되어 ‘△’이 되었다고 보게 되면 유성 환경에 있는 ‘ㅈ’이 약화
현상이 일어날 수 있는지에 대해 설명해야 한다. 5.1.4.2.1에서는 현
대 한국 방언에서 유성음 사이의 ‘ㅈ’이 약화하거나 탈락한 예를 제
시하여 유성음 환경에서 ‘ㅈ’이 약화하거나 ‘ㅈ>Ø’의 변화가 일어
날 수 있음을 살펴보았다. 자음의 약화 유형에 따라 ‘ㅈ>Ø’의 변화
를 세분하면 다음과 같다.

　　(97) ts → dz → z → ɹ → ø

유성음 사이에서 'ㅈ'이 [dz], [z]로 실현되고 'ㅈ'과 '△'이 서로 혼기되지 않는 것까지 고려하면 '△'의 음가를 [z]로 보기 어렵고 [z]보다 더 약한 접근음 [ɹ]로 해석할 여지가 있다.

5.2. 문헌 기록으로 본 '△'의 음가

본절에서는 『훈민정음』, 외국어 표기 문헌, 근대 문헌을 통해 '△'에 대해 살펴보도록 하겠다.

5.2.1. 『훈민정음』으로 본 '△'의 음가

본절에서는 『훈민정음』에서 '△'에 대한 기록을 통해 '△'에 대해 살펴보도록 하겠다. 특히 『훈민정음』에서 쓰인 용어를 통해 '△'의 음가를 다시 추정하고자 한다.

우선 예문을 보기로 한다.

  (98) △ 半齒音 如穰字初發聲 (『訓民正音』禮義:3ㄱ)

(98)은 『훈민정음』의 예의에 나오는 것으로 '△'에 대한 설명이다. 이에 따르면 '△'은 반치음이니 '穰'자의 처음 나는 소리와 같다. 즉 '△'의 음가는 '穰'의 성모의 음가와 같다는 것이다. 그러나 '穰'의 음가를 정확히 파악하는 것은 쉬운 일이 아니다. 『훈민정음』의 해례를 통해 예의에서 "穰字初發聲"이라는 것은 『동국정운』에서의 '穰'자

의 초발성을 가리키는 것을 알 수 있지만『동국정운』은 현실 한자음
을 반영한 것이 아니기 때문에 'ㅿ'의 음가를 정확히 파악하기 어렵다.

『훈민정음』은 칠음 체계에 따라 초성자를 아음, 설음, 순음, 치음,
후음, 반설음, 반치음으로 나누었다. 현대 음성학적으로 볼 때 '아',
'설', '순', '치', '후'는 조음 위치에 의한 분류이다. '반설음', '반치
음'은 각각 '설음', '치음'과 같은 위치에서 발음되지만 발음 방법이
'설음', '치음'과 다른 것을 지칭한 용어이다. 여기서 'ㅸ'은 특이한
조음 방법을 표기한 것이다. 지금부터 이에 대해 살펴보기로 한다.

반설음과 대응되는 설음을 '完全舌音'으로 칭할 수 있다. '완전설
음'은 'ㄴ', 'ㄷ', 'ㅌ'이 있고 이들은 모두 [+폐쇄성] 자질을 가지고
있는 분절음이다.[138] 'ㄹ'은 반설음이고 경우에 따라 [l]로 실현되기
도 하고 [ɾ]로 실현되기도 한다. 혀가 치조에 단 한 번, 빠르게 대었
다가 떼는 동작으로 만들어지는 소리는 탄설음 [ɾ]이다. 따라서 'ㄹ'
은 폐쇄가 완전 일어나면서 산출되는 소리가 아니라고 할 수 있다.
결과적으로 반설음의 'ㅸ'은 조성상 완전 폐쇄에 대해 불완전 폐쇄를
의미한다고 볼 수가 있다. 같은 원리로 반치음에 대해 분석하기로 한
다. 반치음과 대응되는 치음을 '完全齒音'으로 칭할 수 있다. '완전치
음'은 'ㅅ', 'ㅈ', 'ㅊ'이 있고 이들은 모두 [+마찰성] 자질을 가지고
있는 분절음이다. 두 조음기관의 간격을 좁히고 폐에서 나오는 공기
가 그 사이에 통과하면 마찰이 일어나기 때문에 [마찰성]은 두 조음
기관의 간격과 관련이 있다. 따라서 '완전치음'인 'ㅅ', 'ㅈ', 'ㅊ'은

---

138) 우리 흔히 말하는 비음은 비강 폐쇄음(nasal stop)이다(R.L.Trask, 編譯組 譯, 앞의 책,
173면).

완전 협착하여 산출되는 소리로, 반치음은 완전 협착하지 못한 상태
에서 산출되는 소리로 추정할 수 있다. '완전설음', '반설음'의 대립
과 '완전치음', '반치음'의 대립을 다시 정리하면 다음과 같다.[139]

〈표35〉 '완전설음 : 반설음', '완전치음 : 반치음'의 비교 분석

完全舌音	半舌音	完全齒音	半齒音
ㄴ, ㄷ, ㅌ	ㄹ	ㅅ, ㅈ, ㅊ	△
完全閉鎖	不完全閉鎖	完全狹窄	不完全狹窄

두 조음기관의 간격에 따라 '무협착', '불완전 협착', '완전 협착',
'폐쇄'로 나뉠 수 있다. 이러한 연속체를 그림으로 제시하면 다음과
같다.

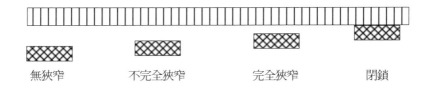

| 無狹窄 | 不完全狹窄 | 完全狹窄 | 閉鎖 |

〈그림4〉 두 조음기관의 간격에 따른 발음 유형

---

139) 박동규(1981: 34)에서는 비슷한 설명을 확인할 수 있다. 그러나 박동규(1981)는 'ㄷ:
ㄹ', 'ㅅ:△'의 대립만 '완전폐쇄:불완전폐쇄', '완전협착:불완전협착'으로 설명하였
다. 이 책은 설음에 속한 'ㄴ', 'ㄷ', 'ㅌ'을 모두 '완전설음'으로 해석하고 '완전설음:
반설음'의 대립이 체계적인 대립이라고 생각한다. 치음과 반치음의 대립도 마찬가
지다. 이는 이 책과 박동규(1981)의 차이점이라고 할 수 있다.

마찰음은 통로가 좁아지면서 난기류(turbulent flow)가 생성됨으로써 마찰 소음이 동반되어 산출되는 소리이고 따라서 '완전 협착'에 속한다. 모음은 장애를 받지 않고 산출되는 소리이고 '무협착'에 분류된다. '불완전 협착'에 속한 소리는 통로가 좁아지기는 하지만 난기류까지 생성되지는 못하므로 접근음으로 보아야 한다.

레이놀즈수(reynold's number)에 따라 기류를 난기류와 층류(層流, laminar flow)로 나눌 수 있다. 임계값 '1700'을 초과한 것은 난류이고 1700 미만인 것은 층류이다. 앞서 언급했듯이 마찰음은 난류를 동반하는 소리고 모음은 아무 장애를 받지 않고 산출되는 소리이다. 레이놀즈수로 말하자면 무협착(모음)의 레이놀즈수는 '0'이고 완전협착(마찰음)의 레이놀즈수는 '1700'보다 높다. 따라서 불완전 협착의 레이놀즈수는 '0-1700'의 구간이다. 다시 말하자면 이러한 소리를 발음할 때는 층류를 동반한다. 접근음은 두 조음기관의 간격을 좁혀 층류가 생성되지만 마찰 소음이 동반되지는 않는 소리이다. 따라서 '불완전 협착'의 성격을 지닌 소리는 바로 접근음이다.[140]

위에서 'ㅸ'자의 의미를 파악함으로써 'ㅿ'의 음가를 다시 추정하였다.[141] 계속 『훈민정음』을 살펴보기로 한다.

 (99) ㅇㄴㅁㅇㄹㅿ 爲不淸不濁 (『訓民正音』解例:3ㄴ)

---

140) 마찰음과 접근음의 차이에 대해 朱曉農(2010a: 152-153) 참조
141) '반치음', '반설음'의 '반'은 현대에서 '반모음'을 말할 때의 '반'과 관련지어 설명한 연구도 있다. 金珉延(2015: 13)은 '반치음', '반설음', '반모음'을 비교하여 이러한 소리는 어느 정도 모음성을 지니고 있다고 말하였다.

『훈민정음』은 'ㆁ', 'ㄴ', 'ㅁ', 'ㅇ', 'ㄹ', '△'을 '불청불탁' 계열로
분류하였다. 청탁은 중국 성운학의 개념이다. 초기 운도(韻圖)인 『운경
(韻鏡)』에서는 성모를 '청', '차청', '탁', '청탁'으로 분류하였다. 『사성
등자(四聲等子)』에서는 '청'과 '탁' 앞에 '全'자를 붙여 '전청', '전탁'으
로 표기하고 '청탁'을 '불청불탁'으로 표기하였다. 『훈민정음』에서는
청탁에 의한 초성자를 '전청', '차청', '전탁', '불청불탁'으로 나누었
는데 『사성등자』의 용어를 그대로 사용하고 있다. 『사성등자』에서는
사모(邪母), 선모(禪母)를 비롯한 유성 마찰음을 '반청반탁'으로 분류하
였다. 만약 후기 중세 한국어에서 '△'이 유성 마찰음이었다면 '반청
반탁'에 분류되어야 된다. 그러나 '△'이 '불청불탁'으로 분류된 것으
로 보아 유성 마찰음으로 해석하기 어렵다.

계속해서 청탁이 어떤 의미를 지니고 있는지에 대해 살펴보도록
한다. 전통 성운학 관점으로 볼 때 성대의 진동 여부에 따라 성모를
청, 탁으로 나눌 수 있다. 즉 발음할 때 성대가 진동하지 않은 상태
에서 산출되는 소리는 청음이고 성대가 진동하여 산출하는 소리는
탁음이다. 청음은 기식 유무에 따라 다시 전청, 차청으로 나뉠 수 있
다. 발음할 때 기식을 동반하는 소리는 차청이고 기식을 동반하지 않
는 소리는 전청이다. 탁음은 [공명성] 자질이 있느냐에 따라 전탁, 불
청불탁으로 나뉠 수 있다. 전탁은 [-공명성] 자질을 가지고 있는 장
애음이고 불청불탁은 [+공명성] 자질을 가지고 있는 공명음이다. 그
리고 'ㆁ', 'ㄴ', 'ㅁ', 'ㅇ',[142) 'ㄹ'은 공명음이 분명하기 때문에 '△'
도 공명음으로 해석해야 된다.

---

142) 'ㅇ'은 주로 중고한어 유모(喩母, [j])와 대응되므로 불청불탁으로 분류하였다.

계속해서『훈민정음』의 기록을 보기로 한다.

(100) 가. 正音二十八字 各象其形而制之 (『訓民正音』解例:1ㄴ)
　　　 나. ㅋ比ㄱ聲出稍厲 故加畫 (『訓民正音』解例:1ㄴ)
　　　 다. 半舌音ㄹ 半齒音ㅿ 亦象舌齒之形而異其體無加畫之義焉
　　　　　 (『訓民正音』解例:2ㄱ)
　　　 라. 又有半舌半齒音 取象同而體則異 (『訓民正音』解例:10ㄱ)

『훈민정음』에서는 초성의 기본적 제자원리가 상형이라고 설명하
였다. 같은 계열에 있는 글자의 관계를 설명하기 위해 '가획'이라는
규칙도 세웠다. 예를 들어 'ㅋ'의 소리는 'ㄱ'의 소리보다 강하기 때
문에 'ㄱ'에다가 획을 더한 것이다. 이러한 설명은 자음의 강도와 관
련되기 때문에 자음의 강도를 살펴보도록 하겠다.

〈표36〉 자음의 강도

약	접근음	유음	비음	마찰음	파찰음	폐쇄음	강
	j, w	ɾ, l	m, n	s, β	ts⟨tsʰ	p⟨pʰ	

위에서 보는 바와 같이 자음의 강도는 '폐쇄음 > 파찰음 > 마찰
음 > 비음 > 유음 > 접근음'의 순으로 낮아진다. 기식성이 있는 파
찰음은 기식성이 없는 파찰음보다 강하고 기식성이 있는 폐쇄음은
기식성이 없는 폐쇄음보다 강하다. 아음, 설음, 순음, 치음, 후음의
기본자는 상대적으로 약한 자음이고 가획자는 기본자보다 강한 자음

이다. 따라서 가획은 자음의 강도를 높여주는 장치로 볼 수 있다.

우리는 'ㄹ', 'ㅿ'을 이체자라고 부르는데 『훈민정음』에서는 이들에 대해 가획의 의미를 지니지 않는다고[無加畫之義] 설명하였다. 만약 이체자와 가획이 아무 관계가 없으면 "無加畫之義"라는 기록이 없는 것이 정상이다. 그러나 『훈민정음』에서 이체자(異體字)에 대해 이렇게 설명한 것으로 보아 이체자와 가획은 어떤 관계를 맺고 있었을 것이다. 먼저 가획은 형태적인 의미와 기능적인 의미, 즉 두 가지의 의미를 가지고 있다고 추정된다. 형태적인 의미는 기본자에다가 획을 더하여 가획자가 된다는 것이고[143] 기능적인 의미는 기본자에다가 획을 더하여 자음의 강도를 높여주는 것이다. 다음으로 이체자는 기본자에다가 획을 더하여 만든 글자이지만 음성적으로 볼 때 기본자보다 강한 소리가 아니었다. 'ㄴ'은 설음 계열의 기본자이고 'ㄹ'은 설음 계열의 이체자이다. 'ㄴ'과 'ㄹ'을 비교해 보면 이체자의 강도는 기본자의 강도보다 약하다. 같은 원리로 'ㅅ'은 치음 계열의 기본자이고 'ㅿ'은 치음 계열의 이체자이다. 그리고 이체자의 강도는 기본자의 강도보다 약한 것까지 고려하면 'ㅿ'은 접근음, 유음, 비음을 비롯한 공명음일 가능성이 크다.

계속 『훈민정음』의 기록을 보겠다.

---

143) 이러한 생각은 정우영(2016: 13)에서도 확인할 수 있다. 정우영(2016: 13)에서는 다음과 같은 증거를 나열하면서 'ㄹ', 'ㅿ'이 각각 'ㄴ'과 'ㅅ'에서 가획된 글자('ㄹ'='ㄴ+ㄱ', 'ㅿ'='ㅅ+ㅡ')라고 말하였다.
첫째, '반설음', '반치음'이라는 용어의 연원이 분명히 설음, 치음과 상관관계가 있다.
둘째, 실제로 'ㄹ-ㄴ'과 'ㅿ-ㅅ'이 조음방법만 다를 뿐 조음위치가 같다.
셋째, 제자 체계에서 'ㄹ', 'ㅿ'은 훈민정음 제자의 시초를 설음(ㄴ), 치음(ㅅ)밖에서는 찾기 어렵다.

(101) 五音之緩急 亦各自為對 如牙之ㅇ與ㄱ為對 而ㅇ促呼則變ㄱ而急
舌之ㄴㄷ 脣之ㅁㅂ 齒之ㅿㅅ 喉之ㅇㆆ 其緩急相對 亦猶是也
(『訓民正音』解例:18ㄴ-19ㄱ)

위에서 보는 바와 같이 'ㅇ-ㄱ', 'ㄴ-ㄷ', 'ㅁ-ㅂ', 'ㅿ-ㅅ', 'ㅇ-ㆆ'
은 서로 완급(緩急)의 대립인 것을 알 수 있다. 그리고 'ㅇ-ㄱ', 'ㄴ-
ㄷ', 'ㅁ-ㅂ', 'ㅇ-ㆆ'은 '공명음-장애음'의 대립이 분명하다. 만약
'ㅿ'을 유성 마찰음으로 해석하면 'ㅿ-ㅅ'의 대립은 '장애음-장애음'
의 대립이 된다. 종성의 완급 대립을 다시 정리하면 다음과 같다.

〈표37〉 종성 완급 대립 유형(가정)

對立 類型	對立 例
共鳴音-障碍音	ㅇ-ㄱ, ㄴ-ㄷ, ㅁ-ㅂ, ㅇ-ㆆ
障碍音-障碍音	ㅅ-ㅿ

〈표37〉에서 제시한 것처럼 'ㅿ'을 유성 마찰음으로 해석하면 'ㅅ
-ㅿ'의 대립은 '장애음-장애음'의 대립이 되고 이러한 대립 관계는
체계적이지 않다. 이러한 측면을 고려한다면 'ㅿ'은 공명음이었을 가
능성이 크다.

『훈민정음』에서 팔종성 규칙[144]을 세웠지만 5.1.2, 5.1.3에서 언급
한 것처럼 15세기의 음절 종성에서 'ㅿ'도 발음될 수 있다. 'ㄱ',
'ㄷ', 'ㅂ', 'ㅅ'은 모두 장애음이고 종성에서 무성음으로 실현되고

---

144) 然ㄱㅇㄷㄴㅂㅁㅅ八字可足用也 (『訓民正音』解例:18ㄱ)

'ㆁ', 'ㄴ', 'ㅁ', 'ㄹ'은 모두 공명음이고 종성에서 유성으로 실현된다. 만약 'ㅿ'을 유성 마찰음으로 해석하면 이러한 종성 체계는 체계적이지 않다. 'ㅿ'은 유성 장애 자음으로 아주 특별한 존재이기 때문이다. 종성 체계를 고려하면 'ㅿ'을 공명음으로 해석하는 것이 바람직하다. 이러한 논의를 정리하면 다음과 같다.

〈표38〉 종성 발음 유형

發音 類型		子音字
障碍音	無聲	ㄱ, ㄷ, ㅂ, ㅅ
	有聲	ㅿ
共鳴音		ㆁ, ㄴ, ㅁ, ㄹ

⇓

發音 類型	子音字
障碍音	ㄱ, ㄷ, ㅂ, ㅅ
共鳴音	ㆁ, ㄴ, ㅁ, ㄹ, ㅿ

5.2.2. 외국어 표기 문헌으로 본 'ㅿ'의 음가

한글은 표음 문자로 한국어뿐만 아니라 외국어를 표기하는 데도 사용되었다. 李崇寧(1956/1988: 261-297), 李基文(1965: 11)을 비롯한 학자들은 외국어 표기 문헌을 통해 'ㅿ'의 음가를 재구하였다. 그런데 중세 한국어와 외국어의 음운 체계가 다를 수 있기에 한국어를 표기하기 위해 쓰인 한글과 외국어를 표기하기 위해 쓰인 한글의 음가가 같았다고 단정하는 것은 위험하다. 본절에서는 15세기-16세기[145]의 외국어 표기 문헌을 다시 살펴보고 이러한 자료를 통해 'ㅿ'의 음가를 역추정할 수 있는지에 대해 살펴보기로 한다.

15세기-16세기의 외국어 표기 문헌은 한어 표기 자료, 일본어 표기 자료, 범어 표기 자료로 나눌 수 있다. 『홍무정운역훈』, 『사성통해』은 한어 표기 자료에 속하고 『번역노걸대』, 『번역박통사』의 좌음·우음은 한어를 표기한 것이기 때문에 이들도 한어 표기 자료에 속한다. 후기 중세 한국어에서 대표적인 일본어 표기 자료는 『이로파(伊路波)』이다. 『오대진언』, 『시식권공언해』를 비롯한 문헌에서 범자에 대한 한글 표기가 확인되므로 이들은 범어 표기 자료에 속한다. 『석보상절』, 『월인석보』를 비롯한 15세기 중기 문헌에서 진언에 대한 한글 표기도 확인된다.

『훈민정음』을 창제한 후 창제자인 세종대왕은 한어음을 한글로 표기하는 문제에 대하여 지대한 관심을 기울였다. 중국 운서인 『홍무정운』을 대상으로 역훈 작업에 착수하였는데, 이것이 바로 훈민정음이라는 표음문자를 사용하여 정교하게 한어의 소리를 주음(注音)한 한국 운서인 『홍무정운역훈』이다. 『홍무정운역훈』의 성모 체계에 대해 살펴보기로 한다.

---

145) 근대 문헌에도 외국어 표기 문헌이 있는데 중세 시기의 외국어 표기 문헌의 성격과 비슷하기 때문에 근대 시기의 외국어 표기 문헌에 대해 살펴보지 않는다.

<표39> 『홍무정운역훈』의 성모 체계

	牙音	舌音	脣音		齒音		喉音	半舌音	半齒音
			重脣音	輕脣音	齒頭音	正齒音			
全淸	見ㄱ	端ㄷ	幫ㅂ	非ㅸ	精ᅎ	照ᅐ	影ㆆ		
次淸	溪ㅋ	透ㅌ	滂ㅍ		淸ᅔ	穿ᅕ	曉ㅎ		
全濁	郡ㄲ	定ㄸ	並ㅃ	奉ㅹ	從ᅏ	牀ᅑ	匣ㆅ		
不淸不濁	疑ㆁ	泥ㄴ	明ㅁ	微ㅱ			喩ㅇ	來ㄹ	日ㅿ
全淸					心ᄼ	審ᄾ			
全濁					邪ᄽ	禪ᄿ			

　위에서 한어 성모와 훈민정음 초성자의 대응 관계를 확인할 수 있다. 그러나 이러한 대응 관계를 통해 한글 자모의 음가를 정확히 추정할 수 있는지에 대해 의문이다. 예를 들어서 후기 중세 한국어에서 'ㅸ'의 음가가 주로 유성음으로 해석되지만 『홍무정운역훈』에서 'ㅸ'은 한어의 [f]를 표기한 것이다. 『홍무정운역훈』에서 전탁자는 한어의 유성음에 대응되고 유성음으로 해석되지만 후기 중세 한국어에서 각자병서자는 된소리로 해석되는 것이 일반적이다. 그리고 『홍무정운역훈』에서 'ㅈ', 'ㅅ'을 개조하여 한어의 치두음, 정치음을 표기하지만 이들 개조된 글자는 훈민정음 초성 17자에서 확인되지 않는다. 따라서 『홍무정운역훈』에 나오는 한글 자모의 음가는 당시의 다른 문헌에 나오는 한글 자모의 음가와 같다고 볼 수 없다.

　1517년에 최세진은 『홍무정운역훈』의 음계를 보충하고 자해가 없는 『사성통고』를 보완하여 『사성통해』를 편찬하였다. 『사성통해』의 서문에서 한글을 이용하여 『광운』의 36자모, 『고금운회거요(古今韻會擧

要)』의 35자모, 『홍무정운』의 31자모를 표기하였다. 그러나 한어 성
모를 표기할 때 쓰인 한글 자모와 당시의 일반적인 문헌에 나오는
한글 자모의 음가가 일치할 수는 없다. 이와 관련하여 『사성통고』의
범례에 나오는 다음 기록을 확인해 보자.

> (102) 大抵本國之音輕而淺 中國之音重而深 今訓民正音出於本國之音
>   若用於漢音 則必變而通之 乃得無碍 (『四聲通攷』凡例)

위의 내용을 "대체로 우리나라의 어음은 가볍고 얕으며, 중국의
어음은 무겁고 깊다. 지금의 훈민정음은 본국의 어음을 기초로 만들
어진 것이다. 만약 중국 어음의 기록에 사용하고자 한다면 반드시 변
형해서 사용해야 그 한계를 극복할 수 있다." 정도로 번역할 수 있
다. 따라서 『사성통고』의 자모는 한음을 표기하기 위해 훈민정음의
자모를 인위적으로 변용시켜 대응한 것이다. 따라서 『사성통고』 자
모의 음가와 훈민정음 자모의 음가는 같지 않다.

『번역노걸대』, 『번역박통사』도 최세진이 편찬한 한어 학습 교과서
이다. 『번역노걸대』, 『번역박통사』에서는 한음을 한글로 표기하였고
위치에 따라 좌음, 우음으로 나뉠 수 있다. 최세진은 좌음을 『사성통
고』에서 제정된 글자라고 하였는데,[146] 이를 통해 좌음은 『번역노걸
대』, 『번역박통사』에 쓰이기 전에 이미 『사성통고』의 어음 기록에도
사용되었음을 알 수 있다. 그리고 좌음은 『홍무정운역훈』의 속음 기
록과 일치하고[147] 한어 성모와 한글의 대응도 <표39>와 같다. 따라

---

146) 在左者 即通攷所制之字 (『飜譯老乞大』, 『飜譯朴通事』凡例)
147) 注內只曰俗音者 即通攷元箐俗音也 (『四聲通解』凡例)

서 좌음에 쓰인 자모의 음가와 훈민정음 자모의 음가는 같다고 할
수 없다.

『사성통해』에서는 금속음(今俗音)도 제시하였는데 금속음은 최세진
에 의해 만들어진 것이다.[148) 금속음은 『번역노걸대』, 『번역박통사』
의 우음과 일치한다. 우음 체계를 제시하면 다음과 같다.

〈표40〉『번역노걸대』, 『번역박통사』 우음의 성모 체계

	牙音	舌音	脣音		齒音	喉音	半舌音	半齒音
			重脣音	輕脣音				
全淸	ㄱ	ㄷ	ㅂ	뷩	ㅈ			
次淸	ㅋ	ㅌ	ㅍ		ㅊ	ㅎ		
不淸不濁	ㆁ	ㄴ	ㅁ	뭉		ㅇ	ㄹ	ㅿ
全淸					ㅅ			

<표40>에서 제시한 것처럼 우음에서 16세기 한국어에서 쓰이지
않는 글자가 확인되고('뷩', '뭉') 16세기 한국어에서 전혀 쓸 수 없는
표기법(예를 들어: 꺄, 위, 롸 등)을 사용하고 있다. 따라서 우음을 통해
한글 자모의 음가를 추정하는 것은 위험한 일이다.

이제 일본어 표기 자료인 『이로파』에 대해 살펴보겠다. 『이로파』
는 1492년에 사역원에서 일본어학습을 위하여 간행한 왜학서이
다.[149) 『이로파』는 모두 22장의 책인데, 장차는 처음 4장과 나중 18
장이 따로 있다. 처음 4장에는 "伊路波 四體字母 各四十七字"라고 하
여 일본문자를 쓰고 그 밑에 한글로 발음 표기를 붙였다. 제시하면
다음과 같다.

---

148) 曰今俗音者 臣今所著俗音也 (『四聲通解』凡例)
149) 『이로파』의 서지적인 소개는 李基文(1965: 4-6)에서 확인할 수 있다.

〈표41〉『이로파(伊路波)』 47자모

い 音이	ち 音디	よ 音요	ら 音라	や 音야	あ 音아	ゑ 音예
ろ 音로	り 音리	た 音다	む 音무	ま 音마	さ 音사	ひ 音비
は 音바	ね 音누	れ 音례	う 音루	け 音계	き 音기	も 音모
に 音니	る 音루	そ 音소	ゐ 音이	ふ 音보	ゆ 音유	せ 音션
ほ 音부	を 音오	つ 音두	の 音노	こ 音고	め 音메	す 音수
へ 音풍ᅰ	わ 音와	ね 音녀	た 音오	ゑ 音예	み 音미	
ゑ 音도	か 音가	な 音나	く 音구	て 音뎨	し 音시	

위에서 한글 자모와 가나 자모의 대응 관계를 제시하였다. 이 대
응 관계를 보면 당시 한국어의 표기에 쓰이지 않았던 글자('ㅸ', 'ㅹ',
'ㆄ')가 발견된다. 『이로파』의 서, 발은 산실되었기에 『이로파』의 편
찬 경위를 알 수 없다. 하지만 한국어에서 쓰이지 않는 글자가 발견
된 것으로 보아 "若用於倭音, 則必變而通之"라는 전제가 있었을 것이다.
 범어에 관련된 표기를 살펴보기로 한다. 후기 중세 문헌을 보면
진언에 대한 한글 표기가 확인된다. 진언은 신주(神呪)로 의역되는 것
으로 독특한 독송법을 가지고 있다. 본래 진언은 인도의 베다(Veda)에
서부터 시작되었다고 하는데 다른 나라로 불교가 전파되어 그 나라
의 말과 문자로 옮겨진다고 하더라도 의미를 번역하지 않고 음사해
놓는 것이다. 안주호(2003: 75-85)는 『오대진언』에서의 진언 부분에 대

해 살펴보았다. 한글로 음사된 자음자를 보면 초성에는 'ㄱ', 'ㄴ', 'ㄷ', 'ㄹ', 'ㅁ', 'ㅂ', 'ㅅ', 'ㅇ', 'ㅈ', 'ㅋ', 'ㅌ', 'ㅎ', 'ㅸ', 'ㅿ', 'ㅺ', 'ㅻ', 'ㅼ', 'ᄱ, 'ㅽ', 'ᄰ, 'ㄲ', 'ㆅ'의 총 22종류가 사용되었다. 이 중 당시 한국어에서 쓰이지 않는 문자로 'ᄱ', 'ᄰ 등이 확인된다. 후기 중세 한국어에서 'ㅅ'이 포함된 합용병서자는 주로 된소리로 해석되지만 진언에서의 'ㅅ 합용병서자'에서는 'ㅅ'이 발음된 것으로 추정된다. 그리고 범어의 음운 체계와 당시 한국어의 음운 체계가 일치하지 않기 때문에 진언을 표기한 한글의 음가는 당시의 문헌들에 일반적으로 나오는 한글의 음가와 같다고 할 수 없다. 따라서 이 점에 대한 고려 없이 진언의 한글 표기를 통해 당시 한글의 음가를 역추정하는 것은 바람직하지 않다.

5.2.3. 근대 문헌 기록으로 본 'ㅿ'의 음가

본절에서는 근대 문헌 기록을 통해 'ㅿ'에 대해 살펴보겠다. 근대 한국어에서 'ㅿ'은 이미 사라졌지만 근대 문헌의 기록은 'ㅿ'에 대한 일종의 연구사로 볼 수 있으니 근대 문헌을 통해 근대 사람들이 'ㅿ'에 대해 가지고 있던 생각을 파악할 수 있다.

(103) 가. 日ㅿ屬半商半宮金 音生於半齒, 而兼喉. (『訓民正音韻解』:8ㄴ)
나. 商又變而與宮交為ㅿ, 兼시이兩聲. (『訓民正音韻解』:12ㄱ)
다. 訓民正音, 又有ㅇㆆㅿ三初聲, 而ㅇ喩母, ㆆ影母, 俗與 ㅇ疑母合. ㅿ日母即ㅅㅇ 間音, 而我國難於成音, 故今不錄.(『三韻聲彙』上:6ㄴ)

위에서 보는 바와 같이 'ㅿ'에 대해 "ㅅ과 ㅇ의 間音"이라고 기술
하고 후음과 가까운 소리로 인식하고 있다. 치음, 후음 계열은 주로
마찰음이고 『훈민정음』의 가획 원리를 통해 당시 마찰음의 마찰 강
도를 재구하면 다음과 같다.

(104) 약 ─────────────→ 강

ㅇ (ㆆ) ㅎ　　　ㅅ (ㅈ) (ㅊ)

'ㅅ'은 치음 계열에서 제일 약한 소리이다. 후음 계열에서 'ㅇ'의
마찰 강도는 제일 낮고 'ㅎ'의 마찰 강도는 제일 높다. 'ㅿ'의 마찰
강도가 'ㅎ'과 'ㅅ'의 사이 구간이었다면 당시 사람은 명확하게 표기
하기 위해 'ㅅ'과 'ㅎ'의 간음이라고 했을 것이다. 그러나 "*ㅿ者, ㅅ
ㅎ之間音也"라는 기록이 발견되지 않으므로 'ㅇ'과 'ㅎ'의 사이일
가능성이 높다. 그리고 "而兼喉" 등의 기록을 통해 'ㅿ'의 마찰강도
가 강하지 않다는 것을 알 수 있다.

여기서 마찰음에 대해 잠깐 살펴보겠다. 통로가 좁아지면서 난기
류가 생성됨으로써 마찰 소음이 동반되어 산출되는 소리가 마찰음이
다. 마찰음은 난기류에 따라 치찰음과 비치찰음(非齒擦音, non-sibilant)으
로 나뉠 수 있다. 난기류도 2가지 종류로 나뉠 수 있다. 하나는 폐에
서 나온 공기가 조음점에서 생산되는 '통로 난기류'이고 또 하나는
공기가 조음점을 지나고 나서 또 다른 장애(주로 윗니)에 충돌하여 생
기는 '장애 난기류'이다. 치찰음은 '통로 난기류'와 '장애 난기류'를
모두 갖추고 있지만 비치찰음은 '통로 난기류'만 갖추고 있다. 유성음
의 마찰 강도를 살펴보도록 하겠다.

〈표42〉 유성음의 마찰 강도[150]

마찰 없음					마찰 강함
	i, ɯ, y, u	ɹ, ɻ, ɰ, j, w, ʋ	β, v, ɣ, ð	z, ʐ, ʒ, ʑ	
	母音	接近音	非齒擦音	齒擦音	

〈표42〉에서 제시한 것처럼 [z]는 아주 강한 마찰음이다. 만약 '△'의 음가를 [z]로 해석하면 문헌 기록과 서로 맞지 않는다. 문헌 기록과 마찰음의 강도를 고려하면 '△'은 접근음일 가능성이 높다.

5.3. '유성 마찰음' 계열로 본 '△'의 음가

후기 중세 한국어에서 '△'과 비슷한 성격을 지닌 표기로 'ㅸ', 'ㅇ'이 있다. 기존 연구에서는 이들을 모두 유성 마찰음소로 해석하고 '△', 'ㅸ', 'ㅇ'을 통틀어 '유성 마찰음' 계열로 불렀다. '△'의 음가를 정확하게 파악하려면 'ㅸ'과 'ㅇ'도 살펴볼 필요가 있다. 본절에서 이루어지는 'ㅸ'과 'ㅇ'에 대한 고찰은 '△'의 음가를 재구하는 데 도움을 줄 것으로 기대된다.

'ㅸ'과 'ㅇ'을 살펴보기 전에 유성 마찰음의 조음적 특성을 먼저 살펴보기로 한다. 〈표20〉, 〈표21〉, 〈표22〉, 〈표23〉을 통해 유성 마찰음은 보편적으로 불안정하다는 것을 알 수 있다. 이제 유성 마찰음의 불안정성이 어디에서 오는지 그 원인을 살펴보기로 한다.

---

150) 〈표42〉는 朱曉農(2007: 8)에서 가져온 것이다.

유성음을 발음할 때는 폐 기압과 구강 기압의 차이가 커야 유성음
이 잘 나오며 마찰음을 발음할 때는 구강 기압과 대기압151)의 차이
가 커야 마찰음이 잘 나온다. 일반 발화시에 폐 기압은 대기압보다
대략 1% 높다. 대기압을 조정할 수 없으므로 대기압을 1로 표기하겠
다. 다시 정리하면 다음과 같다.

(105)152) 가. 유성음 조건: 肺氣壓(1.01) 〉〉 口腔氣壓
　　　　 나. 마찰음 조건: 口腔氣壓 〉〉 大氣壓(1)

(105)에서 보듯이 유성 마찰음을 발음할 때는 구강이 제일 중요하
다. 구강 기압을 적당히 조정해야 유성음 조건과 마찰음 조건을 동시
에 만족시킬 수 있다. 그런데 유성음 조건을 만족시키려면 구강 기압
을 낮게 해야 하는데 구강 기압이 낮게 되면 마찰음 조건을 만족시
키지 못하게 된다. 유성 마찰음을 발음할 때에 대기압을 조정하지 못
하므로 결국은 폐 기압을 더 높게 해야 유성음 조건과 마찰음 조건
을 동시에 만족시킬 수 있다. 폐 기압을 더 높게 하고자 하면 발화자
는 힘들다고 느끼게 된다. 발음할 때 너무 많은 노력을 들인다면 의
사소통에 지장을 줄 것이다. 그래서 유성 마찰음은 무성 마찰음이나
접근음으로 쉽게 변하게 된다. 한편 'ㅿ', ㅸ은 주로 유성음 사이에
나타난다는 점까지 고려하면 'ㅿ', 'ㅸ'을 접근음으로 해석할 수 있

---

151) 대기압은 공기 무게에 의해 생기는 대기의 압력이다. 북위 45도의 바다 면과 0℃의
온도에서, 수은 기둥을 높이 760mm까지 올리는 데 작용하는 압력을 1기압이라 한
다. 대기압은 위도, 온도, 해발 등에 따라 변할 수 있지만 이 책은 편의상 대기압을
1로 설정한다.
152) 朱曉農(2003: 11-12)에서는 유성 마찰음의 조음에 대해 자세하게 설명하였다.

다.153)

이제 '븽'에 대해 살펴보기로 한다. 4.2에서 언어 보편성, 문헌 자료를 븽의 기원에 대해 간단하게 언급하였고 '븽'은 'ㅂ'의 약화 형태이고 'ㅂ'으로부터 변한 것이기 때문에 후기 중세 한국어에서의 '븽'을 음소 /β/로 해석할 수 없다. 이를 바탕으로 '븽'의 음가에 대해 살펴보겠다.

우선 '븽'의 음가와 관련된 선행 연구를 살펴보기로 한다. 李崇寧(1954/1988: 64)에서는 '븽'이 어두에서 [ɸ]로, 모음간이나 'ㄹ' 아래에서는 [β]로 발음된 양순 마찰음이라고 주장하였다. 李基文(1972: 40), 박창원(1996: 89-95)을 비롯한 학자는 '븽'을 유성 양순 마찰음 /β/로 해석하였다. 김형규(1955: 107)는 '븽'의 음가가 'w'에 가까운 음일 것이라고 재구하였다. 김무림(2004: 135-136)은 초성에서의 '븽'의 음가를 [ɸ]/[β]로, 종성에서의 '븽'의 음가를 [w]로 해석하였다. 황희영(1979: 248-249)은 '븽'이 [β]로서, 15세기 중부 방언에서 음소 구실을 하고 있었다는 것보다 음성 정밀 표기였다고 언급하였다. 南廣佑(1962: 98)는 '븽'이 [b] 소리를 이상으로 한 표기라고 주장하였다. 劉昌惇(1962: 8)은 '븽'의 음가가 유성음 'ㅂ'의 이음운이거나, 'ㅂ>오/우' 변화의 상징적 표기에 쓰인 자모에 지나지 못하며 독립된 음운 표기라고 보기 어렵다고 말하였다. 이동석(2013: 94)은 '븽'을 'ㅂ'으로부터 변한 것으로 해석하고 '븽'의 음가를 [w]로 해석하였다.

위에서 소개한 것처럼 선행 연구에서 보면 '븽'의 음가와 관련해

---

153) 'ㅇ'은 후두음이고 후두음 계열에 접근음이 없다. 뒤에 언급하겠지만 [ɦ]는 아주 약한 소리이고 후행하는 모음에 따라 다양하게 실현되기 때문에 [ɦ]는 모음의 성격을 가지고 있다고 생각한다.

서는 3가지 설이 있다. [β]음설, [b]음설, [w]음설이 그것이다. 현재 학계에서는 'ㅸ'의 음가를 주로 유성 마찰음 [β]로 해석한다. 그러나 현대 한국어에서 [β]는 /ㅂ/의 변이음에 불과하기 때문에 이 소리는 잘 인식되지 않는다. 현대 한국어에서의 'ㅂ'과 후기 중세 한국어에서의 'ㅂ'이 음성·음운론적 성격이 비슷하므로 후기 중세 한국어에서도 [β]가 /ㅂ/의 변이음이었을 것이다. 따라서 후기 중세 한국어에서 [β]는 인식되지 않는 소리였고 이러한 소리를 문자로 표기했을 가능성은 매우 희박하다. 같은 논리로 'ㅸ'의 음가를 [b]로 해석하기 어렵다. 한편 『훈민정음』에 'ㅸ'의 [원순성]에 대해 아무런 언급이 보이지 않는데도 불구하고 과연 'ㅸ'의 음가를 [원순성]을 가지고 있는 [w]로 해석해도 되는지에 대해 의심할 수밖에 없다.[154]

'ㅸ'은 『훈민정음』 초기 문헌에 두루 사용되었으나 『능엄경언해』부터는 사실상 사용이 폐지되었다. 그 이후의 문헌에서는 대부분 활음 [w]로 변하였다. 3.2에서 언급한 것처럼 'ㅸ'은 /ㅂ/의 약화 형태로서 후기 중세 한국어에서 음소의 기능을 수행하지 못했던 것이고 'ㅂ>w, ㅂ>∅'의 변화 과정에서 나타나는 한 음성을 표기한 것이다. 그리고 '폐쇄음 > 마찰음 > 접근음'이라는 약화 유형을 고려하면 'ㅸ'의 음가는 유성 마찰음 [β]보다 더 약한 접근음일 가능성이 있다. 조음적으로 볼 때 양순 위치에서 조음되는 접근음은 두 가지 종류가 있다. 하나는 양순 접근음 [β]이고 하나는 양순-연구개 접근음 [w]이다. 그러나 [w]는 강한 [+원순성] 자질을 지닌 소리이므로 'ㅸ'을 [w]

---

154) 4.4.2.2에서는 'ㅸ'의 변화를 'p → b → β → β→ w'로 세분화하였다. 여기 [w]는 활음이고 모음에 속한다. 이동석(2013)에서도 'ㅸ'의 음가를 활음 [w]로 해석하였다. 그러나 'ㅸ'은 자음이기 때문에 활음으로 해석할 수 없다.

로 해석하는 것은 『훈민정음』의 기록과 어긋난다. 이보다는 'ㅸ'의 음가를 양순 접근음으로 해석해 볼 가능성이 있다. 'ㅸ'과 관련된 음 변화가 이를 뒷받침한다. 'ㅸ'이 나중에 모두 활음 [w]로 변한 것이 아니다. 'ㅸ'은 후행하는 /ㅣ/ 모음과 결합하는 경우 탈락되는 현상이 발견된다. 이러한 현상은 'ㅸ'의 음가와 관련되어 있다. 후기 중세 한 국어에서 /ㅣ/ 모음은 전설 모음으로 그 조음 위치는 경구개이다. /ㅣ/ 를 제외한 단모음은 모두 후설 모음이고 후설 모음의 조음위치는 경 구개보다 연구개에 가깝다. 활음 [w]의 조음 위치는 양순-연구개이 다. 만약 'ㅸ'이 후행하는 후설 모음의 영향을 받게 되면 그 조음 위 치도 양순-연구개로 바뀔 것이다. 이러한 소리는 음성적으로 활음 [w]와 비슷하기 때문에 청자는 이러한 소리를 활음 [w]로 인식했을 가능성이 높다. 그러나 /ㅣ/ 모음은 전설모음으로 경구개에서 조음되 고 'ㅸ'은 양순-연구개 음이 되지 못한다. 이 경우에는 'ㅸ'과 활음 [w]의 음성적 차이가 크기 때문에 청자는 'ㅸ'과 [w]를 서로 혼동하기 어렵고 'ㅸ'이 활음 [w]로 변하지 못하였다. 'ㅸ'의 변화를 다시 정리 하면 다음과 같다.

(106) 덥- + -어   təp + ə
         ↓
      더버   təβə
         ↓
      더워   təwə
      (양순 접근음은 후행하는 모음의 영향을 받아 [w]로 바뀜)

(107) 사ᄫᅵ   saβi

↓

사이   sai

(후행 모음이 /i/모음이기 때문에 'ㅸ'이 사라짐)

이제 'ㅇ'에 대해 살펴보도록 한다. 4.2에서 언급했듯이 후기 중세 한국어에서 적극적인 기능을 수행하는 'ㅇ'은 'ㄱ'으로부터 약화된 것이며 음소로 해석되기 어렵다. 이러한 'ㅇ'을 'ㄱ>Ø' 변화에서의 과도(過渡) 음성 표기로 볼 수 있다. 'ㅇ'의 음가에 대한 가설은 주로 유음가설, 무음가설, juncture phoneme설의 3가지가 있다. 선행 자음과 분철한다는 일관된 표기와 李基文(1972: 15-27)에서 제시된 역사적인 변화와 음운현상을 고려한다면, 무성음설은 배제될 수 있다. 그리고 鄭然粲(1987: 16)에서 juncture는 'ㅇ' 자체가 아니라는 문제점도 제시하였다.

후기 중세 한국어의 'ㅇ'은 현대 한국어의 'ㅎ'과 비교될 수 있다. 현대 한국어의 'ㅎ'은 유성음 사이에서 [ɦ]로 실현될 수 있다. 따라서 유성음 사이에 위치한 'ㅎ'은 후기 중세 한국어에서 추정된 'ㅇ'의 음가와 같다고 말할 수 있다. 현대 한국어에서 유성음 사이에 위치한 'ㅎ'은 수의적 탈락 현상도 일어난다.

(108) 가. 외할머니[외**할**머니], 감히[감**히**], 간혹[간**혹**], 영형영**향**], 잘하대잘**하**대

나. 외할머니[외**알**머니]. 감히[가**미**], 간혹[가**녹**], 영형영**양**], 잘하대자**라**대

(108)에서 보듯이 공명음 사이에 놓인 'ㅎ'은 쉽게 탈락한다. 이러한 음운현상은 필수적인 음운현상이 아니므로 'ㅎ 탈락'을 적용한 발음과 적용하지 않은 발음을 모두 관찰할 수 있다. 문제는 '잘하다'이다. '잘하다'를 [잘하다]로 발음하는 경우, 종성에 있는 'ㄹ'은 설측음으로 실현되어야 한다. 그러나 신지영(2011: 295-296)에서 제시한 음성 실험의 결과를 보면 '잘하다'를 [잘하다]로 발음할 때에 'ㄹ'은 설측음으로 실현되는 것이 아니라 탄설음으로 실현된다. 결국 [자라다]의 'ㄹ'과 [잘하다]의 'ㄹ'은 모두 탄설음으로 실현된다. 그리고 [잘하다]와 [자라다]의 차이는 후행하는 모음의 시작 부분에서 관찰되고 [잘하다]의 둘째 음절 [ㅏ]는 그 시작 부분에서 [ㅎ]가 실현되면서 고주파수 영역에서의 에너지 감소가 관찰된다. 현대 한국어에서 'ㄱ', 'ㄷ', 'ㅂ', 'ㅈ'은 'ㅎ'과 결합하면 각각 'ㅋ', 'ㅌ', 'ㅍ', 'ㅊ'이 된다. 그러나 유음, 비음과 'ㅎ'의 융합이 허용되지 않는다. 그래서 'ㄹ-ㅎ'의 연쇄, '비음-ㅎ'의 연쇄 중에 있는 'ㅎ'은 음절에서 가능한 음운 지위는 활음이다.[155)

한편 무성 성문 마찰음 [h]를 무성 모음으로 보는 견해도 있다.[156) 성문 마찰음의 음가는 후행하는 모음에 따라 다르다. 예를 들어 [h]는 [hu]에서 [u̥]로 실현된다. 유성음 [ɦ]의 마찰 강도가 무성음 [h]보다 더 약하다는 측면을 고려하면 [ɦ]를 아주 약한 자음으로 해석할 수도 있지만 모음의 성격을 가지고 있는 것으로 해석해도 별 문제가 없다.

현대 음성학 실험에서 얻은 결과를 가지고 후기 중세 한국어에 적

---

155) 차재은·정명숙·신지영(2003: 780-781)에서는 음성 실험을 통해 'ㄹ-ㅎ'의 연쇄, '비음-ㅎ'의 연쇄에 있는 'ㅎ'의 음운 자격을 활음으로 해석하였다.
156) 이러한 주장은 P.Ladefoged and I.Maddieson(1996: 325)에서 확인된다.

용해보면 'ㄱ'이 약화해서 생긴 'ㅇ'은 아주 약한 소리이고 활음의
성격도 지니고 있다.

5.4. 정리

본장에서는 'ㅿ'과 관련된 음변화, 문헌 기록, '유성 마찰음' 계열
등 측면을 통해 후기 중세 한국어에서 'ㅿ'의 음가를 다시 재구하였다.
우선 음절에서의 출현 위치에 따라 'ㅿ'을 'ㅿ₁', 'ㅿ₂', 'ㅿ₃', 'ㅿ₄'로
나누어 각각의 위치에서 'ㅿ'이 겪은 음변화를 살펴 'ㅿ'에 대해 고찰하
였다.
한자어에 있는 'ㅿ'은 대부분 'ㅿ₁'에 속하는데 한국 일모 한자음
의 변화를 통해 이 'ㅿ₁'의 음가를 고찰하였다. 한국 일모 한자음의
변화 과정이 월어(粤語)와 교료관화(膠遼官話)의 일모의 변화 과정과 비
슷하고 15세기와 16세기 문헌에서 'ㅿ'과 'ㅇ'이 혼동되는 예가 많이
확인되는 점을 고려하여 'ㅿ₁'의 음가를 접근음 [j]로 재구하였다.
'ㅅ 종성'의 음변화를 통해 'ㅿ₂'의 음가를 살펴보았다. 15세기 문
헌에서 종성에 있는 'ㅅ'은 후행하는 'ㄴ', 모음과 결합할 때 'ㅿ'으
로 실현될 수 있다는 것을 확인하였다. 그리고 자질을 통해 'ㅅ 종
성'의 음변화에 대해 설명하였다. 종성에서 일어나는 'ㅅ→ㅿ'은 공
명음화로 볼 수 있고 'ㅅ'은 [−공명성], [＋지속성], [−설측성] 자질을
가지고 있다. 따라서 이때 'ㅿ'을 [＋공명성], [＋지속성], [−설측성] 자
질을 가지는 자음(접근음)으로 해석하고 'ㅿ₂'의 음가를 [ɹ]로 보았다.

이어서 음절 연결 제약과 15세기의 자음 약화 현상을 통해 '△₂'의 음가에 대해 살펴 '△₂'의 음가를 접근음 [ɰ]로 재구하였다.

'유성음-ㅸ'의 연쇄를 분석함으로써 '△₃'의 음가를 추정하였다. 후기 중세 한국어에서 모음, [j] 활음, 'ㄹ', 비음, '△'은 'ㅂ'과 연쇄하게 되면 각각 '모음-ㅸ', '[j] 활음-ㅸ', 'ㄹ-ㅸ', '비음-ㅂ', '△-ㅸ'으로 실현된다. 이 현상은 자음 약화로 볼 수 있는데 자음의 약화는 공명도와 관련이 있다. '유성음-ㅸ'의 연쇄를 보면 비음은 후행하는 'ㅂ'을 'ㅸ'으로 약화시킬 수 없지만 '△'은 후행하는 'ㅂ'을 'ㅸ'으로 약화시킬 수 있다. 따라서 '△'의 음가는 비음보다 더 큰 공명도를 가진 접근음 [ɰ]로 해석된다.

5.1.4에서는 선행 연구에서 다루어왔던 '△>ㅈ'의 변화를 어원에 따라 '△>ㅈ'의 변화와 'ㅅ>ㅈ'의 변화로 나누어 '△₄'의 음가를 살펴보았다. 후기 중세 한자어에서 '△>ㅈ'의 변화가 일어나지 않고 '△'과 'ㅇ'은 서로 혼동하는 예를 확인할 수 있다. 따라서 '△'의 음가를 유성 마찰음으로 볼 수 없고 '△'의 음가는 접근음으로 해석한다. 고유어에서 'ㅅ>ㅈ'의 변화를 분석하고 이러한 변화를 통해 '△'의 음가에 대해 살펴보았다. 약화 유형에 따라 '△'의 가능한 음가를 제시하였다. 『조선관역어』에서 'ㅸ', 'ㅇ'의 음가는 후기 중세 한글 문헌에서 'ㅸ', 'ㅇ'의 음가와 차이가 있다는 것, 한글문헌에서 유성음 사이에 있는 '△', 'ㅈ'이 서로 혼기하지 않는 것으로 보아 고유어에서 '△₄'의 음가를 접근음 [ɰ]로 재구하였다.

한자어에서 '△'의 음가와 고유어에서 '△'의 음가가 차이가 있다. 한자어에 있는 '△'은 항상 [i] 모음, 활음 [j]와 결합하므로 이러한

'ᅀ'은 구개음화를 겪은 것으로 볼 수 있다. 이러한 짝을 한어 방언에서도 확인할 수 있다. 무한(武漢) 젊은이들은 일모를 [ɻ]로 발음하고[157] '若', '弱'을 비롯한 활음 [j]를 가진 단어는 [jo]로 발음된다.[158] 이에 대해 [ɻ]는 구개음화되어 접근음 [j]가 되고 나서는 후행하는 모음과 융합하지 못하기 때문에 탈락한 것으로 본다.[159]

한편 문헌 자료와 후기 중세 한국어의 '유성 마찰음' 계열을 통해 'ᅀ'의 음가에 대해 살펴보았다.

우선 『훈민정음』, 외국어 표기 문헌, 근대 문헌을 살펴봄으로써 'ᅀ'의 음가를 다시 추정하였다. 『훈민정음』에서 '半'자의 의미, 불청불탁, 이체자와 가획의 관계, 완급의 대립, 종성 체계 등을 고려할 때 'ᅀ'을 유성 마찰음으로 해석하기 어렵고 [+공명성] 자질을 지닌 접근음으로 해석한다. 그리고 외국어를 표기하기 위해 쓰인 한글 자모의 음가는 중세 한국어에서 한글 자모의 음가와 차이가 있기 때문에 외국어 표기 문헌을 통해 당시 한국어에 쓰인 한글 자모의 음가를 역추정하기 어렵다. 근대 문헌에서 'ᅀ'을 아주 약한 소리로 기록되어 있고 마찰음의 강도까지 고려하면 'ᅀ'을 역시 접근음으로 해석해야 한다.

5.3에서는 'ᅀ'과 같은 계열에 있는 'ᄫ'과 'ㅇ'에 대해 살펴보았다. 'ᄫ'의 음가에 대해 [β]음설, [b]음설, [w]음설이 있다. 그러나 이러

---

157) 北京大學中國語言文學系語言學敎硏室 編, 王福堂 修訂, 『漢語方音字匯·第二版重排本』, 語文出版社, 2003, 13면.
158) 위의 책, 39면.
159) 北京大學中國語言文學系語言學敎硏室 編·王福堂 (2003: 13)에서 제시된 무한(武漢) 방언의 음운체계에 의거하면 무한(武漢) 방언에 [jj-]로 시작된 운모가 없다는 것을 알 수 있다.

한 주장들은 모두 문제점이 있다. '병'은 'ㅂ>w, ㅂ>∅'의 변화 과정에서의 한 과도(過渡) 음성 표기이라는 점, '폐쇄음 > 마찰음 > 접근음'의 약화 유형을 고려하면 병의 음가를 양순 접근음으로 해석할 수 있다. 'ㅇ'도 역시 'ㄱ>∅'의 변화과정에서의 한 과도 음성 표기이고 'ㅇ'의 음가를 [ɦ]로 재구할 수 있으며 이러한 [ɦ]는 활음의 성격을 지닌다. 따라서 '병'은 양순 접근음으로, 'ㅇ'은 활음의 성격을 가진 [ɦ]로 해석됨을 고려하면 '△'도 접근음으로 보는 것이 좋다.

3장에서 언급한 것처럼 한자어에 있는 '△'은 한어 일모를 차용한 것이며 이를 바탕으로 5.1.1.1.2에서 한국 일모 한자음의 변화에 대해 살펴보았다. 예외가 없지 않지만 대부분 일모 한자음의 변화는 'dz → z → j → ∅'와 같다. 고유어에 있는 '△'은 'ㅅ>∅' 변화의 한 단계에 속하고 5.1.4.2.2에서는 'ㅅ>∅'의 변화를 's → z → ɹ → ∅'로 세분화하였다. 이를 바탕으로 고대 한국어부터 후기 중세 한국어까지 '△'의 음가를 다시 정리하면 다음과 같다.

〈표43〉 각 시기에서 '△'의 음가

시기	[i], [j] 환경	기타 환경	비고
고대 한국어	dz	–	한자어
전기 중세 한국어	z	z	
후기 중세 한국어	j	ɹ	

제6장 '△'의 소멸

본장에서는 '△'의 소멸 시기와 '△'의 소멸 원인에 대해 살펴보도록 하겠다.

6.1. 소멸 시기

2.5에서는 '△'의 소멸 시기와 선행 연구를 소개하였다. '△'의 완전 소멸 시기에 대해 선행 연구에서는 16세기로 보고 있다. 선행 연구에서는 '△'과 'ㅇ'이 서로 혼동되는 예를 증거로 제시하고 '△'의 소멸 시기를 추정하였다. 특히 李基文(1972: 37-38)은 『두시언해』에서 '△'과 'ㅇ'이 서로 혼동되는 예를 가지고 15세기 70년대부터 '△'이 사라지기 시작하였다고 언급하였다. 그러나 '△'과 'ㅇ'이 서로 혼동되는 예는 『두시언해』 이전의 문헌에서도 확인된다.

(109) 가. 부톄 **인ᅀ**ᄒᆞ신대 (『月印釋譜』 2:9ㄱ)

　　　나. 大衆을 **신ᅀ**ᄒᆞ시니 (『月印釋譜』 22:18ㄴ)

위에서 제시한 것처럼 한자어 '人事'는 『월인석보』에서 '인ᅀ', '신ᅀ' 형태가 모두 확인된다. 이러한 예를 통해 15세기 50년대에 '△' 과 'ㅇ'이 이미 혼동되고 있었다고 볼 수 있다. 그리고 5.1.1.2에서 언급한 것처럼 15세기 초의 문헌인 『조선관역어』에는 일모 한자어가 일모자가 아닌 다른 한자로 표기되는 예가 존재한다.

(110) 二月　　　　　　　　　　　**移**臥　　（『朝鮮館譯語』:7ㄱ）

　　　十二月　　　　　　　　　世**移**臥　　（『朝鮮館譯語』:7ㄴ）

　　　兒馬　　阿直盖墨二　　**以**罵　　（『朝鮮館譯語』:10ㄱ）

　　　耳　　　貴　　　　　　　**以**　　　（『朝鮮館譯語』:17ㄱ）

　　　二　　　都卜二　　　　　**移**　　　（『朝鮮館譯語』:20ㄱ）

　　　二十　　色问二　　　　　**移**世　　（『朝鮮館譯語』:20ㄱ）

위에서 제시한 것처럼 日母 한자어인 '二', '兒', '耳', '人', '熱'은 각각 이모자(以母字)인 '移', '以', '以', '与', '耶'와 대응된다. 이러한 기록을 통해 당시 '二', '兒', '耳', '人', '熱'의 초성에서 '△'이 이미 탈락되었다는 것을 알 수 있다. 李基文(1972: 37)은 (109가), (110)과 비슷한 예를 나열하면서 이를 증거로 후기 중세 한국어에서 '△'이 어두에 오지 않았음을 반영한 것이라고 주장하였다. 그러나 15세기 문헌에서 '인ᅀ'형태보다 '신ᅀ'형태가 더 많이 나타난다.[160] 그리고

---

160) '인ᅀ'는 (109가)에서 제시한 것처럼 1번 나타나고 '신ᅀ'는 (109나)에서 제시한 예를 제외하고 다른 예를 나열하면 다음과 같다.

　　서르 **신ᅀ**ᄒᆞ더니 (『月印釋譜』22:45ㄴ)

다음과 같은 예도 확인할 수 있다.

> (111) 가. **셜독**으로 허러 암근 후에 허므리 업디 아니커든 (『救急簡
>   易方諺解』6:94ㄴ)
>   나. 비야미 헝우를 봇가 어르러지예 **ᅀᅵᆨ** 번을 븟고 프서리예
>   ᄇ리라 (『救急簡易方諺解』6:85ㄴ)
>   다. 왕릭 **ᅀᅵ쳔** 리 싸해 (『飜譯朴通事』上:53ㄴ)

위에서 제시한 것처럼 '셜독(熱毒)', 'ᅀᅵᆨ(二百)', 'ᅀᅵ쳔(二千)'은 모두
'ㅿ'으로 표기되어 있다. 이러한 단어가 확인되므로 중세 한국어에서
'ㅿ'이 어두에 오지 않았다는 주장은 문제가 있다. 그리고 『조선관역
어』에서 일모 한자어가 일모자와 대응되는 예도 확인된다.

(112)

日	害	忍 (『朝鮮館譯語』:1ㄱ)
日出	害那格大	忍處 (『朝鮮館譯語』:1ㄴ)
日落	害底格大	**忍**剌 (『朝鮮館譯語』:2ㄱ)
日长	害吉大	**忍**掌 (『朝鮮館譯語』:2ㄱ)
日短	害迭勒大	**忍**膽 (『朝鮮館譯語』:2ㄱ)
日照	害比翠耶大	**忍**着 (『朝鮮館譯語』:2ㄱ)
日暖	害得大	**忍**柉 (『朝鮮館譯語』:2ㄱ)
如今	那在	**熱**根 (『朝鮮館譯語』:17ㄱ)
肉	果吉	**入** (『朝鮮館譯語』:22ㄱ)

일모 한자어인 '日', '如', '肉'은 각각 일모자인 '忍', '熱', '入'과
대응된다. 음절 위치를 볼 때 이러한 'ㅿ'은 모두 어두 초성에 나타

百姓둘홀 다 **쉰ᄉ**ᄒ고 (『月印釋譜』22:65ㄱ)
절ᄒ고 **쉰ᄉ**ᄒ야 셔 오니 (『月印釋譜』20:78ㄴ)
그 吏民둘홀 **쉰ᄉ** 보내더니 (『月印釋譜』20:71ㄱ)

난다. (111)과 (112)를 비롯한 예가 확인되므로 李基文(1972)의 주장이 성립되기 어렵다.

5.1.1.2에서는 후기 중세 한자어에서의 '△'을 5가지 종류로 나누어 분석하였다(<표27> 참조). 15세기 초기에 이미 '止攝 日母'는 [∅]가 되었고 '非止攝 日母' 한자어에서 쓰인 일모는 [∅]로 실현되는 예가 많았다. 이를 통해 15세기 초의 한자어에서 '△'이 매우 불안정해져서 이미 사라지고 있었음을 알 수 있다.

그리고 선행 연구에서는 원래 '△'을 가진 단어가 'ㅇ'으로 표기되는 것을 예로 삼아 '△'의 소멸 시기를 추정하였다. 오히려 원래 'ㅇ'을 가진 단어가 '△'으로 표기되는 예가 여러 문헌에서 확인되기도 한다.

> (113) 가. 큰 龍용이 閻졉浮부提데예 (『六祖法寶壇經諺解』上:80ㄱ)
>   나. 才閣 뜨들 졉 (『訓蒙字會』下:6ㄱ)
>   다. 佛불光광 비취샤믈 因신ᄒᆞ야 (『法華經諺解(改刊本)』1:34ㄴ)
>   라. 實실相샹印신을 니ᄅᆞ노라 (『法華經諺解(改刊本)』1:70ㄴ)
>   마. 滔도慢만 則즉不블能능研션精졍ᄒᆞ고 (『飜譯小學』6:16ㄴ)

위에서 보듯이 이모자(以母字)인 '閻', '才閣', 影母字인 '因', '印', 그리고 의모자(疑母字)인 '研'은 모두 '△'으로 표기된 형태가 확인된다. 이들의 성모가 [∅]인데도 불구하고 '△'으로 표기된 것은 15세기 말의 사람들이 '△'과 'ㅇ'은 명확히 구별하지 못했을 가능성을 제시한다.

한편 같은 문헌에서 한 단어의 '△형태'와 'ㅇ형태'가 모두 확인되는 예도 있다.

(114) 가. 西南ㅅ 하ᄂᆞᆶ 짯 **ᄉᅀᅵ**예 ᄠᅥ 브터 ᄃᆞ니노라 (『杜詩諺解』3:66ㄴ)

　　　나. 발와 이페는 **미샹** 삿기치는 져비 (『杜詩諺解』15:22ㄱ)

(115) 가. ᄀᆞᄅᆞᆳ **ᄉᅀᅵ**옌 두 ᄀᆞᆯ며기로다 (『杜詩諺解』3:26ㄴ)

　　　나. **미양** ᄀᆞ숤 외ᄅᆞᆯ 보고 녜 사던 ᄣᅡ홀 ᄉᆞ랑ᄒᆞ노라 (『杜詩諺解』15:20ㄱ)

　위에 제시한 것처럼 같은 문헌에서 같은 단어의 'ㅿ 형태', 'ㅇ 형태'가 모두 확인되기도 한다. 이러한 예는 당시 사람들이 'ㅿ'과 'ㅇ'은 명확히 구별하지 못했을 가능성을 제시한다.

　이상의 내용을 정리해 보면 다음과 같다. 『조선관역어』를 비롯한 15세기 초기 문헌에서 'ㅿ'을 가진 한자어가 'ㅇ'으로 표기되는 예가 확인되는데 이는 15세기 초기에 'ㅿ'이 이미 사라지기 시작하였다는 것을 보여준다. 『육조법보단경언해』를 비롯한 15세기 문헌에서 [Ø]가 'ㅿ'으로 표기되는 예와 동일 문헌에서 같은 단어에 'ㅿ'형태와 'ㅇ'형태를 모두 쓴 예가 확인되는데, 이는 15세기 당시에 이미 'ㅿ'과 'ㅇ'이 명확히 구별되지 않았고 'ㅿ'이 사라지기 시작했을 가능성을 제시한다.

　위에서 나열한 단어는 모두 [i] 모음이나 [j] 활음을 가진 단어이다. 다른 음운 환경에 있는 'ㅿ'에 대해 살펴보겠다. 16세기 중엽의 문헌에서 원래 'ㅿ'을 가진 단어가 'ㅇ'으로 표기되는 예가 확인된다. 예를 보겠다.

(116) 가. 鄕 **ᄆᆞ올** 향 (『新增類合』下:23ㄴ)

　　　나. 冬 **겨울** 동 (『新增類合』上:2ㄴ)

　　　다. 心 **ᄆᆞ음** 심 (『新增類合』下:1ㄱ)

(116)은 원래 ‘△’을 가진 ‘ᄆᆞᅀᆞᆯ’, ‘겨ᅀᅳᆯ’, ‘ᄆᆞᅀᆞᆷ’이 ‘ㅇ 형태’로 나타난 예들이다. 선행 연구에서는 이러한 예들을 가져와 16세기 중엽에 ‘△’이 사라졌다고 주장하였다. 그런데 15세기 문헌에는 ‘ㅇ’이 ‘△’으로 표기되는 예도 확인된다.

> (117) 가. 구틔여 브서베 드로ᄆᆞᆯ **뉘읏**디 마롤디니라 (『杜詩諺解』17:36ㄱ)
> 　　　나. 須達이 **뉘읏**디 말라 (『釋譜詳節』6:19ㄴ)
> 　　　다. 오직 王右軍의게 넘디 몯호ᄆᆞᆯ **뉘읏**ᄂᆞ다 (『杜詩諺解』16:25ㄴ)

(117나, 다)에서 볼 수 있는 바와 같이 후기 중세 한국어에서 ‘뉘읏-[恨]’은 ‘△’을 가진 단어가 아니다. 그런데 (117가)처럼 ‘뉘읏-’이 ‘뉘숫-’으로 표기되는 형태가 확인된다. 이러한 예를 통해 15세기에 ‘△’과 ‘ㅇ’이 상당히 혼동되었다는 것을 알 수 있다.

계속해서 예문을 살펴보도록 하겠다.

> (118) 내 새로 온 **향삼**이 탕ᄀᆞᆺ 갑시 언메나 ᄒᆞᆫ 동 몰래라 (『飜譯朴通事』上:52ㄱ)

‘향삼’은 ‘鄕闇’이다. ‘闇’은 영모자(影母字)이고 한어의 영모(影母)는 전승 한자음의 [Ø]와 대응된다. 이 예는 [Ø] 초성이 ‘△’으로 표기된 것이다. 이를 통해 당시 ‘△’과 ‘ㅇ’은 이미 혼동하고 있다는 것을 알 수 있다.

최근에 발굴된 언간 자료를 보겠다. 배영환(2012)에 따르면 원래 ‘△’을 가진 단어가 ‘ㅇ’으로 표기된 형태가 『신창맹씨묘출토언간』에서 확인된다.

(119) 가. 내 **무ᇫ모**로 (『신창맹씨묘출토언간』1)

　　　나. **지을** 양이어든 (『신창맹씨묘출토언간』1)

　　　다. **골히** (『신창맹씨묘출토언간』1)

　　　라. 어마님 아기 **뫼ᅌᅩ**고 (『신창맹씨묘출토언간』2)

　　　마. 닉년 **골히** 나오고져 ᄒᆞᄂᆡ (『신창맹씨묘출토언간』2)

　(119)를 보면 후기 중세 한국어에서는 'ᄆᆞᅀᆞᆷ', '짓-', 'ᄀᆞᅀᆞᆯᄒᆞ', '뫼ᅀᆞᆸ-'으로 표기될 것들이 『신창맹씨묘출토언간』에서는 각각 'ᄆᆞᇹ', '지-(짓-)', 'ᄀᆞᆯᄒᆞ', '뫼ᅌᅩᆸ-'으로 표기되고 있다. 이제 이처럼 'ㅇ 형태'가 나타난 것들이 무엇을 의미하는지 살펴보기로 한다.

　李崇寧(1967: 353, 351-359)은 'ᅀ'을 가진 단어의 방언형을 분석하여 'ㅅ>∅'은 중부 방언의 북부에서 우선 일어난다고 보고 12세기부터 시작된 'ㅅ>∅'의 개신(innovation)과 진원지를 다음과 같이 제시하였다.

〈그림5〉 'ㅅ〉ᅀ'의 개신[161]

시간이 지남에 따라 이러한 개신의 세력이 커지게 되고 한반도 전역에 여향을 끼치게 된다. 李崇寧(1967: 395-398)에서는 '가을'의 방언형을 조사하고 그 변화를 그림으로 제시하였다.

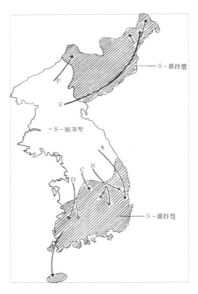

〈그림6〉 'ㅅ〉ø'의 확산[162]

<그림6>에서 제시한 것처럼 '-s-탈락형'은 주로 서북방언, 중부방언에 분포하고 있고 '-s-유지형'은 주로 서남방언, 동남방언, 동북방언, 제주방언에 분포하고 있다. 충청도는 '-s-탈락형'과 '-s-유지형'의 경계에 있고 충청도 지역은 상대적으로 'ㅅ>ø'의 진원지와 거리가 멀다. 파동설(Wave Theory)에 따르면 충청도는 'ㅅ>ø'의 변화의 충

161) 李崇寧, 「韓國方言史」, 『韓國文化大系Ⅴ』, 高麗大學校民族文化硏究所, 1967, 357면.
162) 위의 논문, 395면.

격을 서울·경기를 비롯한 지역보다 약하게 받고 시간적으로도 서울·경기를 비롯한 지역보다 늦게 'ㅅ>Ø'의 변화를 적용받았다. 따라서 만약 충청도에서 '-s-탈락형'이 확인되면 진원지와 더 가까운 서울·경기 지역에 '-s-탈락형'이 존재했을 것으로 믿어진다. 그리고 서울·경기 지역에서 '-s-탈락형'이 나타나는 시기도 충청도보다 앞섰을 것으로 보인다.

한편 방언 전파의 또 다른 양상은 인접하지 않는 지역으로의 뜀박질(jumping) 확산이다. 이러한 전파는 사회·문화적인 현상과 밀접한 관련이 있다. 예를 들어 천안과 같은 소도시가 비록 지리적으로 서울에 가깝게 위치한다고 하여도 부산·광주 등과 같은 대도시보다 서울의 사회·문화적인 영향을 더 받는다고 단정하기는 어렵다. 그보다는 대도시들이 먼저 서울의 영향을 받고 그 주변 지역으로 다시 영향이 확산되어 간다고 보는 것이 더 설득력이 있다.[163] 그러나 조선시대에 교통이 편리하지 않는 점, 대전도 큰 도시가 아니었다는 점을 고려하면 충청도 지역에서 'ㅅ>Ø'의 전파는 뜀박질 확산으로 보기 어렵다.

(119)를 다시 보자. 1490년의 충청 방언에서 'ᄆᆞ음', '지-(짓-)', 'ᄀᆞ올ㅎ', '뫼옵-'을 비롯한 '-s-탈락형'을 확인할 수 있다. 파동설에 따르면 1490년의 서울·경기 방언에 이미 '-s-탈락형'이 존재하므로 이 방언에서 '-s-탈락형'이 나타나기 시작하는 시기는 1490년보다 앞설 것으로 추정해 볼 수 있다. 이에 따르면 'ㅿ'은 15세기에 이미 서울·경기 방언에서 상당히 동요되어 있었을 것이다. 그러므로 'ㅿ'

---

163) 방언연구회(2001: 131)에서는 '뜀박질' 확산을 자세하게 소개하였다.

이 완전히 사라진 시기는 16세기 중엽보다 더 이전이었을 가능성이 매우 높다.

6.2. 소멸 원인

선행 연구를 보면 '△'의 소멸 원인에 대한 언급이 많지 않다. 이는 아마도 '△'을 음소 /z/로 해석하는 것과 관련이 있을 것으로 보인다. '△'을 음소 /z/로 보아서는 이 음소가 왜 사라지는지에 대해 설명하기 어렵다. 본절에서는 4장, 5장에서 얻은 결론을 기반으로 하여 '△'의 소멸 원인에 대해 논의하기로 한다.

4장에서 언급했듯이 후기 중세 한국어에서 '△'은 음소의 기능을 수행하지 못한다. 그렇지만 어떤 소리를 '△'으로 표기한 것으로 보고 '△'은 인식될 수 있는 소리를 표기한 것이라고 본다. 이러한 특징을 가지고 있는 '△'을 /ㅅ/ 음소, /ㅅ/ 음소의 변이음인 [z]와 비교해 분석하면 다음과 같다.

〈표44〉 후기 중세 한국어에서의 /ㅅ/, [z], '△'의 비교 분석

	의미 변별의 기능 유무	인식 가능 여부
/ㅅ/	○	○
[z]	×	×164)
△	×	○

---

164) 3.1.3에서는 전기 중세 한국어에서 [z]가 인식 가능한 소리의 원인에 대해 설명하였다. 당시 일모 한자음은 [z]이고 음성적으로 [z]와 [z]가 유사하기 때문에 [z]는 이식이

위에서 제시한 것처럼 'ㅿ'은 온전한 대립을 이루는 음소와 같은 정도의 변별적 속성을 갖지는 못하지만 그렇다고 변이음처럼 완전히 인식 불가능한 소리는 아니다. 즉, 'ㅿ'은 음소와 같이 온전한 의미 변별의 기능을 갖지는 못하지만 변이음처럼 완전히 인식 불가능한 소리도 아닌, 음소와 변이음의 중간적인 속성을 지닌 소리라 하겠다.[165)]

한 언어의 음운 체계에서 음소는 의미 변별의 기능을 가지고 있어 상대적으로 안정적인 존재라고 할 수 있다. 'ㅿ'은 인식될 수 있기는 하지만 의미 변별의 기능을 가지고 있지 않기 때문에 공시적으로 아주 특별한 존재이고 불안정한 성격을 지니고 있다. 논리적으로 보면 'ㅿ'이 음소가 되어 계속 유지될 수도 있고 인식 불가능한 소리로 변해 사라질 수도 있다. 결과적으로 'ㅿ'은 음소가 되지 못하고 소멸의 길을 선택하였다. 'ㅿ'의 이러한 선택은 우연한 것이 아니다. 고유어에 있는 'ㅿ'은 'ㅅ'의 수의적인 음변화로 인해 생기는 것이기 때문에 의미 변별의 기능을 가지기 아주 어렵다. 그리고 5장에서 언급했듯이 후기 중세 한국어에서 'ㅿ'의 음가는 접근음이었기 때문에 이러한 'ㅿ'은 쉽게 인식될 수 없는 소리로 변할 수밖에 없다.

李基文(1972: 37)은 'ㅅㅣ'와 'ㅿ이', '미샹'과 '미양'의 예를 들어 'ㅿ'의 소실이 [i] 모음, [j] 활음 환경에서 시작되었다고 주장한다. 그러나 'ㅿ'이 왜 이러한 환경에서 먼저 사라졌는지에 대해서는 설명하지 못했다. 李基文(1972)처럼 'ㅿ'을 유성 마찰음으로 해석해서는

가능하게 되었다. 그러나 후기 중세 한자어에서 'ㅿ'은 음소의 기능을 수행하지 못하고 한국 일모의 음가는 [z]가 아닌 [j]이었다. 따라서 후기 중세 한국어에서 [z]가 /ㅅ/의 변이음에 불과하고 인식되지 못한 음성이었다.
165) 이러한 기술은 신승용(2003: 58)에서 변이음소의 개념을 소개할 때도 확인된다.

'△'의 소멸에 대해서는 그 원인을 설명하기 어렵다. 5장에서 언급했듯이 후기 중세 한국어에서 '△'의 음가가 치조 접근음이었다. 이 음성은 [i] 모음, [j] 활음 환경에서 구개음화가 일어나 경구개 접근음 [j]가 된다. 후기 중세 한국어의 모음 체계에는 이중모음 /ji/나 /jj-/로 시작하는 삼중모음이 없었다. 그런데 접근음 [j]는 아주 약한 마찰을 동반하는 소리이고 음성적으로 모음 [i]와 비슷하다. 화자가 '싀'를 발음하면 청자는 이처럼 명확하지 않은 소리를 교정하게 되는데,[166] 청자가 정확하게 교정하면 음변화가 일어날 수 없는 반면에 청자가 잘못 교정하면 음변화를 촉발할 수 있다. 앞서 언급했듯이 후기 중세 한국어에서 이중모음 /ji/가 없다는 것, 음성적으로 접근음 [j]가 모음 [i]와 비슷한 것을 고려하면 청자가 '싀'를 '이'로 잘못 교정했을 가능성이 매우 높다. 이 때문에 [i] 모음 앞에 있는 '△'은 쉽게 탈락했다고 보아야 한다. [j] 활음 앞에 있는 '△'도 마찬가지다.

  [i] 모음, [j] 활음의 환경이 아닌 다른 환경에 있는 '△'에 대해 살펴보기로 한다. 이러한 환경에 있는 '△'은 [i] 모음, [j] 활음 환경에 있는 '△'보다 늦게 사라진다. 그 이유는 후기 중세 한국어의 모음 체계와 관련이 있다. 앞서 언급했듯이 '싀', '샹'은 각각 '이', '양'으로 들릴 수 있기 때문에 '△'은 쉽게 탈락된다. '아슥'를 비롯한 단어에서 '△'의 발음과 'ᄋ'의 발음이 차이가 있기 때문에 '△'이 탈락하기 쉽지 않다. 그러나 고유어에 있는 '△'은 유성음 사이에만 나타난다는 점, '△'은 접근음으로 모음 못지않게 큰 공명도를 가지고 있는

---

166) J.J.Ohala, "the Phonetic of Sound Change", *Historical linguistics: Problems and perspectives*, Longman, 1993, pp.257~258.

분절음까지 고려하면 'Δ'과 후행하는 모음의 경계가 모호해질 수 있다. 청자가 이처럼 명확하지 않은 소리('ᅀ')를 일종의 모음('ㅇ')으로 교정할 수 있다.[167) 이 때문에 'Δ'이 소멸하게 된다.

6.3. 정리

본장에서는 'Δ'의 소멸 시기와 소멸 원인에 대해 살펴보았다. 『조선관역어』를 통해 15세기 초의 한자어에서 'Δ'이 이미 사라지고 있었다는 것을 확인할 수 있었다. 15세기의 다른 문헌에서 발견되는 'Δ'과 'ㅇ' 표기의 혼란은 이러한 추론을 뒷받침한다. 최근에 발굴된 언간 자료를 보면 'Δ'을 가진 단어가 모두 'ㅇ'으로 표기되어 있다. 이는 15세기에 충청도 방언에서는 이미 'Δ'이 거의 사라져 있었을 가능성을 제시한다. 파동설에 따르면 같은 시기의 서울·경기 방언에서도 이미 'Δ'이 거의 사라져 있었을 것으로 추론해 볼 수 있다. 시기적으로 'Δ'의 소멸은 15세기 초, 더 올라가서는 14세기 중후반부터 시작된 것으로 볼 수 있다. 15세기 말의 서울·경기 방언에서 'Δ'은 매우 불안정한 성격을 지니고 있었을 것으로 보인다.

'Δ'의 소멸 원인은 'Δ'의 기원, 후기 중세 한국어에서 'Δ'의 음

---

167) 'Δ'과 같은 계열에 있는 'ㅸ'을 예로 삼아 설명해 보겠다. 앞서 언급한 것처럼 'ㅸ'은 'ㅂ>w' 혹은 'ㅂ>Ø'의 한 단계이다. 'ㅸ'은 [i] 모음과 결합하면 탈락되고 [i] 모음을 제외한 나머지 모음과 결합하면 활음 [w]로 바꾸게 된다. 이러한 변화는 청자의 교정 잘못으로 설명할 수 있다. 'ㅸ'은 양순 접근음으로 후행하는 모음([i] 모음 제외)의 영향을 받으면 그의 조음 위치는 양순-연구개가 된다. 청자가 이러한 소리를 [w]로 잘못 교정하면 'ㅸ'이 [w]로 변하게 된다.

가와 관련되어 있다. 후기 중세 한국어에서 '△'은 음소의 기능을 수행하지 못하지만 인식 가능한 소리였다. 이러한 특성을 지닌 '△'은 아주 불안정하였다. 음성학적으로 볼 때, '△'은 후기 중세 한국어에서 아주 큰 공명도를 가지고 있는 접근음이었다. 이로 인하여 '△'은 소멸의 길을 걷게 된다. '△'의 소멸은 [i] 모음, [j] 활음의 환경에서 먼저 일어난다. 다른 환경에 있는 '△'의 경우에는 '△'과 후행하는 모음과의 경계가 모호해지자 청자가 '△'을 일종의 모음으로 교정하게 되면서 소멸하게 된다.

본장의 내용을 표로 제시하면 다음과 같다.

〈표45〉 '△'의 소멸 시기와 소멸 원인

항목	내용
소멸 시작 시기	14세기 말-15세기 초
완전 소멸 시기	15세기 말
소멸 원인	음운론적으로 불안정한 성격을 지니고 있고 음성학적으로 모음 못지않게 큰 공명도를 지닌 자음이기 때문이다.

제7장 '△'의 일생

    이 책은 '△'의 음운론적 성격과 변화를 중심으로 '△'의 기원, '△'의 음운 자격, '△'의 음가, '△'의 소멸을 차례로 살펴보았고 '△'의 일생에 대해 고찰하였다.

    3장에서는 문헌 자료와 방언 자료를 통해 '△'의 기원에 대해 살펴보았다. 우선 문헌을 통해 고대 한국어, 전기 중세 한국어에서 '△'의 흔적을 고찰해보았고 이를 토대로 '△'의 기원에 대해 규명하였다. 고대 한국 고유어에서 '△'의 흔적을 발견하기는 어렵기는 하지만 전승 한자음 자료를 통해 고대 한국 한자어에서 '△'이 존재했다는 것을 알게 되었다. 고대 한국어에서 '△'이 한자음에만 존재하므로 한자음에 있는 '△'은 한어 일모를 차용한 것으로 생각한다. 고대 한국 고유어에서 '△'의 흔적이 전혀 발견되지 않고 또한 '△' 대신 'ㅅ 형태'가 발견되므로 고유어에 있는 '△'은 'ㅅ'으로부터 변한 것으로 보는 것이 합리적이다.

    현대 방언에 보이는 '△'의 분포는 한자어에 있는 '△'과 고유어에 있는 '△'의 기원이 다르다는 것을 암시한다. 현대 방언에 있는 '△'의 'ㅅ 반사형'은 아무 변화를 겪지 않고 원래부터 'ㅅ 형태'였던 것으로 '△'의 'Ø 반사형'은 통시적으로 'ㅅ>Ø'의 변화를 겪은 형태인 것으로 본다. 따라서 고유어에 있는 '△'은 'ㅅ>Ø'의 변화에 있어서의 한 단계를 반영하는 것으로 추정된다.

4장에서는 문헌 자료, '유성 마찰음' 계열, 언어 보편성을 통해 '△'의 음운 자격에 대해 다시 고찰하였다. 우선 어원에 따라 한자어에 있는 '△'과 고유어에 있는 '△'으로 나누어 그 음운 자격에 대해 살펴보았다. 한국 일모 한자음은 15세기부터 이미 접근음 [j]를 거쳐 사라지기 시작하였다. 대부분 '△'을 가진 한자어의 중성 자리에 활음 [j] 또는 [i] 모음이 존재했기 때문에 한자어에서 '△'이 발음될 수 없다. 그리하여 '싄(人):신(信)', '싈(日):실(室)', '슉(肉):슉(叔)'을 비롯한 단어들은 실제 발음할 수 있는 분절음 수가 서로 일치하지 않고 최소 대립쌍을 이루지 못하므로 '△'을 음소로 볼 수 없다. 고유어에 있는 '△'은 'ㅅ'에 소급할 수 있고 수의적인 'ㅅ→△'에 의해 생기기 때문에 '△'과 'ㅅ'은 변별적 대립을 이루지 못한다. 따라서 '△'은 음소로 해석하기가 어렵다.

'△'과 같은 계열에 있는 'ㅸ', 'ㅇ'에 대해서도 고찰하였다. 후기 중세 한국어에서 'ㅸ', 'ㅇ'을 음소로 해석하기 어렵기 때문에 후기 중세 한국어에서 '유성 마찰음' 계열이 없었다고 한다면 '유성 마찰음' 계열이 없는 상태에서 '△'만을 음소로 해석하는 것은 적절하지 않은 면이 있다. 그리고 'ㅸ'과 'ㅇ'은 각각 'ㅂ>w/ㅂ>Ø', 'ㄱ>Ø'의 변화 과정에서 나타나는 한 음성을 표기한 것으로 해석되므로

'ㅸ', 'ㅇ'과 비슷한 성격을 지닌 'ㅿ'에 대해서도 'ㅅ>Ø'의 변화 과정에서의 한 음성 표기로 해석할 수 있다.

4.3에서는 언어 보편성을 통해 음소 /z/에 대해 살펴보았다. 자연 언어에서는 음소 /z/가 아주 의존적인 성격을 지니고 있기 때문에 후기 중세 한국어에서 'ㅿ'을 음소 /z/로 해석하면 문제가 생긴다.

5장에서는 'ㅿ'과 관련된 음변화, 문헌 기록, '유성 마찰음' 계열 등을 살펴 후기 중세 한국어에서 'ㅿ'의 음가를 다시 재구하였다. 우선 음절에서 'ㅿ'의 출현 위치에 따라 'ㅿ'을 'ㅿ$_1$', 'ㅿ$_2$', 'ㅿ$_3$', 'ㅿ$_4$'로 나누어 'ㅿ'과 관련된 음변화를 통해 각각의 위치에 있는 'ㅿ'에 대해 고찰하였다.

대부분 한자어에 있는 'ㅿ'은 'ㅿ$_1$'에 속하고 한국 일모 한자음의 변화를 통해 'ㅿ$_1$'의 음가를 고찰하였다. 한국 일모 한자음의 변화 과정은 월어(粵語)와 교료관화(膠遼官話)의 일모의 변화 과정과 비슷하고 15세기와 16세기 문헌에서 'ㅿ'과 'ㅇ'은 혼동되는 예가 많이 확인되기 때문에 'ㅿ$_1$'의 음가를 접근음으로 재구하였다.

'ㅅ 종성'의 음변화를 통해 'ㅿ$_2$'의 음가를 살펴보았다. 15세기 문헌의 종성에 위치한 'ㅅ'은 후행하는 'ㄴ', 모음과 결합하면 'ㅿ'으로 실현될 수 있다는 것을 다시 확인하였다. 우선 자질을 통해 이러한 음변화에 대해 설명하였다. 'ㅅ→ㅿ'은 공명음화로 볼 수 있는 것, 음절 연결 제약, 자음 약화 현상을 고려할 때 'ㅿ$_2$'의 음가를 접근음으로 해석하였다.

'유성음-ㅸ'의 연쇄를 분석함으로써 'ㅿ$_3$'의 음가를 추정하였다. 후기 중세 한국어에서 모음, [j] 활음, 'ㄹ', 비음, 'ㅿ'은 'ㅂ'과 연쇄하게 되면 각각 '모음-ㅸ', 'ㅣ 활음-ㅸ', 'ㄹ-ㅸ', '비음-ㅂ', '△-ㅸ' 으로 실현된다. 이러한 현상은 자음의 약화로 볼 수 있고 자음의 약화 현상은 공명도와 관련이 있다. '유성음-ㅸ'의 연쇄를 다시 보면 비음은 후행하는 'ㅂ'을 'ㅸ'으로 약화시킬 수 없지만 '△'은 후행하는 'ㅂ'을 'ㅸ'으로 약화시킬 수 있다. 따라서 '△'의 음가는 비음보다 더 큰 공명도를 가진 접근음으로 해석하였다.

5.1.4에서는 선행 연구에서 다루어왔던 '△>ㅈ'의 변화를 어원에 따라 '△>ㅈ'의 변화와 'ㅅ>ㅈ'의 변화로 나누어 '△₄'의 음가를 살펴보았다. 후기 중세 한자어에서 '△>ㅈ'의 변화가 일어나지 않고 '△'과 'ㅇ'은 서로 혼동하는 예를 확인할 수 있다. 따라서 '△'의 음가를 유성 마찰음으로 볼 수 없고 '△'의 음가는 접근음으로 해석한다. 고유어에서 'ㅅ>ㅈ'의 변화를 분석하고 이러한 변화를 통해 '△'의 음가를 살펴보았다. 약화 유형에 따라 '△'의 가능한 음가를 제시하였다. 『조선관역어』에서 'ㅸ', 'ㅇ'의 음가는 후기 중세 한글 문헌에서 'ㅸ', 'ㅇ'의 음가와 차이가 있다는 것, 한글문헌에서 유성음 사이에 있는 '△', 'ㅈ'이 서로 혼기하지 않는 것으로 보아 고유어에서 '△₄'의 음가를 접근음으로 재구하였다.

5.2에서는 『훈민정음』, 외국어 표기 문헌, 근대 문헌 기록을 통해 '△'의 음가에 대해 살펴보았다. 『훈민정음』에서 '⼗'자의 의미, 불청 불탁, 이체자와 가획의 관계, 완급의 대립, 종성 체계 등을 고려할 때 '△'을 유성 마찰음으로 해석하기 어렵고 [+공명성] 자질을 지닌 접근음으로 해석하였다. 그리고 외국어를 표기하기 위해 쓰인 한글 자모의 음가는 중세 한국어에서 한글 자모의 음가와 차이가 있기 때문

에 외국어 표기 문헌을 통해 당시 한국어에 쓰인 한글 자모의 음가
를 역추정하기 어렵다. 근대 문헌에서 'ㅿ'이 아주 약한 소리로 기록
되어 있다는 것과 마찰음의 강도를 고려하여 'ㅿ'을 접근음으로 해
석하였다.

5.3에서는 'ㅿ'과 같은 계열에 있는 'ㅸ'과 'ㅇ'에 대해 살펴보았
다. 'ㅸ'은 양순 접근음으로, 'ㅇ'은 활음의 성격을 가진 [ɦ]로 해석됨
을 고려하면 'ㅿ'도 접근음으로 볼 가능성이 있다.

6장에서는 'ㅿ'의 소멸 시기와 소멸 원인에 대해 살펴보았다. 『조
선관역어』를 통해 15세기 초의 한자어에서 'ㅿ'이 이미 사라지고 있
었다는 것을 알 수 있다. 15세기 다른 문헌에서 'ㅿ'과 'ㅇ'은 서로
혼동되는 예가 확인되므로 이러한 추론을 뒷받침한다. 최근에 발굴
된 언간 자료를 보면 'ㅿ'을 가진 단어가 모두 'ㅇ'으로 표기되어 있
다. 파동설에 따라 같은 시기의 서울·경기 방언에서 'ㅿ'도 거의 사
라졌다고 추론할 수 있다. 따라서 'ㅿ'은 15세기 초, 심지어 14세기
중후반부터 사라지기 시작하여 15세기 말의 서울·경기 방언에서
'ㅿ'이 아주 불안정한 성격을 가지게 되었다고 본다.

'ㅿ'의 소멸 원인은 'ㅿ'의 기원과 후기 중세 한국어에서 'ㅿ'의 음
가와 관련이 있다. 후기 중세 한국어에서 'ㅿ'은 음소의 기능을 수행
하지 못하지만 인식 가능한 소리였다. 이러한 특별한 성격을 지닌
'ㅿ'은 아주 불안정하다. 그리고 후기 중세 한국어에서 'ㅿ'의 음가
는 접근음이고 접근음은 모음 못지않게 큰 공명도를 가지고 있는 분
절음이다. 이러한 접근음은 후행하는 모음이나 활음의 경계가 모호
해지면 청자가 이러한 명확하지 않은 소리를 일종의 모음으로 들릴

수 있다. 따라서 '△'이 소멸하게 된다.

이상으로 이 책의 내용을 정리하였다. '△'의 기원, '△'의 소멸,
그리고 각 시기에서 '△'의 음가와 음운 자격을 표로 제시하면 다음
과 같다.

<표46> '△'의 일생

구분		한자어에 있는 '△'	고유어에 있는 '△'	
		[i] 모음, [j] 활음 후행	[i] 모음, [j] 활음 후행	기타 환경
기원		漢語 日母 차용한 것	'△'으로부터 변한 것	
음가 (음운자격)	고대 한국어	dz(8세기말부터 음소)	－	
	전기 중세 한국어	z(음소)	z(비음소)	z(비음소)
	후기 중세 한국어	j(비음소)	j(비음소)	ɹ(비음소)
소멸	시기	15세기 초부터 사라지기 시작하고 15세기 말에 완전 소멸하였다.		
	원인	음운론적인 불안정한 성격과 모음 못지않게 큰 공명도를 지닌 것		

참고문헌

1. 자료

高麗大學校出版部編,『洪武正韻譯訓』, 高麗大學校 出版部, 1974.

김병제,『방언사전』, 과학백과사전출판사, 1980.

金信根 編著,『韓國韓醫學大系』1, 韓國人文科學院, 1999.

김영배,『平安方言研究(資料篇)』, 太學社, 1997a.

김영태,『慶尙南道方言研究』, 進明文化社, 1975.

김영황,『조선어방언학』, 김일성종합대학출판사, 1982.

김이협,『平北方言辭典』, 한국정신문화연구원, 1981.

김태균,『咸北方言辭典』, 경기대출판부, 1986.

檀國大學校 東洋學研究所 編,『新增類合』, 檀國大學校 出版部, 1972.

檀國大學校 東洋學研究所 編,『千字文』, 檀國大學校 出版部, 1995.

杜甫,『分類杜工部詩諺解』6-8, 10-11, 14-17, 20-25, 弘文閣, 1985~1988.

昭惠王后,『御製內訓』, 弘文閣, 1990.

申用溉,『續三綱行實圖』, 弘文閣, 1983.

亞細亞文化社 編,『老乞大・朴通事諺解』, 亞細亞文化社, 1973.

이기갑 외,『전남방언사전』, 전라남도, 1997.

이상규,『경북 방언사전』, 태학사, 2000.

정용호,『함경남도 방언연구』, 교육도서출판사, 1988.

한국정신문화연구원 편,『한국방언 자료집・충북편』, 韓國精神文化研究院, 1987a.

한국정신문화연구원 편,『한국방언 자료집・전북편』, 韓國精神文化研究院, 1987b.

한국정신문화연구원 편,『한국방언 자료집・경북편』, 韓國精神文化研究院, 1989.

한국정신문화연구원 편,『한국방언 자료집・강원도편』, 韓國精神文化研究院, 1990a.

한국정신문화연구원 편,『한국방언 자료집・충남편』, 韓國精神文化研究院, 1990b.

한국정신문화연구원 편,『한국방언 자료집・전남편』, 韓國精神文化研究院, 1991.

한국정신문화연구원 편,『한국방언 자료집・경남편』, 韓國精神文化研究院, 1993.

한국정신문화연구원 편,『한국방언 자료집・경기도편』, 韓國精神文化研究院, 1995a.

한국정신문화연구원 편,『한국방언 자료집・제주편』, 韓國精神文化研究院, 1995b.

韓國學研究院 編, 『法華經諺解(全)』, 大提閣, 1977.

韓國學研究院 編, 『原本 訓民正音・龍飛御天歌・訓蒙字會』, 大提閣, 1985a.

韓國學研究院 編, 『原本 釋譜詳節』, 大提閣, 1985b.

韓國學研究院 編, 『原本 月印千江之曲・月印釋譜』, 大提閣, 1985c.

韓國學研究院 編, 『原本 楞嚴經諺解』, 大提閣, 1985d.

韓國學研究院 編, 『原本 圓覺經諺解』, 大提閣, 1985e.

韓國學研究院 編, 『原本 訓民正音圖說・訓民正音韻解・諺文志・雞林類事・朝鮮館譯語・
　　　　　蒙山法語・小樂府』, 大提閣, 1985g.

韓國學研究院 編, 『原本 女範・戒女書・內訓・女四書』, 大提閣, 1985h.

韓國學研究院 編, 『原本 四書諺解 論語・孟子・大學・中庸』, 大提閣, 1985i.

韓國學研究院 編, 『原本 老乞大・朴通事・小學諺解・四聲通解』, 大提閣, 1985j.

韓國學研究院 編, 『原本 東國新續三綱行實圖』, 大提閣, 1985k.

韓國學研究院 編, 『原本 綸音諺解・二倫行實圖・家禮諺解』, 大提閣, 1985l.

韓國學研究院 編, 『原本 杜詩諺解』, 大提閣, 1985m.

韓國學研究院 編, 『原本 飜譯老乞大(下)・蒙語老乞大(全)』, 大提閣, 1986a.

韓國學研究院 編, 『原本 恩重經諺解・地藏經諺・解呂氏鄕約諺解』, 大提閣, 1986b.

韓國學研究院 編, 『原本 三國史記・三國遺事』, 大提閣, 1987a.

韓國學研究院 編, 『原本 北塞記略・南明集諺解』, 大提閣, 1987b.

韓國學研究院 編, 『原本 太平廣記諺解・靈異錄』, 大提閣, 1987c.

韓國學研究院 編, 『原本 吏讀集成・譯語類解』, 大提閣, 1988

한글학회, 『우리말큰사전』, 어문각, 1992.

한글학회, 『金剛經三家解』, 한글학회, 1994.

한영목, 『충남 방언의 연구와 자료』, 이회문화사, 1999.

한영순, 『조선어방언학』, 김일성종합대학출판사, 1974.

황대화, 『동해안방언연구-함북, 함남, 강원도의 일부 방언을 중심으로』, 김일성종합대학출판
　　　　사, 1986.

현평효 외, 『제주어사전』, 제주도, 1995.

2. 논저

姜吉云, 『訓民正音과 音韻體系』, 螢雪出版社, 1992.

姜吉云, 『國語史精說』, 한국문화사, 1993.

姜信沆, 『鷄林類事高麗方言研究』, 成均館大學校出版部, 1980.

姜信沆, 『朝鮮館譯語研究』, 成均館大學校出版部, 1995.

고광모, 「15세기 국어의 종성 /ㅅ/에 대하여-종성 /ㅅ/을 확인하고 선어말어미 {-습-}의 교체를 설명함}」, 『국어학』 64, 국어학회, 2012, 3~34면.

고동호, 「국어 마찰음의 통시적 연구-제주도 방언 자료를 중심으로」, 서울대학교 대학원 박사학위논문, 1995.

고영근, 『제3판 표준 중세국어문법론』, 집문당, 2010.

郭忠求, 『咸北 六鎭方言의 音韻論-20世紀 러시아의 Kazan에서 刊行된 文獻資料에 依한』, 太學社, 1994.

郭忠求, 「音節의 變化」, 『國語史研究(午樹 田光鉉・宋敏 先生의 華甲을 紀念하여)』, 태학사, 1997, 387~421면.

權仁瀚, 『朝鮮館譯語의 音韻論的 研究』, 太學社, 1998.

權仁瀚, 「고대국어의 치음계열에 대한 연구」, 『애산학보』 23, 애산학회, 1999, 73~107면.

權仁瀚, 『改訂版 中世韓國漢字音訓集成朝鮮館譯語』, 제이앤씨, 2009.

權仁瀚, 「古代 韓國漢字音의 研究(Ⅰ)-최근 발굴된 角筆 聲點 자료를 중심으로」, 『口訣研究』 37, 口訣學會, 2016a, 5~38면.

權仁瀚, 「大谷大學藏『判批量論』講讀」, 2016年11月口訣學會月例講讀會論文集, 口訣學會, 2016b, 27~47면.

權在善, 「△音考」, 『並書研究』, 首都文化社, 1979, 335~359면.

김동소, 『중세 한국어 개설』, 대구가톨릭대학교 출판부, 2002.

金斗泳, 「中世國語摩擦音攷」, 석사학위논문, 明知大學校 大學院, 1984.

金明圭, 「ㅸ, △音價攷」, 『文耕』 10, 중앙대학교 문리과대학 연합학회, 1961, 78~93면.

김무림, 『국어의 역사』, 한국문화사, 2004.

김문웅, 『역주 육조법보단경언해・上中下』, 세종대왕기념사업회, 2006~2007.

김문웅, 『역주 구급간이방 1-7』, 세종대왕기념사업회, 2007~2009.

金珉延, 「15세기 국어 '유음'에 대한 연구」, 석사학위논문, 成均館大學校 大學院, 2015.

김석득, 「消失字韻(Graphemes)攷-中世 △・ㆆ・ㅎㅎ・ㅇㅇ・ㄹㅇ을 中心으로」, 『人文科學』 13, 延世大學校 人文科學研究所, 1965, 67~96면.

김성규, 「'△' 변화의 예외에 대한 해석」, 『우리말 음운 연구의 실제』, 경진문화사, 2006, 185~201면.

金廉河, 「中世國語의 齒音과 半齒音 연구」, 석사학위논문, 光云大學校 大學院, 1998.

金永萬, 「國語辭典과 語源・語彙史 연구」, 『한국사전학』 2, 한국사전학회, 2003, 143~161면.

金英培, 『平安方言研究』, 太學社, 1997b.

金永旭, 「判批量論의 國語學的 研究」, 『口訣研究』 12, 口訣學會, 2004, 81~97면.

김영황, 「초기의 정음표기법과 <ㅸ>, <△>의 음운성문제」, 『김일성종합대학학보』 6, 1990
(김영황 2001: 105-126 재수록).

김영황, 『조선어 력사언어학연구–김영황 교수 논문집』, 2001, 역락.

金完鎭, 「國語 語彙 磨滅의 研究」, 『震檀學報』 35, 震檀學會, 1973, 34~59면.

金完鎭, 『鄉歌解讀法研究』, 서울대학교출판부, 1980,

金龍卿, 「半齒音考」, 『國語學論集』, 螢雪出版社, 1975, 85~169면.

김인후, 『역주 백련초해』, 세종대왕기념사업회, 2013.

김정수, 『역주 삼강행실도』, 세종대왕기념사업회, 2010a.

김정수, 『역주 진언권공·삼단시식문 언해』, 세종대왕기념사업회, 2010b.

김주필, 「중세국어 음절말 치음의 음성적 실현과 표기」, 『국어학』 17, 국어학회, 1988,
203~228면.

김태현, 「國語의 有聲摩擦音 研究-/β, ð, Z, ɣ/를 中心으로」, 국민대학교 대학원 석사학위논
문, 1991.

김한별, 「순경음 'ㅸ'에 대한 통시적 연구–'ㅂ'약화 규칙의 어휘 확산 중심으로–」, 서강대학
교 대학원 석사학위논문, 2012.

金亨奎, 『國語學史·上』, 白映社, 1953.

金亨奎, 『國語史概要』, 一潮閣, 1975.

김형주, 『우리말 발달사』, 세종출판사, 1996.

金熙祥, 『울이글틀』, 永昌書館, 1927.

南廣佑, 『國語學論文集』, 一字社, 1962.

南廣祐, 『教學古語辭典』, 교학사, 1997.

南豊鉉, 『借字表記法研究』, 檀大出版部, 1981.

都守熙, 「△에 대한 數三의 課題」, 『韓國言語文學』 13, 韓國言語文學會, 1975, 11~31면(도
수희 1995: 61-85 再收錄.).

都守熙, 『한국어 음운사 연구』, 탑출판사, 1995.

도수희, 『삼한어 연구』, 제이앤씨, 2008.

류 렬, 『조선말역사』, 사회과학출판사, 1992.

柳在泳, 「地名表記의 한 考察-龍飛御天歌 註解를 中心으로-」, 『논문집』 8, 원광대학교,
1974, 185~206면.

박동규, 「△音研究-△의 調音 實驗와 音素 設定 問題를 中心으로」, 중앙대학교 대학원 석사
학위논문, 1981.

朴炳采, 「古代國語의 △-z-音韻攷」, 『李崇寧博士頌壽記念論叢』, 1968, 241~254면(朴炳采

1971: 401-409 再收錄).

朴炳采,『古代國語의 硏究-音韻篇』, 고려대학교 민족문화연구소, 1971.

박선우,「확률적 모델 기반 중세국어 유성 마찰음 /ㅿ/의 음운론적 대립에 대한 연구」,『음성
　　　음운형태론 연구』, 한국음운론학회, 2017, 27~54면.

朴鐘熙,「中世國語 音韻單位에 關한 硏究-脣輕音 ㅸ을 中心으로-」,『논문집』16, 원광대학
　　　교, 1982, 91~112면.

박지용 외,『향가해독자료집』, 서울대학교 대학원 국어연구회, 2011.

박창원,「국어 유성 장애음의 재구와 그 변화」,『국어국문학』93, 1985, 57~85면.

박창원,「15세기 국어 자음 체계의 변화와 통시적 성격(2)」,『애산학보』16, 애산학회, 1995,
　　　69~102면.

박창원,『중세국어 자음 연구』, 한국문화사, 1996.

박창원,『고대국어 음운(1)』, 태학사, 2002.

방언연구회,『方言學 事典』, 태학사, 2001.

方種鉉,「"ㆍ"와 "ㅿ"에 對하여」,『한글』79, 朝鮮語學會, 1940, 381~382면.

배영환,「현존 最古의 한글편지 '신창맹씨묘출토언간'에 대한 국어학적인 연구」,『국어사연
　　　구』15, 국어사연구, 2012, 211~239면.

배영환,「언간자료에 나타난 'ㅿ, ㅸ'의 변화형 연구」,『방언학』22, 한국방언학회, 2015,
　　　171~201면.

白斗鉉,『嶺南 文獻語의 音韻史 硏究』, 太學社, 1992.

白寅斌,「半齒音 ㅿ音價의 再攷-東國正韻音을 中心으로-」, 건국대학교 교육대학원 석사학
　　　위논문, 1981.

徐延範,『音韻의 國語史的 硏究』, 集文堂, 1982.

小林芳規, 尹幸舜 譯,「新羅經典에 記入된 角筆文字와 符號-京都・大谷大學藏『判批量論』
　　　에서의 發見」,『口訣硏究』10, 口訣學會, 2003, 5~30면.

蘇信愛,「점진적 음변화로서의 ㅅ>ㅿ-방언 반사형에 대한 해석을 중심으로-」,『국어국문학』
　　　162, 국어국문학회, 2012a, 45~83면.

소신애,「국어의 ㅿ>ㅈ 변화에 대하여」,『震檀學報』114, 震檀學會, 2012b, 51~84면.

小倉進平, 이상규・이순형 교열,『조선어방언사전』, 한국문화사, 2009.

小倉進平, 李珍昊 譯註,『한국어 방언 연구』, 전남대학교출판부, 2009.

孫上洛,「半齒音'ㅿ'考」,『東岳語文論集』22, 東岳語文學會, 1987, 131~178면.

신승용,『음운 변화의 원인과 과정』, 太學社, 2003.

신지영,『한국어의 말소리』, 지식과교양, 2011.

안주호,「상원사본 <오대진언>의 표기법 연구」,『언어학』11-1, 대한언어학회, 2003,

69~87면.

魚德溶, 「△의 音價 變遷 過程-訓民正音 創製以後」, 『文湖』 1, 건국대학교 국어국문학회, 1960, 99~109면.

吳鐘甲, 「"ㅇ, △"의 音韻史的 考察」, 『嶺南語文學』 6, 嶺南大學校 嶺南語文學會, 1979, 47~68면.

吳鐘甲, 「國語 有聲沮害音의 變遷에 關한 研究-/b, d, z, g/를 中心으로-」, 博士學位論文, 嶺南大學校 大學院, 1981.

魏國峰, 「고대 한국어 음운 체계 연구-전승 한자음을 대상으로-」, 博士學位論文, 西江大學校 大學院, 2015.

위 진, 「ㅅ(>△)의 유지와 탈락」, 『韓國言語文學』 69, 韓國言語文學會, 2009, 29~51면.

劉昌惇, 「15世紀 國語의 音韻體系」, 『국어학』 1, 국어학회, 1962, 5~24면.

劉昌惇, 『李朝 國語史 研究』, 宣明文化社, 1964a.

劉昌惇, 『李朝語辭典』, 延世大學校 出版部, 1964b.

윤희선, 「△의 통시적 변화 과정 연구」, 국민대학교 대학원 석사학위논문, 2010.

이경희, 「국어 마찰음의 유성음화 현상」, 『牛岩語文論集』 10, 釜山外國語大學校 國語國文學科, 2000, 107~125면.

李基文, 「成宗板 伊路波에 대하여」, 『圖書』 8, 乙酉文化社, 1965, 3~36면.

李基文, 「鷄林類事의 再檢討」, 『東亞文化』 2, 서울대학교 동아문화연구소, 1968, 205~248면.

李基文, 『國語音韻史研究』, 塔出版社, 1972.

李基文, 『新訂版 國語史概說』, 태학사, 1998.

李基文 외, 『千字文 資料集』, 박이정, 1995.

이동석, 「음운사와 어원」, 『한국어학』 39, 한국어학회, 2008, 79~111면.

이동석, 「'ㅸ' 포함 어휘의 형태론적 분석」, 『국어사 연구』 11, 국어사학회, 2010, 221~249면.

이동석, 「'ㅸ'의 음가론」, 『국어사 연구』 17, 국어사학회, 2013, 71~118면.

伊藤智ゆき, 이진호 譯, 『한국 한자음 연구·본문편』, 역락, 2011a.

伊藤智ゆき, 이진호 譯, 『한국 한자음 연구·자료편』, 역락, 2011b.

李崇寧, 「脣音攷-特히 脣輕音 'ㅸ'를 中心으로 하여」, 『서울大學校論文集 人文·社會科學篇』 1, 1954, 40~76면(李崇寧1988: 11-64 再收錄.).

李崇寧, 「△音攷」, 『서울大學校論文集 人文·社會科學篇』 3, 1956, 51~235면(李崇寧1988: 91-310 再收錄.).

李崇寧, 「韓國方言史」, 『韓國文化大系Ⅴ』, 高麗大學校民族文化研究所, 1967, 323~411면.

李崇寧, 『李崇寧國語學選集·音韻篇Ⅱ』, 民音社, 1988.

李丞宰, 「再構와 方言分化 -語中 '-ㅅㄱ-'類 단어를 中心으로-」, 『국어학』 12, 국어학회, 1983,

213~234면.

이승재, 「彌勒寺址 木簡에서 찾은古代語 數詞」, 『국어학』 62, 국어학회, 2011, 3~46면.

이승재, 『漢字音으로 본 백제어 자음체계』, 태학사, 2013.

李潤東, 「中期 韓國 漢字音의 研究-특히 聲母를 中心으로」, 啓明大學校 大學院 박사학위논문, 1988.

李乙煥, 「半齒音論」, 『論文集』2, 淑明女子大學校, 1961, 43~84면.

李翊燮, 『國語表記法研究』, 서울대학교출판부, 1992.

이장희, 「고대 국어의 치음 체계에 대하여」, 『문학과 언어』 27, 문학과언어학회, 2005, 25~44면.

이진호, 「국어의 최소대립쌍의 설정에 대하여」, 『語文學』 107, 韓國語文學會, 2010, 119~137면.

이호영, 『국어음성학』, 태학사, 1996.

張 碩, 「文獻으로 본 日母 漢字音의 變化」, 『한중인문학연구』 45, 한중인문학회, 2014, 343~366면.

張 碩, 「△-ㅸ의 연쇄로 본 △의 음가」, 『口訣研究』 36, 口訣學會, 2016a, 213~230면.

張 碩, 「후기 중세 한국어에서 △의 음운 자격」, 『민족문화연구』 72, 고려대학교 민족문화연구원, 2016b, 403~430면.

장 쉬, 「兒의 한국 한자음에 대한 고찰」, 『아시아문화연구』 38, 가천대학교 아시아문화연구소, 2015, 215~239면.

장영길, 『역주 선종언가집언해』, 세종대왕기념사업회, 2007.

鄭承喆, 『濟州島 方言의 通時音韻論』, 太學社, 1995.

鄭然粲, 「欲字初發聲을 다시 생각해 본다」, 『국어학』 16, 국어학회, 1987, 5~10면.

鄭然粲, 『개정 한국어 음운론』, 한국문화사, 1997.

정우영, 「『훈민정음』 해례본의 바람직한 현대어 번역을 위하여-'정음편'(예의편)과 해례 제자해의 쟁점 사항을 중심으로」, 2016년 국립한글박물관 훈민정음 학술대회 논문집, 국립한글박물관, 2016, 3~20면.

鄭允子, 「近代國語의 活用語幹에 대한 形態音素論的 研究」, 檀國大學校 碩士學位論文, 1990.

鄭仁浩, 『平北方言과 全南方言의 音韻論的 對比 研究』, 太學社, 2006.

정호완, 『역주 번역소학』, 세종대왕기념사업회, 2011.

조운성, 「한국 한자음 표기에 쓰인 '△'에 관한 연구」, 연세대학교 대학원 석사학위논문, 1999.

조운성, 「'△'의 연구 성과와 과제」, 『국어사연구』 17, 국어사학회, 2013, 119~132면.

조항범, 「'거지'관련 어휘의 語源과 意味」, 『우리말글』 61, 우리말글학회, 2014, 1~34면.

주시경, 『國語文典音學』, 博文書館, 1908.

池春洙, 「終聲 △의 몇 가지 資質에 대하여」, 『國語學新研究Ⅱ』, 塔出版社, 1986, 36~46면.

차재은・정명숙・신지영, 「공명음 사이의 /ㅎ/의 실현에 대한 음성, 음운론적 고찰」, 『언어』 28-4, 한국언어학회, 2003, 765~783면.

최남희, 『고대국어 표기 한자음 연구』, 박이정, 1999.

崔明玉, 「병, △와 東南方言」, 『語學研究』 14-2, 1978, 185~194면.

崔春泰, 「古代國語 音節構造와 有聲沮害音에 대한 研究」, 啓明大學校 大學院 박사학위논문, 1996.

崔鶴根, 『國語方言研究』, 明文堂, 1991.

崔鉉培, 『고친 한글갈』, 정음사, 1961.

河野六郎, 李珍昊 譯註, 『한국어 방언학 시론-'ᄀ시개(鋏)'고찰-』, 전남대학교출판부, 2009.

河野六郎, 李珍昊 譯註, 『한국 한자음의 연구』, 역락, 2010.

황희영, 『한국어 음운론』, 二友出版社, 1979.

허 웅, 『국어음운학』, 샘문화사, 1985.

高本漢, 趙元任・羅常培・李方桂 合譯, 『中國音韻學研究』, 淸華大學出版社, 2007.

高淑子, 「普通話日母的音值-漢語中古音日母與15世紀韓國半齒音'△'對應」, 華東師範大學研究生院 碩士學位論文, 2003.

董同龢, 『漢語音韻學』, 中華書局, 1968/2001.

羅福騰, 「膠遼官話」, 『漢語官話方言研究』, 齊魯書社, 2010, 94~126면.

R.L.Trask, 編譯組 譯, 『語音學和音系學詞典』, 語文出版社, 2000.

廖榮容・石鋒, 「漢語普通話r聲母音質的實驗研究」, 『語言研究』 13, 華中科技大學中國語言文字研究所, 1987, 146~160면.

潘悟雲, 『漢語歷史音韻學』, 上海教育出版社, 2000.

范淑玲, 「日語上代、中古音韻與漢語中古音的比較研究」, 山東大學 研究生院 博士學位論文, 2009.

北京大學中國語言文學系語言學教研室 編, 王福堂 修訂, 『漢語方音字匯・第二版重排本』, 語文出版社, 2003.

吳筱穎, 「廣州粵語語言研究」, 碩士學位論文 暨南大學 研究生院, 2012.

王 力, 「現代漢語語音分析中的幾個問題」, 『中國語文』 151, 中國社會科學院語言研究所, 1979, 281~287면(王力 1989에 재수록.).

王 力, 「再論日母的音值 兼論普通話聲母表」, 『中國語文』 151, 中國社會科學院語言研究所, 1983, 20~23면(王力 1989에 재수록).

王　力,『王力文集·第十七卷』, 山東教育出版社, 1989.

王　力,『漢語語音史』, 商務印書館, 1985/2010.

王　力,『漢語音韻』, 中華書局, 2013.

李立林,「東莞粵語語音研究」, 博士學位論文 暨南大學 研究生院, 2010.

李新魁,『廣東的方言』, 廣東人民出版社, 1996.

曹志耘,『漢語方言地圖集·語音卷』, 商務印書館, 2008.

朱曉農,「關於普通話日母的音値」,『中國語文通訊』 1982-3, 中國社會科學院語言研究所,
　　　　1982, 19~22면(朱曉農 2006에 再收錄.).

朱曉農,「從群母論濁聲和摩擦」,『言語研究』23-2, 華中科技大學中國語言文字研究所, 中國
　　　　社會科學院語言研究所, 2003, 5~18면.

朱曉農,「漢語元音的高頂出位」,『中國語文』302, 中國社會科學院語言研究所, 2004, 440~451면.

朱曉農,『音韻研究』, 商務印書館, 2006.

朱曉農,「近音-附論普通話日母」,『方言』2007-1, 中國社會科學院語言研究所, 2007, 2~9면.

朱曉農,『方法:語言學的靈魂』, 北京大學出版社, 2008.

朱曉農,『語音學』, 商務印書館, 2010a.

朱曉農,「全濁弛聲論-兼論全濁清化(消弛)低送高不送」,『語言研究』30-3, 華中科技大學中國
　　　　語言文字研究所, 2010b, 1~19면.

朱曉農,『音法演化-發聲活動』, 商務印書館, 2012.

中國社會科學院言語研究所외 編,『中國語言地圖集·第2版漢語方言卷』, 商務印書館, 2012.

鄒德文,「清代東北方言語音研究」, 博士學位論文 吉林大學 研究生院, 2010.

『漢字字音演變大字典』編輯委員會,『漢字字音演變大字典』, 江西教育出版社, 2012.

황대화,『조선어방언연구』, 료녕민족출판사, 1999.

黃笑山,『<切韻>和中唐五代音位系統』, 文津出版社, 1995.

小倉進平,『朝鮮語方言の研究·下』, 岩波書店, 1944.

小林芳規,『角筆文獻研究導論 別卷 資料篇』, 汲古書院, 2004.

伊藤智ゆき,『朝鮮漢字音研究』, 汲古書院, 2007.

前間恭作,『韓語通』, 丸善, 1909.

河野六郎,『朝鮮方言學試攷-「鋏」語考』, 京都書籍, 1945.

河野六郎,『朝鮮漢字音の研究』, 天理時報社, 1968/1979.

A. Spencer, *Phonology*, Blackwell, 1996.

G.J. Ramstedt, *A Korean Grammar*, Suomalais-ugrilainen Seura, 1939.(『歷史韓國文法大系』第
　　　　2部第5冊 再收錄, 塔出版社, 1979.)

H.B.Hulbert, *The Korea REVIEW* 3, Printed at the Methodist Publishing House, 1903.

I.Maddieson, *Patterns of Sounds*, Cambridge University Press, 1984.

J.J.Ohala, "the Phonetic of Sound Change", *Historical linguistics: Problems and perspectives*, Longman, 1993, pp.237~278.

J.Scott, *a corean manual or phrase book; with introduction grammar(second edition)*, English Church Mission Press, 1893.

N.Gurevich, *Lenition and Contrast-The functional Consequences of Certain Phinetically Conditioned Sound Changes*, Routledge, 2004.

P.Ladefoged and I.Maddieson, *The Sounds of the World's Languages*, Blackwell, 1996.

P.Ségéral and T.Scheer, *Lenition and Fortition*, Walter De Gruyter, 2008.

R.L.Trask, *Historical Linguistics*, 外語教學与研究出版社, 2000.

Y.R Chao, A Grammar of Spoken Chinese, University of California Press, 1968.

장 석(張 碩)

1988년 중국 산동성(山東省) 빈주시(濱州市)에서 태어났다. 한국어사를 전공하며 서울시립대학교 국어국문학과에서 문학박사 학위를 받았다. 현재 중국 보계문리대학교(寶鷄文理學院) 전임강사로 재직 중이다. 연구논문은 「文獻으로 본 日母 漢字音의 變化」, 「△─ᄫ의 연쇄로 본 △의 음가」, 「후기 중세한국어에서 △의 음운 자격」 등이 있다.

△반치음 연구

초판 1쇄 인쇄 2018년 12월 20일
초판 1쇄 발행 2018년 12월 28일

지 은 이 장 석(張碩)
펴 낸 이 이대현

책임편집 임애정
편   집 이태곤 권분옥 홍혜정 박윤정 문선희 백초혜
디 자 인 안혜진 홍성권
마 케 팅 박태훈 안현진

펴 낸 곳 도서출판 역락 / 서울시 서초구 동광로46길 6-6 문창빌딩 2층(우 06589)
전   화 02-3409-2058 FAX 02-3409-2059
이 메 일 youkrack@hanmail.net
홈페이지 www.youkrackbooks.com
블 로 그 blog.naver.com/youkrack3888
등   록 1999년 4월 19일 제303-2002-000014호

ISBN 979-11-6244-337-8 93710

*정가는 뒤표지에 있습니다.

* 이 도서의 국립중앙도서관 출판예정도서목록(CIP)은 서지정보유통지원시스템 홈페이지(http://seoji.nl.go.kr)와 국가자료공동목록시스템(http://www.nl.go.kr/kolisnet)에서 이용하실 수 있습니다. (CIP제어번호: CIP2018041445)